LE SOCIALISME ALLEMAND ET LE NIHILISME RUSSE

PAR

J. BOURDEAU

« Vivre et laisser vivre. »

LE PARTI SOCIALISTE EN ALLEMAGNE :
les origines philosophiques, l'agitation politique, l'esprit et la doctrine.
KARL MARX. — FERDINAND LASSALLE.
MICHEL BAKOUNINE.
LA PHILOSOPHIE ALLEMANDE ET LE NIHILISME RUSSE.

PARIS
ANCIENNE LIBRAIRIE GERMER BAILLIÈRE ET Cie
FÉLIX ALCAN, ÉDITEUR
108, BOULEVARD SAINT-GERMAIN, 108

1892

LE

SOCIALISME

ALLEMAND

ET LE NIHILISME RUSSE

A LA MÊME LIBRAIRIE

Coulommiers. — Imp. PAUL BRODARD.

LE SOCIALISME ALLEMAND ET LE NIHILISME RUSSE

INTRODUCTION

Le mouvement socialiste qui se dessine en Allemagne avec une intensité et une progression si rapides, est un phénomène infiniment remarquable, que le public allemand suit avec anxiété et le public européen avec attention, car, de près ou de loin, il peut atteindre tous les pays. Le socialisme international, qui rencontre partout les mêmes causes de développement, a trouvé en Allemagne son foyer le plus ardent. Comme la France, il y a un siècle, a pris l'initiative de l'émancipation politique, l'Allemagne prétend préparer aujourd'hui l'émancipation sociale. C'est à l'école des théoriciens teutons que le nouveau socialisme a fait son éducation philosophique et « scientifique ». — « Les socialistes allemands, dit Bebel, sont les pionniers qui répandent la pensée socialiste parmi les nations. » Ils proposent comme modèle à suivre leur organisation, leur discipline, leur tactique et leur propagande : ils ont l'ambition de conduire les peuples « au combat géant de l'avenir ». Dans l'ordre révolutionnaire, comme dans l'ordre conservateur, les Allemands aspirent à l'hégémonie.

C'est donc à la source même qu'il est instructif d'observer ce phénomène complexe et confus, qui appelle l'attention de tous les partis, la sollicitude de toutes les classes, la discussion de tous les journaux, et produit une littérature dont l'abondance même est un embarras.

Le premier mobile du socialisme, l'antagonisme du pauvre et du riche, est éternel. L'antiquité a eu ses guerres d'esclaves, le moyen âge ses jacqueries. Dans son livre sur *la Question ouvrière au* XIXe *siècle*, M. Paul Leroy-Beaulieu cite des sociétés secrètes existant en Chine, qui prêchent, comme les socialistes occidentaux, l'égalité, une équitable distribution des biens. M. Taine nous a révélé à quel point la Révolution française est imprégnée de socialisme ; il a décrit, jusque dans le détail le plus minutieux, la tentative faite par les représentants des masses prolétaires, qui ont eu un instant la domination pendant la Terreur, pour appliquer le principe socialiste dans toute sa rigueur, refondre l'homme et la société sur le type jacobin, et transformer l'État souverain en distributeur des biens et des vivres, c'est-à-dire en organisateur de la misère et de la famine. Le fond plus ou moins déguisé des systèmes socialistes est bien encore le jacobinisme, l'idée que la nature humaine peut être transformée par le despotisme de l'État. Mais sur ce jacobinisme est venue se greffer la question ouvrière, produit d'un siècle nouveau.

Aussi longtemps qu'a duré la constitution familiale

de l'ancienne industrie, où tout se faisait à bras dans des ateliers exigus et dispersés, où l'ouvrier était maître des instruments et du produit de son travail, cette question ne pouvait naître. Mais la grande industrie, avec ses moteurs à vapeur, ses capitaux énormes, accumule les ouvriers par centaines de mille dans ses vastes manufactures, et les soumet à la loi d'un travail acharné. Exposés par le perfectionnement des machines et l'excès de production à des crises périodiques, ceux-ci ont puisé dans leur nombre le sentiment de leur force, et l'armée des prolétaires a engagé la lutte du travail et du capital.

Dans ce conflit, la classe ouvrière n'invoque pas seulement la force, mais aussi la justice. L'ouvrier a la perception très nette de ce fait que les inventions modernes procurent de gros revenus, des gains considérables, que jamais période civilisée n'a été comparable pour la production de la richesse, que jamais classe ne s'est si rapidement, si subitement enrichie que la bourgeoisie contemporaine. Il a aussi la croyance très profonde que la distribution de la richesse est injuste, insuffisante, que les ouvriers qui contribuent à la créer ne reçoivent pas la part qui leur est due dans les bénéfices conférés aux capitalistes par ces inventions [1], que l'industrie et les machines ont fait renaître l'esclavage, sous la forme du salariat. Et de cette croyance, jointe à l'instabilité de leur vie précaire, jaillit la principale cause du mécontentement des classes ouvrières et de leur agitation.

1. « C'est un des caractères les plus tristes de l'état social de notre pays, que l'augmentation constante des richesses des classes plus élevées, et l'accumulation du capital soient accompagnées d'une diminution dans la puissance de consommation du peuple, et d'une plus grande somme de privations et de souffrances dans les classes pauvres. » (Gladstone, discours du 14 février 1842.)

Elles demandent que les nouvelles conditions d'abondance soient égalisées. Elles nient qu'un effort individuel et intelligent, la frugalité, l'épargne, l'association sous toutes ses formes, y puissent suffire. Elles refusent de tenir compte de ce fait, prouvé par l'expérience, que la condition des classes ouvrières est infiniment supérieure à ce qu'elle était au bon vieux temps, à ce qu'elle est actuellement dans les pays qui ne possèdent ni grand capital, ni grande industrie; qu'il y a en un mot, pour elles, amélioration matérielle et progressive. Leur mécontentement vient même en partie de cette condition meilleure qui leur a ouvert de nouveaux horizons; les désirs s'accroissent d'ordinaire à mesure qu'ils sont en partie satisfaits. — Ce que les classes ouvrières exigent maintenant, c'est l'intervention arbitraire de l'État, non à titre d'exception, pour remédier à des abus trop criants, à une exploitation inhumaine, mais d'une façon régulière, permanente, absolue. L'État-Providence, le Dieu-État, pourrait, pensent-elles, si seulement il le voulait, transformer la propriété privée en propriété collective, supprimer la libre concurrence, régler la production, distribuer les biens au profit de la communauté, rendre tous les hommes égaux et prospères. Ce sentiment et cette exigence constituent le socialisme [1].

Ces théories, à vrai dire, n'ont pas été tout d'abord émises par les ouvriers. Le socialisme, au début, est sorti des classes dominantes, sans trouver aussitôt un écho dans les foules : avant d'être un parti de prolé-

1. Wells, *Recent economic changes*. Londres, 1890.
« Le socialisme, a-t-on dit, est l'ensemble des mesures par lesquelles la puissance publique travaille à niveler les inégalités et impose à tous la répartition la plus équitable de la richesse, en dépit de ce qu'on appelle les lois économiques et en dépit des revendications de la liberté individuelle. »

taires, il a été une école de théoriciens aristocrates et bourgeois. Avec Owen, en Angleterre, Saint-Simon et Fourier, en France, Marx même au début et Lassalle, en Allemagne, il est né de l'initiative d'économistes, d'humanitaires, d'utopistes, de philosophes et de lettrés, qui même, comme Saint-Simon, Owen et Fourier, ne se donnaient pas pour les avocats d'une classe spéciale, mais qui jetaient sur l'avenir un regard clair et perçant. Ils ont précédé les revendications des ouvriers, excité leur mécontentement, trouvé d'habiles formules : Marx et Lassalle ont été des organisateurs, des accélérateurs de mouvement. On peut cependant affirmer que sans eux le socialisme se serait produit, car il est le résultat, non de certaines idées, mais des besoins, des appétits, des croyances, des aspirations de la foule. Tous les changements historiques — il n'en est pas de comparable, pour les immenses progrès matériels, à ceux que nous traversons — sont accompagnés de troubles sociaux. Aussi, voyons-nous le socialisme se développer dans chaque pays exactement dans le même ordre et avec la même intensité que la grande industrie.

Tout d'abord en Angleterre : la réforme de 1832 avait donné le pouvoir à la classe moyenne; le prolétariat s'unit contre elle sous le nom de *chartism*, qui se bornait, il est vrai, à des revendications d'affranchissement politique mais qui, de 1838 à 1841, fut parfois très menaçant. En France, la révolution de 1830 mettait aux prises la bourgeoisie triomphante et le parti ouvrier, alliés auparavant contre la Restauration. Après les deux crises aiguës des journées de juin et de la Commune, le mouvement socialiste, en France comme en Angleterre, n'a pas donné jusqu'à présent de résultat visible. — En Allemagne, le parti socialiste ne s'est organisé qu'après les grandes révolutions politiques et économiques de 1866 et de 1870, qui ont créé l'unité nationale, établi le suffrage universel, procuré à l'empire la seconde ou la troisième place en Europe comme État de commerce et d'industrie. Le socialisme y a rencontré pour se répandre des conditions si particulièrement favorables, et un bouillon de culture si approprié, que, d'après M. Bamberger, l'Allemagne semble appelée à en devenir le champ d'expériences, la terre d'élection. C'est là que le parti est le plus jeune, le plus ardent, le plus patient et le plus réfléchi. Le caractère national, les institutions et les mœurs, tout le favorise. Il met à profit l'erreur des tentatives faites, avant lui, en France et en Angleterre; il lutte contre une bourgeoisie moins organisée que dans ces deux pays. Les pratiques et l'omnipotence de l'État prussien subordonnent et sacrifient, comme le veut le socialisme, l'individu à la communauté. Le service militaire obligatoire prépare la discipline au sein du parti; l'esprit d'association rend son organisation aisée. L'instruction universelle, la demi-culture si répandue, ouvre ce peuple liseur à la propagande des journaux et des brochures. La théorie socialiste a été reprise en Allemagne par des esprits sérieux et profonds.

Bien que le socialisme ne cesse de proclamer son caractère international, il est très remarquable de constater à quel point, en dépit de l'identité des tendances et parfois même des doctrines, le naturel de chaque peuple s'y reflète nettement. Il nous apparaît en Russie comme la ténébreuse religion du désespoir et de la vengeance. En Espagne, avec la *main noire*, il prend les allures d'un brigandage de grand chemin. La grève porte, en Italie, le nom caractéristique de *sciopero* [1],

1. *Scioperare,* abandonner l'ouvrage pour perdre son temps.

loisir, paresse, doux *far niente*. Pour l'Anglais pratique et vorace, le socialisme est avant tout la question du ventre, de l'*ale* et du *roastbeef*. Chez nos égalitaires et niveleurs français, le goût des barricades et des beaux discours, des démonstrations vaines, surtout la rivalité des personnes, sont des traits généraux de l'excitabilité et de la vanité de notre nation. On retrouve dans le socialisme allemand cette pesante, cette indéracinable manie de *théorétiser* que les Allemands ont dans le sang, de chercher le côté universel dans toute question, de concevoir toutes choses, le plus possible, au point de vue d'un système du monde (*Weltanschauung*) [1]. Quel secret dédain ces révolutionnaires savants éprouvent pour nos pauvres cervelles françaises, eux qui rattachent le socialisme à toute une philosophie de l'histoire, de l'État et du droit! Dans la préface qu'il a donnée à la traduction française de son livre, *le Capital*, Karl Marx pense que les Français ne seront pas capables de le lire [2], et ils l'ont, en effet, très peu lu. M. Schæffle, l'ancien ministre autrichien, l'auteur de *la Quintessence du socialisme*, un des hommes les plus versés dans les problèmes économiques, confesse qu'il lui a fallu plusieurs années pour pénétrer les théories de Marx. Bien que publié en

1. Mehring, *Die deutsche Sozialdemokratie*. Brême, 1879.

2. « La méthode d'analyse que j'ai employée et qui n'avait pas encore été appliquée aux sujets économiques, rend assez ardue la lecture des premiers chapitres, et il est à craindre que le public français, toujours impatient de conclure, avide de connaître le rapport des principes généraux avec les questions immédiates qui le passionnent, ne se rebute parce qu'il n'aura pu tout d'abord passer outre. » (Karl Marx, préface de l'édition populaire du *Capital*, publiée à la *Librairie du progrès*.) — Marx a écrit un livre de critique intitulé *la Misère de la Philosophie*, en réponse à *la Philosophie de la misère* de Proudhon, où il reproche à l'écrivain français non son socialisme, mais l'insuffisance de sa culture scientifique.

Allemagne à plus de vingt éditions, commenté dans d'innombrables brochures, *le Capital*, ce manuel du socialisme, qui a une importance analogue à celle du *Contrat social* de Rousseau, au siècle dernier, reste le livre aux sept sceaux pour la majorité des socialistes allemands, qui n'en connaissent que quelques formules gravées dans les têtes. Mais depuis quand l'obscurité du dogme est-elle un obstacle à la foi qui transporte les montagnes? Que d'hommes se sont fait tuer pour des subtilités théologiques auxquelles ils n'entendaient rien! Le charbonnier qui récite son chapelet sait vaguement que tout un appareil de science mystique confirme sa croyance. Marx, le grand prêtre du socialisme contemporain, justifie, par la dialectique hégélienne appliquée à l'économie politique, le vœu des masses, qui est seulement de gagner plus et de travailler moins, de s'attaquer aux revenus de l'oisif, aux profits du capital [1]; et son livre est devenu la Bible compliquée d'un parti qui, « pour le zèle enflammé, l'organisation étroite, l'expansion internationale, le prosélytisme ardent », dépasse, comme le constate Schæffle, la plupart des autres partis et n'a de rival que dans l'esprit religieux. « Les communistes allemands, écrivait Henri Heine, ami de Marx et Lassalle, sont poussés par une idée; leurs chefs sont de grands logiciens sortis de l'école de Hegel, et ce sont sans doute les têtes les plus capables et les caractères les plus énergiques de l'Allemagne. Ces docteurs en révolution et leurs disciples, impitoyablement déterminés, sont les seuls hommes en Allemagne qui aient vie, et c'est à eux qu'appartient l'avenir. »

1. « La propagande du communisme possède une langue que chaque peuple comprend; les éléments de cette langue universelle sont aussi simples que la faim, que l'envie, que la mort. Cela s'apprend si facilement. » (Henri Heine.)

CHAPITRE PREMIER

ORIGINES ET DÉVELOPPEMENT DU PARTI SOCIALISTE

I. — LES ORIGINES PHILOSOPHIQUES [1].

Comme la Réforme du XVIe siècle a été préparée par les humanistes, la Révolution française par les encyclopédistes, le mouvement ouvrier allemand l'a été par la philosophie classique de l'Allemagne universitaire.

L'assertion, au premier abord, peut paraître paradoxale. Il n'y a pas, en effet, de pays où les philosophes et les penseurs aient vécu plus séparés de la foule, aient moins écrit pour elle. Ils n'ont parlé ni l'élégant latin d'Érasme, ni la langue limpide et transparente de Voltaire. Ils exprimaient leurs idées obscures, leurs abstractions glacées, en périodes ennuyeu-

1. *Herrn Eugen Dühring's Umwälzung der Wissenschaft*, von Friedrich Engels. Hottingen, Zurich, 1886. — *Ludwig Feuerbach und der Ausgang der klassischen deutschen Philosophie,* von Friedrich Engels. Stuttgart, 1888. — *Die Philosophe der Sozialdemokratie,* von Johannes Huber. Munich, 1887. — *L'Allemagne depuis Leibniz*, par Lévy Bruhl. Paris, Hachette, 1890. — *Le Socialisme contemporain*, par Émile de Laveleye. Paris, Alcan, 1890. — *Die Quintessenz des Sozialismus*, von Dr A. Schaeffle. Gotha, 1890.

ses, en formules pédantes, accessibles aux seuls initiés. Les pénétrant mal, on les jugeait si peu dangereux, qu'au rebours des encylopédistes du XVIIIe siècle, en butte aux persécutions de l'État et de l'Église, enfermés à la Bastille, obligés de se faire imprimer en Angleterre et en Hollande, les philosophes allemands, fonctionnaires honorés, enseignaient paisiblement dans les universités la jeunesse studieuse. En appelant Hegel à Berlin, M. d'Altenstein avait cru pouvoir faire sans péril de ses doctrines la philosophie officielle de l'État prussien ; il les considérait même comme le meilleur antidote contre les idées révolutionnaires. Mme de Staël ne voyait chez ces philosophes que des rêveurs inoffensifs, des métaphysiciens grands abstracteurs de quintessence, occupés à méditer pendant les longs hivers, dans la solitude tranquille de leurs petites chambres, tandis que Napoléon emplissait l'Europe du fracas de ses armes. Un seul homme, un élève émancipé de Hegel, Henri Heine, dès 1833, avait entrevu l'avenir, et il signalait chez ces philosophes, Kant, Fichte, Hegel, des révolutionnaires autrement dangereux que nos Robespierre et tous nos coupeurs de têtes. Leur dialectique redoutable, leur intrépide analyse, s'attaquant à toute routine, à toute torpeur intellectuelle, à toute tradition, à toute idée reçue, ébranlait le monde moral jusque dans ses fondements. Henri Heine prévoyait quels basilics allaient sortir « des œufs sinistres que couvait Hegel ». « Sans la philosophie allemande, écrit Engels, le collaborateur de Marx, surtout sans la philosophie de Hegel, le socialisme allemand, le seul socialisme scientifique qui ait existé, ne se serait jamais produit. » « Les philosophes ont été les maîtres, ont pu dire les députés socialistes à la tribune du Parlement allemand, nous sommes les disciples... » « La tête de l'émancipation allemande, c'est la philosophie; son cœur, c'est le prolétariat. » Étrange alliance de la pensée pure et de la passion élémentaire! Des sommets presque inaccessibles de l'intelligence sereine, les idées des philosophes sont lentement descendues sur les foules houleuses, et ils comptent aujourd'hui, jusque dans les faubourgs des grandes villes, pour arrière-disciples des démagogues en manches de chemise et en tablier de cuir, qui ont juré l'effondrement et la ruine de toutes les institutions sociales.

Fichte, nature en un sens révolutionnaire, et que Lassalle a célébré comme un précurseur, penchait déjà vers le socialisme : reconstruisant le monde par l'esprit, il exigeait de la société qu'elle réalisât un idéal de perfection. Avec Kant et Hegel, il considérait l'État comme l'expression objective de la justice et lui assignait pour but supérieur l'éducation, le bien-être matériel et la culture morale des citoyens. Cette théorie a conduit Platon au communisme. Mais c'est surtout leur critique négative que l'école socialiste a empruntée aux philosophes classiques, leur méthode dialectique. « On combattait, dit Engels, avec des armes philosophiques, mais les buts ne l'étaient pas. Il s'agissait de ruiner l'État et l'Église. Lors de la réaction féodale et absolutiste de Frédéric-Guillaume IV, la politique était épineuse; on se tournait contre la religion, afin d'attaquer par là le droit divin. » Strauss avait publié sa *Vie de Jésus* dès 1835. L'*Essence du christianisme*, de Feuerbach, paraissait en 1841.[1]. Marx,

1. « Feuerbach va hardiment aux questions sociales et annonce les temps nouveaux. Il a beau écrire qu'il n'est point révolutionnaire, ses discours le sont. — « L'individualité, « dit-il, a pris la place de la foi, la raison celle de la Bible, la « politique celle de la religion et de l'Église, la terre celle du « ciel, le travail celle de la prière, la misère celle de l'enfer, « l'homme celle du Christ »; et tournant à son profit la théorie de Hegel : « le vrai Dieu, le Dieu humain sera l'État. » —

en 1844, appliquait la méthode historique de Hegel au développement économique de la société, et il en tirait la prédiction certaine de la révolution sociale.

Les révolutionnaires néo-hégéliens se montrent sévères pour l'étroit rationalisme qui a présidé à la révolution du siècle dernier. Ils font peu de cas de la portée d'esprit de nos jacobins. Dans cette Raison proclamée immuable, éternelle, qui les inspirait, Engels n'aperçoit que « l'intelligence idéalisée de bourgeois moyens ». Et quels ont été les fruits d'une raison si ambitieuse? La corruption du Directoire, le despotisme conquérant de Napoléon, la platitude du juste milieu sous Louis-Philippe. Engels n'a pas plus de respect pour la sacrosainte devise : *Liberté, Égalité, Fraternité*, et les banales théories de Rousseau, « qui traînent dans tous les estaminets d'ouvriers parisiens ». Les docteurs de la révolution sociale en Allemagne invoquent non la *Raison*, non l'*Égalité*, mais l'*Histoire*. Aux constructions géométriques du rationalisme, ils opposent le développement organique des sociétés humaines; seulement, loin de s'attacher au passé, en s'efforçant de l'adapter aux circonstances nouvelles, ils tournent leurs regards vers l'avenir et considèrent la destruction de l'ordre social actuel comme aussi déterminée par des lois historiques que l'a été son établissement. Ils préparent l'ordre nouveau, la future, l'inévitable révolution.

L'histoire, on le voit, ne se prête pas avec moins de complaisance que la raison à toutes sortes de thèses : on la fait parler comme on veut, et l'on ne reconnaît si elle a dit vrai ou faux qu'une fois l'événement

« C'est seulement, dit-il encore, quand tu auras supprimé la « religion chrétienne que tu auras acquis le droit à la répu- « blique. » La dialectique déchaînée ne s'arrête plus. » (Lévy Bruhl, *l'Allemagne depuis Leibnitz*, p. 420.)

accompli. Chaque parti se réclame ainsi de l'histoire et soutient que son triomphe est une nécessité des temps. En France, les royalistes invoquent quinze siècles de monarchie; les démocrates, le lent affranchissement des masses et la persistance des revendications populaires; les classes privilégiées, de prétendus droits consacrés par leur durée même, etc. Qui se trompe et qui a raison? Nul ne saurait péremptoirement l'affirmer. Si l'histoire était une science, on pourrait tirer de faits certains et de lois bien établies des déductions sûres; mais tant qu'elle ne sera qu'une philosophie élastique, aisée à comprimer dans tous les sens et se pliant à des théories contradictoires, fournissant par ses faits innombrables des armes à tous les partis, les spéculations sur l'influence historique ne sont-elles pas aussi creuses, vaines, arbitraires et illusoires que celles dont on reproche l'abus à la logique abstraite de la pure raison? Ces réserves soumises au lecteur, il suffira d'exposer la théorie de Marx, sans la critiquer.

Retenez ce simple mot : *Entwicklung*, que Marx a emprunté à Hegel. Il est la clef du système, il joue chez les adeptes de la révolution sociale en Allemagne le même rôle essentiel que la *Raison* chez nos anciens révolutionnaires français. Il a un sens diamétralement opposé, car il signifie non l'immuable, l'absolu, mais, au contraire, le passager, le fugitif. Il implique pourtant une idée encore plus subversive de tout ordre établi, car il chasse du monde le repos et l'immobilité [1]. *Entwicklung*, c'est-à-dire évolution, développement parallèle des institutions et des idées, perpétuel

1. Liebknecht cite à l'appui de la thèse socialiste ce passage de Gœthe, qu'on ne peut soupçonner pourtant d'esprit révolutionnaire : « Dans le mouvement et le devenir, il n'y a point de halte, la nature a suspendu sa malédiction à l'immobilité ».

devenir, transformation sans fin. Dès lors, tout ce que nous considérons comme des principes fixes, religion, État, propriété, famille, ce ne sont là que des formes transitoires, variables d'un temps à un autre, d'une civilisation à l'autre, des « moments nécessaires » qui disparaissent pour faire place à d'autres non moins nécessaires. Sans doute, le système de Hegel admettait la raison d'être de toutes choses en histoire et en morale : il faisait l'apologie de l'État prussien en prouvant à quel point les institutions prussiennes étaient raisonnables, selon la célèbre formule, conservatrice en apparence, « tout ce qui est, est raisonnable ». Mais cette formule n'est que la consécration des faits accomplis, et quand, en vertu de l'évolution, l'État socialiste aura succédé à l'État prussien, il sera non moins raisonnable, par le fait seul de son existence. En un mot, la révolution ne se construit pas tout d'une pièce, elle *devient* : « Elle est dans chaque pulsation de la société actuelle », qui se transforme insensiblement en société de l'avenir.

Marx ne prend à Hegel que cette conception primordiale d'*évolution*, il considère l'histoire à un point de vue tout différent. Hegel est idéaliste, il admet une cause finale. Il croit que dans la nature, comme dans l'humanité, l'*Idée* est en cours de s'accomplir progressivement, l'*Idée* dont la réalité n'est que la fuyante image. On pourrait définir sa conception de l'histoire « l'étude des développements de l'*Idée* ».

Marx, au contraire, est matérialiste. Il appartient à ce mouvement général de dure et froide réaction contre l'idéalisme et le socialisme romantique, si marqué dans cette seconde moitié du XIXe siècle, réaction née sous l'influence des sciences naturelles et de l'industrie en progrès, et qui s'est traduite en France par le positivisme philosophique, littéraire, politique, économique de la fin du règne de Louis-Philippe et du second empire : « La matière, dit Marx, n'est pas un produit de l'esprit, l'esprit est un produit de la matière ». Il est de l'école de Büchner, le vrai philosophe du socialisme contemporain ; il invoque pareillement Darwin. A travers l'histoire, gouvernée comme l'histoire naturelle par des lois nécessaires, il aperçoit non l'*Idée* de Hegel, non des idées, qui ne sont que le reflet des choses réelles dans le cerveau de l'homme, mais des *intérêts matériels*. C'est là, selon les disciples de Marx, une de ses grandes découvertes, que *l'histoire n'est qu'une suite de combats de classes, résultant des intérêts économiques* [1].

Les circonstances matérielles de la production et du travail, auxquelles les historiens de profession prêtent si peu d'attention, déterminent les formes historiques des sociétés humaines et créent pour chaque époque la base de sa vie politique et intellectuelle. Les modes de production, d'échange, de distribution des produits sont l'origine des classes et de leur hostilité. Elles se combattent non pour des idées de vérité, de justice, mais pour des raisons économiques. Suivant qu'un peuple vit à l'état pastoral, agricole, commercial, industriel, il en découle pour lui une certaine civilisation générale qui s'étend à la famille, à la propriété, aux institutions politiques, même à la vie intellectuelle et à la vie religieuse. Ainsi, selon Lassalle, le moulin à bras a déterminé la société féodale, le moulin à vapeur, la société capitaliste. Le régime de la grande propriété dure jusqu'au commencement du XVIe siècle. A ce moment s'accomplit une révolution économique :

1. Engels cite toutefois parmi les précurseurs de Marx, dans cet ordre d'idées, Saint-Simon et Fourier.

la découverte de l'Amérique, de la route des Indes, les progrès de la navigation, l'invention de la poudre à canon, l'essor du commerce, brisent la puissance de la noblesse au profit de la royauté. C'est à ce développement du travail, à cette formation du capital qu'est due la civilisation de la Renaissance : « Si la population des villes, remarque M. Renan, fût restée pauvre et attachée à un travail sans relâche, comme le paysan, la science serait encore le monopole de la classe sacerdotale ». On voit ainsi que le bien-être matériel a été la première cause de l'affranchissement de l'esprit. — Une troisième période, une révolution sans précédent résulte de l'emploi des machines et de la vapeur. La vraie date de cette révolution n'est pas 1789, mais 1775, lorsque fut installée en Angleterre la première machine à tisser le coton. C'est l'avènement du tiers état, qui anéantit par le capital la petite boutique du patron patriarcal, et la remplace par l'usine. A chacune de ces époques, la différence de distribution des richesses a amené la lutte des intérêts et des classes. Hegel lui-même faisait du *Bœse*, c'est-à-dire des mauvaises passions humaines, ambition de dominer, désir de dépouiller pour posséder, le levier de l'histoire. Il n'y a pas d'exemple d'un parti ou d'une classe qui ait exercé le pouvoir dans l'État, sans en abuser à son profit, qui l'ait employé à autre chose qu'à favoriser ses propres intérêts économiques; et l'histoire tout entière, aux divers degrés du développement social, n'est que la lutte des exploiteurs et des exploités, des classes dominantes et des classes dominées.

Considérons la plus récente des révolutions, celle de 1789. Dès 1802, Saint-Simon remarque qu'elle n'a été, en réalité, qu'un combat de classes entre la noblesse, le prolétariat et la bourgeoisie, d'où celle-ci est sortie victorieuse. Enrichie des dépouilles de la noblesse et du clergé, elle s'est créé dans le code civil une législation bourgeoise, et sous les divers gouvernements, des constitutions bourgeoises. « L'opposition du pauvre et du riche s'est accentuée, par la disparition des corporations et autres privilèges, et des établissements charitables de l'Église. La pauvreté et la misère des classes laborieuses deviennent la condition de la vie sociale, la payement en argent comptant, dit Carlyle, est le seul lien entre les hommes [1]. » Une aristocratie d'argent se fonde : au seigneur féodal succède le grand industriel. Mais de même que le tiers état a supplanté la noblesse, de même la classe ouvrière supplantera le tiers état; le régime socialiste succédera au régime capitaliste, comme ce dernier a succédé au régime féodal; et c'est la bourgeoisie industrielle qui prépare elle-même l'armée qui la vaincra. Elle a besoin de ces légions d'ouvriers pour s'enrichir : par l'éducation du peuple, elle éveille la conscience des masses, qui ne veulent plus être esclaves des salaires; la liberté de pensée, la liberté de la presse portent l'esprit de la Révolution jusque dans le dernier hameau; le droit d'association crée le parti des hommes sans fortune, le suffrage universel les laissera arriver à la domination.

Cette transformation, selon Marx et son école, est inévitable. Il ne croit nullement que le hasard, le libre arbitre, l'influence des grands hommes, puissent modifier des lois fatales. Dès lors, le communisme chez les Français et les Allemands, le *chartism* en Angleterre, n'apparaissent plus comme quelque chose d'accidentel, qui aurait pu aussi bien ne pas être, mais comme un combat historique *nécessaire* contre la classe domi-

1. *Die Entwicklung des Sozialismus von der Utopie zur Wissenschaft*, von Friedrich Engels. Hottingen, Zurich, 1883.

nante, la bourgeoisie. Et le prolétariat ne peut s'émanciper sans délivrer la société entière de la séparation et du combat des classes. L'agitation ouvrière est un mouvement de la civilisation, un développement vers la formation d'un ordre nouveau. Le communisme sera le produit nécessaire du développement économique de l'humanité. Il ne dépend de personne de l'arrêter; « mais on peut, dit Marx, abréger la période de gestation et adoucir les douleurs de l'enfantement ».

Le socialisme est ainsi présenté non comme un idéal imaginaire d'une société plus parfaite, mais comme une vue profonde de la nature réelle des choses, une prophétie infaillible fondée non sur des rêves, mais sur des faits scientifiques patiemment observés, une prophétie et une propagande destinée à rendre plus aisée et plus rapide la transition aux temps qui *doivent* s'accomplir.

Telles étaient les idées que Marx et Engels commençaient à répandre dès 1844, dans les *Annales françaises-allemandes*, publiées à Paris avec la collaboration d'Arnold Ruge et de Henri Heine. Ils écrivaient non pour quelques savants, mais pour le prolétariat européen et étaient en relation avec les sociétés secrètes, à demi associations de propagande, à demi conspirations, que les Allemands exilés avaient fondées en France, à partir de 1834, sur le modèle des sociétés démocratiques parisiennes, et qui étendaient des ramifications en Suisse et en Angleterre, grâce aux tailleurs allemands. Un tailleur, Weitling, qui a beaucoup emprunté à Cabet, est le premier théoricien du socialisme en Allemagne. Mais il ignorait absolument l'économie politique, la philosophie de l'histoire, et ne parlait que le jargon français d'égalité, de fraternité, de justice sociale. Marx et Engels apportaient au mouvement une science et une méthode nouvelles.

Marx était entré en 1847 dans l'*Alliance communiste*, dont le centre d'action fut transporté de Paris à Londres et qui prenait un caractère international. C'est dans l'esprit des théories essentielles que nous venons d'esquisser qu'il redigeait et lançait, en 1847, son manifeste contre la bourgeoisie. Déjà y sont formulés, comme le remarque M. de Laveleye, les principes qui guident encore aujourd'hui le socialisme contemporain : l'affranchissement des prolétaires doit être leur œuvre propre, — l'intérêt des ouvriers contre le capital, étant partout le même, doit s'élever au-dessus des distinctions de nationalités, enfin les travailleurs doivent conquérir les droits politiques pour briser le joug des capitalistes : « Que les classes dirigeantes tremblent à l'idée d'une révolution communiste! Les prolétaires n'ont à y perdre que leurs chaînes, ils ont un monde à y gagner... Prolétaires de tous les pays, unissez-vous! »

Ce manifeste, qui a fait depuis le tour du monde et dont les devises flamboient sur les murailles de tous les congrès, s'adressait au début à des petites chapelles, à des associations de trois à vingt personnes, qui se réunissaient en secret. Il n'y avait pas encore en Allemagne de parti socialiste, il s'agissait d'en créer un. Les écrivains de la jeune Allemande, hégéliens de gauche, poètes, publicistes, orateurs, romanciers : Bœrne, Heine, Arnold Ruge, Herwegh, Freiligrath, Hartmann, Kinkel, ont donné au socialisme de beaux chants enflammés, des paroles de feu, mais c'étaient des idéologues, sans talent d'organisation. Un esprit nouveau anime Marx et après lui Lassalle, celui d'une génération à laquelle le prince de Bismarck achèvera de donner sa brutale empreinte. Ils n'ont qu'un mépris railleur pour la « *Justice éternelle* »; ils savent que, si les intérêts n'ont que la justice pour se défendre, ils ne sont guère secourus, que le droit n'est rien sans la force, qu'une cause a besoin d'une armée.

Cette armée, ils la cherchèrent en vain dans la révolution de 1848. Elle avait assurément un caractère socialiste assez marqué. Mais il s'y mêlait bien des éléments confus. Le parlement de Francfort, assemblée bourgeoise de libéraux, de juristes, de professeurs de toutes facultés, animés à la fois d'aspirations unitaires et démocratiques, en reflétait l'incertitude. A des exigences de réformes constitutionnelles et de libertés politiques, se mêlaient de vagues revendications sociales, des programmes d'organisation du travail. Mais l'industrie en Allemagne était encore peu développée. Marx vit bien vite qu'il n'y avait là qu'un levier insuffisant, qu'il était impossible d'organiser prématurément le prolétariat. Les vues positives qu'il exposait en 1850 dans *la Nouvelle Gazette du Rhin* contrastent avec l'enthousiasme romantique des Ledru-Rollin, des Louis Blanc, des Mazzini, des Kossuth. Il raille froidement l'indignation morale de l'époque et les proclamations exaltées des fondateurs de gouvernements provisoires. Les tentatives révolutionnaires lui paraissent vaines pour le moment, et il se sépare de l'alliance communiste à laquelle le procès de Cologne en 1852 donna le coup de grâce [1]. Les chefs s'étaient réfugiés à l'étranger, les masses étaient retombées dans le repos accoutumé. — Les combats économiques furent ajournés, restèrent à l'état latent, parce qu'ils furent submergés par la préparation des

1. Introduction d'Engels aux *Enthüllungen über den Kommunisten-Prozess zu Köln*, von Karl Marx. Hottingen, Zurich, 1885.

grands événements de nature politique et guerrière, qui ont eu pour conséquence l'unité de l'Allemagne.

« La révolution de 1848 a sonné le glas de la philosophie idéaliste allemande. » La pensée va devenir action. « Les philosophes, écrit Marx, ont interprété le monde de différentes manières, il s'agit maintenant de le changer. »

II. — L'AGITATION POLITIQUE [1].

Le parti socialiste, en Allemagne, n'est pas plus ancien que le ministère de M. de Bismarck. Lassalle le fit sortir de terre dans un temps très court, de 1863 à 1864, et lui donna la première impulsion, après laquelle, comme une force de nature, il ne s'est plus ni arrêté, ni ralenti.

Lors du conflit entre le gouvernement prussien et les libéraux, Lassalle, qui avait obtenu une notoriété retentissante, en plaidant la cause de la comtesse Hatzfeldt, cherchait à prendre la direction du parti progressiste. N'y réussissant pas, il brise avec « cette misérable bourgeoisie libérale » ; il lui préférait, disait-il, la « royauté de droit divin » et cherche à se créer un parti. Des unions d'ouvriers s'étaient fondées en Allemagne, sur le principe du *self-help* et de l'épargne, grâce à l'initiative de Schulze-Delitsch, et sous le patronage des progressistes. Lassalle se proposa de les en séparer, et d'introduire les ouvriers

1. *Die deutsche Sozialdemokratie*, von Franz Mehring. Brême, 1879. — *German Socialism and Ferdinand Lassalle*, by W.-H. Dawson. Londres, 1888. — *Die Entwickelung des sozialistischen Programms in Deutschland* (1863-1870), von G. Adler, dans les *Jahrbücher für Nationalökonomie und Statistik*. Zweites Heft, Iena, 1891.

comme force indépendante dans les conflits constitutionnels.

Ses vues étaient singulièrement nettes. Unitaire et démocrate, comme l'était son maître Fichte, il voulait faire des Allemands de toute race de libres citoyens de l'État; mais il fallait que l'unité de l'Allemagne fût accomplie. Témoin des échecs et des avortements de 1848, il avait appris, au spectacle de cette révolution, la vanité des parlements bavards, l'importance d'un pouvoir fort. Il voyait clairement que l'unité ne pouvait s'obtenir que par les armes de la Prusse, à l'exclusion de l'Autriche. Dès 1859, dans une brochure sur la guerre d'Italie, il exposait le plan de campagne que M. de Bismarck devait exécuter sept ans plus tard. La domination de la Prusse devait servir de transition possible à l'état national républicain. Cette puissance, réactionnaire par excellence, était appelée à devenir l'instrument de l'émancipation de la classe ouvrière, et cela par la royauté sociale et le socialisme d'Etat. Lassalle réclamait enfin, comme garantie et comme gage, le suffrage universel : « C'est le signe par où vous vaincrez », disait-il aux ouvriers. Le but de sa tactique et de son agitation était d'obtenir le suffrage universel direct, qui devait donner aux ouvriers le pouvoir de transformer la législation conformément à leurs buts. Il se rendait compte que « le suffrage universel veut comme complément le bien-être universel, et qu'il est contradictoire que le peuple soit à la fois misérable et souverain [1] », un pauvre roi en haillons, ceint de la couronne de fer.

On sait à quel point Lassalle a été prophète, et comment la Prusse, pour satisfaire ses ambitions impériales et triompher de la bourgeoisie libérale, a

1. Tocqueville, *la Démocratie en Amérique*.

déchaîné le courant de la démocratie. Le prince de Bismarck, en établissant le suffrage universel, a voulu oindre d'une goutte d'huile démocratique le nouvel empire. Est-il sûr qu'il ait travaillé pour le roi de Prusse? La goutte est devenue tache et s'étend chaque jour davantage. Les partis conservateurs maudissent ce suffrage comme « une arme effrayante, qui menace de destruction notre civilisation et notre moralité, et donne à la démocratie sociale, pour un temps assez éloigné, les chances d'une victoire qui n'a rien d'invraisemblable ».

Les débuts du parti socialiste ont été modestes : à l'origine, ce n'est qu'un ruisseau, à peine visible. Les ouvriers vivaient tranquilles dans la pauvreté et l'ignorance : pour que naisse le mécontentement, il faut plus de bien-être, plus d'information sur les conditions du travail dans d'autres pays. Lassalle employait toute son éloquence à allumer les convoitises; démocrate fastueux et viveur, il reprochait aux ouvriers leur « maudite frugalité », tonnait contre ceux qui exigeaient de l'ouvrier l'épargne, alors qu'il a les poches vides, le *self-help*, alors qu'il est désarmé devant le capital, comme l'homme qui n'aurait que ses dents et ses ongles, pour lutter contre l'artillerie la plus perfectionnée. Habile à tirer des problèmes économiques des formules éclatantes et à les lancer dans les foules, il empruntait à Ricardo sa prétendue *loi d'airain* qui courbe l'ouvrier sous le joug de la misère; car si les gages tendent à augmenter, la population ouvrière s'accroît; s'ils baissent, elle émigre, ils ne peuvent donc dépasser un certain taux, — loi réfutée par mille exemples, dont le plus remarquable est celui des *trades unions*. Liebknecht, au congrès de Halle, a d'ailleurs rejeté cette loi d'airain à la vieille ferraille, parmi les armes rouillées. Lassalle, tout en conservant la propriété privée, invoquait comme Louis Blanc, l'assistance et le crédit de l'État, « cet antique feu de Vesta de toute civilisation », pour fonder des sociétés coopératives, qui affranchiraient graduellement les ouvriers de la tyrannie du capital.

Ce retentissant appel aux esclaves du salaire fut peu écouté. A Berlin, ses partisans tombèrent de 200 à 25. Le parti socialiste y a compté en 1890 plus de 125 000 voix. Lassalle obtint plus de succès dans les districts industriels, sur les bords du Rhin, où son dernier voyage triomphal fut, disait-il, celui d'un fondateur de religion. A sa mort, l'association des ouvriers allemands avait recruté 4610 membres. Il avait donné à son parti une organisation centralisée et une discipline semblable à celle d'une armée qu'une seule volonté anime. Le président nommé par l'assemblée annuelle exerçait un pouvoir presque dictatorial. Une telle dictature n'était possible qu'avec une personnalité comme celle de Lassalle. Cet homme génial, à la volonté de fer, aux plans immenses, intéressant comme un personnage de roman, savant d'académie, orateur de carrefour, beau parleur de salon, doué de ce charlatanisme indispensable aux politiques, vénéré comme le premier saint du calendrier socialiste, était venu trop tôt pour le rôle qu'il voulait jouer. Il ne réussit pas à entraîner les foules; il avait jeté la semence, il fallait les deux grands orages de 1866 et de 1870 pour faire lever la moisson.

Peu de semaines après la mort de Lassalle, tué en duel à la suite d'une aventure amoureuse qui, à ce moment, intéressait plus sa vanité que la question ouvrière, — Marx fondait à Londres, le 28 septembre 1864, l'*Association internationale des travailleurs*, la Sainte-Alliance des prolétaires de tous les pays contre la bourgeoisie et le capitalisme. Ainsi que

Lassalle, Marx Mordechaï est d'origine juive, le descendant d'une longue suite de rabbins. De cette race cosmopolite, d'un âpre réalisme, sans idée d'une autre vie qui répare les inégalités et les injustices de celle-ci, est sortie avec Marx la protestation la plus véhémente contre l'ordre économique dont elle est l'incarnation. Marx est la négation radicale de Rothschild. M. Mehring le peint, d'après le témoignage d'un de ses fidèles, comme un aristocrate qui en haine de la bourgeoisie se faisait un jeu d'agiter le monde du fond de sa villa confortable des environs de Londres, « un de ces sybarites de l'esprit, qui, par dégoût de tout ce que la vie terrestre a de borné et de fini, cherchent dans la propagande du bouleversement une sorte de sport méphistophélique ». Mais un jugement aussi sommaire ne saurait suffire. Marx, le Rousseau du XIXe siècle, et son œuvre célèbre, *le Capital*, exigeraient toute une étude. Autant ses théories ont exercé d'influence sur le socialisme allemand, autant l'Internationale, dissoute dès 1872, s'est peu répandue en Allemagne où le nombre de ses partisans n'a jamais dépassé un millier, pour les mêmes causes qui faisaient obstacle à la propagande de Lassalle.

Dix années séparent la fondation de l'Internationale du congrès de Gotha (1864-1875), et cet intervalle est rempli par le long combat et la victoire des tendances communistes et internationales de Marx sur le socialisme patriote et mitigé de Lassalle.

A peine Lassalle avait-il disparu, que les querelles entre la comtesse Hatzfeldt et ses lieutenants divisaient déjà le parti. Le plus remarquable de ses successeurs à la présidence de l'Union générale des ouvriers allemands fut Schweitzer, homme du monde déclassé, de mœurs louches, mais intelligent et avisé. Schweitzer ne fit qu'accentuer les sympathies que Lassalle avait témoignées à la Prusse et à M. de Bismarck. Il siégea au Reichstag; puis, en 1872, renonça au socialisme et devint auteur dramatique. Bebel l'a depuis stigmatisé comme agent secret du gouvernement prussien.

Un parti rival, dit des *Ehrlichen*, des *honorables*, n'avait pas tardé à se constituer dans l'Allemagne du Sud, en opposition aux sympathies prussiennes des lassalliens. Les deux hommes qui le dirigeaient, Bebel et Liebknecht, ami et confident de Marx, sont encore aujourd'hui les meneurs les plus en vue de la démocratie sociale. Aucun parti me saurait s'honorer de chefs plus probes, plus désintéressés et dont la vie publique et privée soit plus intacte. Agitateurs et organisateurs émérites plus que théoriciens profonds, ils ont vu leur importance grandir avec la croissance prodigieuse de leur parti, due à des causes toutes générales. Leur fanatisme, leur indifférence à tout ce que le commun des hommes considère comme intolérable : pauvreté, exil, prison, persécution, rappelleraient les jésuites du XVIe siècle, les puritains de Cromwell, les jacobins de 1793, si nous ne vivions dans un temps de prose qui ne se peut hausser jusqu'à ces époques dramatiques.

Liebknecht est né à Giessen en 1826. Il appartient, par sa famille, à la bourgeoisie bureaucratique. Après de bonnes études universitaires, sur le point d'émigrer en Amérique, il fut retenu par la révolution de 1848, accourut à Paris aux premières nouvelles des barricades, revint en Allemagne se joindre aux partisans qui tentaient d'y fonder une république. Il a depuis suspendu au râtelier le fusil d'insurgé. Son histoire, qui est celle de son parti, se résume d'un mot : un sectaire qui deviendra de plus en plus un politique, et qui, sans rien renier de sa foi communiste et révolutionnaire, poursuivra des buts positifs et immédiats, s'engagera de plus en plus dans les voies de l'opportun et de l'expédient.

Banni d'Allemagne, Liebknecht passa treize années à Londres dans la société de Marx et d'Engels. Il s'éprit d'admiration pour Disraëli, le premier homme d'État, selon lui, qui ait compris l'importance universelle de la question sociale. Dans son roman de *Sybil, ou les deux Nations*[1], Disraëli, le peintre ébloui de l'opulence anglaise, a laissé un tableau de la misère au temps du *chartism* et de l'esprit révolutionnaire qui animait la classe ouvrière, d'un réalisme tel que Liebknecht l'égale à celui de M. Zola. « L'État, écrit Disraëli, n'a qu'un seul devoir, assurer le bien-être des masses », et le ministre conservateur rêvait d'organiser contre la bourgeoisie libérale, qu'il exécrait, la ligue du torysme et du prolétariat, sous l'égide d'une monarchie populaire.

Telle était aussi la politique de M. de Bismarck dès le début de son ministère (fin de septembre 1862). La même année, Liebknecht, rentré en Allemagne, fondait à Berlin, avec son ami Brass, *la Gazette de l'Allemagne du Nord*, destinée « à combattre le bonapartisme à l'extérieur, le faux libéralisme bourgeois à l'intérieur, dans le sens de la démocratie et du républicanisme ». Mais Brass, le républicain rouge de 1848, passait, avec armes et bagages, comme Lothar Bucher et d'autres « apostats », au service du ministre qui connaissait l'importance de la presse et la façon d'en user. Convaincu que tout s'achète et que l'honnêteté est une marchandise qui se paye seulement un peu plus cher, M. de Bismarck fit proposer à Liebknecht de continuer à écrire dans ce journal des articles de ten-

1. *Sybil*, traduit par Mme Liebknecht, fait partie de la bibliothèque socialiste allemande.

dance socialiste très avancée. Ces offres ne reçurent pas l'accueil que leur auteur en pouvait attendre. Après dix-huit années de luttes sans trêves, Liebknecht nourrit, à l'égard de l'ancien chancelier, une haine furibonde que sa chute même n'a pas apaisée. La disgrâce du prince ne lui suffit pas. Il voudrait encore lui ravir l'honneur.

Expulsé de Berlin en 1865, Liebknecht se fixait à Leipzig, où il trouvait, à la veille et au lendemain de la guerre de 1866, l'auditoire le plus favorable à sa propagande contre la Prusse, qu'il ne cessait de dénoncer comme *delenda Carthago*. Les Allemands venaient de se canonner entre eux. Le seul nom prussien excitait en Saxe les plus violentes passions. A l'antipathie invétérée de ces populations douces et polies pour la morgue et l'arrogance des *Junkers* se joignait l'humiliation de la défaite. La nouvelle confédération de l'Allemagne du Nord laissait dans les États du Sud des légions de mécontents. Liebknecht exprimait le sentiment général lorsqu'il flétrissait l'hégémonie de la Prusse comme la malédiction, la mutilation de la patrie, lorsqu'il défendait l'idée, populaire en Saxe, de la *Grande Allemagne*, d'où les frères d'Autriche ne seraient pas exclus. L'administration militaire prussienne supprime son journal. Il retourne à Berlin sur la foi de l'amnistie, on l'emprisonne. Il revient ensuite à Leipzig sans ressources, sans perspectives d'avenir. Il y avait gagné un partisan, l'ouvrier tourneur Bebel [1], qui en valait des milliers.

Liebknecht est le chef de la démocratie socialiste; Bebel en est l'apôtre. Né en 1840, il est fils d'un sous-

1. Bebel est aujourd'hui à la tête de la maison de Leipzig Fesleib et Bebel, qui fabrique des loquets et des boutons de cuivre.

officier d'infanterie prussienne. En cette qualité, très modérément libéral à ses débuts, simplement démocrate, il avait prononcé, en 1863, un discours contre l'établissement du suffrage universel. C'est en étudiant, pour les combattre, les écrits de Lassalle, qu'il s'initia à la doctrine. Liebknecht a exercé sur lui une action décisive. Bebel, déjà influent en Saxe, pays de grande industrie, président à Leipzig du comité permanent des associations d'ouvriers allemands, lui apportait le noyau d'un parti.

Au Reichstag constituant de l'Allemagne du Nord, où ils siégèrent parmi les démocrates, Liebknecht et Bebel, s'abstenant de professions de foi socialistes, se signalèrent comme mangeurs de Prussiens. Ils prenaient violemment à partie la politique de Bismarck, l'œuvre de 1866. Un conflit avec la France allait en être, disaient-ils, la conséquence inévitable.

Les trois années qui précèdent la guerre de 1870 sont importantes dans l'histoire du parti. En 1867, Marx publie le premier volume du *Capital*; dès les premières pages, il répudie dédaigneusement Lassalle. En même temps que la doctrine se fixe dans cette bible du socialisme allemand, commence l'agitation pratique. Le suffrage universel excite l'intérêt à la vie politique. Des associations de métiers s'organisent en foule, avec un double caractère : protéger les intérêts du travail et en même temps former un parti exclusivement animé de l'esprit de classe [1]. Mais il y avait

1. La fondation de ces associations de métiers, *Gewerkvereine*, analogues aux *trades unions*, ont formé, comme le remarque Adler, la moelle du parti ouvrier allemand et ont beaucoup contribué à ses succès électoraux. On ne saurait comprendre le développement du mouvement socialiste, si on ne se rend compte de leur importance. Lassalle n'y attachait que peu de prix, tandis que Marx, dès le début, poussait à ces coalitions d'ouvriers réunis en corps de métiers. Par là les revendi-

lutte entre les lassalliens, présidés par Schweitzer, soupçonné d'alliance secrète avec Bismarck, et les partisans de Bebel et de Liebknecht. Une tentative de fusion, au congrès d'Eisenach (août 1866), n'aboutit pas. C'est alors que Liebknecht fondait le *parti ouvrier démocrate socialiste* qu'il devait conduire à de si brillantes destinées.

Les dissensions des deux partis, dont l'un se recrutait surtout dans l'Allemagne du Nord et l'autre à Leipzig, avec des tendances internationales très marquées, s'accrurent encore lorsqu'éclata la guerre de 1870, qui entraînait les Allemands dans un grand courant patriotique où disparurent les rancunes des années précédentes. Bebel et Liebknecht refusèrent de voter l'emprunt de la guerre; « une guerre dynastique, disaient-ils, préméditée et préparée de longue main par le gouvernement prussien contre la France, pour le profit et la gloire de la maison de Hohenzollern ». Ils prédisaient maintenant que de cette guerre sortirait l'alliance de la France et de la Russie, et une lutte redoutable entre Germains et Slaves. Avec Karl Marx, ils protestèrent énergiquement contre l'annexion de l'Alsace-Lorraine et portèrent la Commune aux nues. Arrêtés, accusés de haute trahison, et condamnés à

cations socialistes sortaient du domaine de la théorie pour entrer, par le moyen des grèves, dans les exigences pratiques concernant la réduction du temps de travail, les caisses de secours, l'augmentation des salaires, etc., et le parti devenait capable d'exercer une pression durable sur la législation et le gouvernement. « Comme les corporations du moyen âge ont été le moyen inconscient de l'émancipation de la bourgeoise, dit Adler, les associations de métiers du temps présent doivent être considérées comme les moyens pour l'émancipation du prolétariat. » D'après le démocrate Jean Jacoby, « la fondation de la moindre petite association d'ouvriers aura pour le futur historien de la civilisation plus de valeur que la bataille de Sadowa ».

deux années de forteresse, ils s'étaient défendus énergiquement, au cours du procès, de conspirer dans l'ombre au renversement de l'ordre établi. Ils se donnaient pour des *propagandistes*, qui n'attendent la victoire que de l'expansion de leurs idées.

III. — LA GUERRE DE 1870 ET SES SUITES.

L'agitation de deux partis avait été singulièrement efficace, car aux élections de l'Allemagne unifiée en 1871, le nombre des voix socialistes s'éleva à 124 655. L'impulsion la plus puissante et la plus rapide leur vint des suites mêmes de la guerre de 1870, qui transforma le caractère national.

« Avant la guerre, les habitudes modestes, sédentaires du peuple tendaient à rendre chacun content de son lot et hostile aux changements sociaux... La guerre avec ses excitations et ses triomphes, puis l'établissement de l'empire suivi d'une foule de lois qui ont modifié la vie sociale du peuple, ont effectué une métamorphose complète... En même temps une courte période de grande activité commerciale et de spéculation effrénée a produit sur les masses une profonde impression, et semble avoir altéré d'une façon permanente et à un haut degré leur précédent caractère. L'Allemagne avant la guerre était un pays de vie et de production relativement à bon marché, elle ne l'est plus [1]. » Après la pluie d'or de nos milliards français, les descendants de ces Allemands d'autrefois, nourris de rêves et de métaphysique, se lancèrent dans les spéculations et les entreprises financières avec une telle

1. Wells, *Economic changes*.

fureur sauvage « qu'on n'en saurait trouver de semblable dans l'histoire d'aucun peuple civilisé [1] ». En Prusse seulement, 687 compagnies par actions se fondèrent en l'espace de quelques mois. Les appétits, déchaînés en haut, se déchaînèrent aussi en bas durant cette période de leurre et de vertige, avec ses hauts salaires, ses grèves favorables, et enfin son krach retentissant à la Bourse de Vienne le 9 mai 1873, suivi de tant de désastres. A une ivresse de prospérité apparente succédait la dépression financière, commerciale, industrielle. La crise atteignait les ouvriers qui avaient déserté la campagne en masse, attirés dans les villes par l'appât du gain. « Chaque jour, écrivait Rudolph Meyer, va se gonflant une armée de prolétaires dont le silence, la patience et la décision ont quelque chose d'effrayant. » Et il en fait remonter la responsabilité à M. de Bismarck et au banquier Bleichrœder. « La nation allemande, conclut-il, ne s'est pas montrée digne des grandes destinées auxquelles elle semblait appelée après les guerres de 1866 et de 1870. » Et M. Mehring considère de même la maladie du socialisme comme le revers des succès nationaux.

Après ces grandes transformations historiques et politiques, la force élémentaire des intérêts économiques passait au premier plan. De là le développement rapide de la démocratie sociale, de ses partisans et de son influence.

Aux élections de 1874, les voix socialistes triplèrent bien que le parti fût divisé en deux camps. Dans leurs congrès et leurs réunions générales, les meneurs évaluaient le nombre de leurs bataillons organisés à 8000 ou 10 000 compagnons. Or 351 952 électeurs votaient

1. *Politische Gründer und die Corruption in Deutschland*, von Rudolph Meyer. Leipzig, 1877.

pour leurs candidats. Ce contraste révèle la vraie nature du mouvement socialiste. On doit le considérer dans son ensemble moins comme une adhésion expresse et raisonnée à une doctrine et à un programme, que comme la formule populaire la plus énergique du mécontentement des basses classes. « Nous sommes, disait récemment Liebknecht, le baromètre qui indique le mécontentement général. » M. de Bismarck déplorait un jour que les Allemands ne fussent pas aussi capables de se résigner à un sort modeste que les Français de condition analogue ; le boulanger allemand, ajoutait-il, rêve de devenir banquier ou millionnaire ; il n'est brillante destinée que le petit employé n'ambitionne pour ses enfants, et le poison socialiste infeste toute cette classe. Il est juste de reconnaître que M. de Bismarck lui-même n'a jamais donné aux Allemands l'exemple de la modération dans la plus haute fortune. Le socialisme est ainsi en partie le fruit des déceptions qu'ont fait naître des succès politiques inouïs, joints aux révolutions économiques de la seconde moitié du XIXe siècle, aux charges militaires nécessitées par la politique d'annexion : le poids des impôts, la cherté des vivres, la médiocrité des traitements ont amené au parti des recrues de plus en plus nombreuses. Les chefs ne s'y sont point trompés, et ils en ont tenu compte dans leur plan de campagne.

La conduite et la direction du mouvement socialiste depuis la guerre passait de plus en plus aux mains des communistes. L'Internationale de Marx, formée au début des éléments les plus disparates, démocrates allemands, ouvriers des *trades unions* anglaises, anarchistes italiens, philanthropes libéraux, tels que Jules Simon et Chaudey, terroristes français et allemands, réformateurs chimériques de toute nature, s'était dissoute au congrès de La Haye en 1872, où Bakounine et les révolutionnaires slaves refusèrent d'obéir à un juif allemand. Elle s'éteignait comme un feu de nuit sur la montagne, pour se rallumer de nouveau au congrès marxiste de Paris, en 1889. C'étaient maintenant les chefs allemands qui gardaient le dépôt de la doctrine et prenaient le commandement de l'armée. L'Allemagne allait devenir le foyer le plus actif du socialisme en Europe. Les succès remportés, et les persécutions de la police et des tribunaux qu'on commençait à subir rendaient l'union des deux partis inévitable. L'absorption du parti de Lassalle par celui de Bebel et Liebknecht eut lieu en 1875 au congrès de Gotha, où 9000 marxistes et 15 000 lassalliens se fondirent en une masse unique de 24000 membres réguliers du parti démocrate socialiste. C'étaient, selon la règle historique, les radicaux qui prenaient la haute main sur les modérés.

Le programme élaboré à Gotha, fondé sur les idées de Marx, avec quelques concessions à celles de Lassalle, a résumé pendant vingt ans toutes les revendications de la démocratie sociale, jusqu'au congrès de Halle où Liebknecht l'a écarté comme ne correspondant plus aux circonstances nouvelles. On l'a comparé à une cuisine de sorcières. Il contenait un mélange de principes collectivistes et de politique ultra-radicale; mais il énumérait aussi les réformes possibles et exigibles dans la société actuelle : droit de coalition, journée de travail normale, interdiction du travail du dimanche, défense du travail des femmes et des enfants pouvant nuire à la santé et à la moralité, lois protectrices de la vie et de la santé des ouvriers, libre administration des caisses d'assistance et de secours mutuels, — questions dont quelques-unes ont été résolues par la législation, et que le parti socialiste se vante d'avoir imposées à l'attention du parlement et à la sollicitude du pouvoir. L'agitation pour des exigences pratiques va devenir le trait qui caractérise la démocratie sociale allemande, et cette agitation va lui attirer toujours de nouvelles recrues.

En même temps qu'elle poursuit des buts précis, immédiats, cette agitation, selon la prescription même du programme de Gotha, se sert de *moyens légaux*. Buts pratiques, moyens légaux, — c'est là ce qui la distingue absolument — sans parler des théories centralisatrices — de l'anarchisme et du nihilisme. Au congrès de Gand, en 1877, où les partisans de Marx et de Bakounine se trouvaient réunis, Liebknecht exposait avec précision la méthode de son parti, la participation à l'État, le socialisme correct, l'action politique et parlementaire, la propagande pacifique. « La conquête de la puissance politique, disait-il, ne sera pas l'œuvre d'un moment et d'un assaut. Comme la société ne naît pas du jour au lendemain, elle ne disparaîtra pas de même. » La propagande *par le fait*, que prêchent les anarchistes, les bombes, la dynamite, c'est la tactique d'une secte infime en nombre, qui cherche à se rendre redoutable par la conspiration et la terreur; cette tactique ne saurait convenir à un grand parti politique toujours croissant, qui marche au grand jour à la conquête du pouvoir par la conquête de l'opinion. Les socialistes allemands ont maintes fois manifesté leurs sympathies aux nihilistes russes, mais sans aucune arrière-pensée de les prendre pour modèles.

L'union une fois accomplie au sein du parti, le programme adopté, la tactique définie, il s'agissait de rendre l'organisation plus parfaite, la propagande plus active. La démocratie socialiste forme une sorte d'État dans l'État. Elle possède un gouvernement centralisé. Elle a ses agitateurs rétribués, ses cent cinquante orateurs dressés, qui vont à travers l'Allemagne répandre la bonne parole. La presse du parti prend un essor surprenant. Des brochures à bon marché, des calendriers socialistes, les discours de Lassalle, les abrégés des théories de Marx, les recueils de poésies socialistes sont répandus à profusion ou distribués gratuitement durant les périodes électorales. Les ressources commencent à affluer.

A l'organisation politique s'ajoute l'organisation professionnelle. Le parti forme le centre de ralliement de vingt-six grandes associations de métiers, comptant 50 000 membres disséminés dans le pays et pourvues de contributions régulières. Au parti se rattachent pareillement de nombreux *Vereine*, sociétés de chant, de théâtre, de consommation, si enracinées dans les habitudes allemandes. Les socialistes purs forment une classe spéciale, une tribu, un peuple dans le peuple. Ils ont leurs plaisirs, leurs relations, leurs auberges, leurs anniversaires, et même aux jours de fête on ne voit plus en Allemagne toutes les classes de population s'unir et se confondre.

Le parti des prolétaires est celui qui possède l'organisation de beaucoup la plus parfaite, qui déploie le plus d'énergie, qui fait les plus grands sacrifices de temps et d'argent. Le fruit immédiat de cette union et de ce zèle fut le succès des élections de 1877. Le parti obtenait 493 288 voix et gagnait ainsi 140 000 voix en trois années. Il venait au quatrième rang et comptait 12 députés. Ces chiffres étonnèrent les chefs eux-mêmes et causèrent un grand effroi.

Les attentats de Hœdel et de Nobiling contre l'empereur (11 mai-2 juin 1878) vinrent à point fournir à M. de Bismarck une arme qu'il avait jusque-là vainement réclamée du Reichstag pour combattre la démocratie sociale. Ces crimes excitèrent et indignèrent l'opinion au plus haut point contre les socialistes; ils étaient pourtant absolument contraires à l'esprit et à la doctrine du parti qui répudie le régicide, les conspirations ténébreuses et sanguinaires. Une atmosphère malsaine les avait fait naître. L'apprenti ferblantier Hœdel, esprit puéril, était inscrit en dernier lieu au parti socialiste chrétien ; il ne savait d'ailleurs lui-même s'il était adepte de Bakounine, de Marx ou de Stœcker. On ne découvrit aucune relation entre Nobiling et les socialistes démocrates. Vaniteux incapable, à bout de ressources, il cherchait une fin théâtrale, et tira sur le vieil empereur, sans fanatisme, mû par un monstrueux sentiment d'orgueil.

La loi contre les socialistes, que M. de Bismarck obtenait après de nouvelles élections, où le parti ne perdit que 60 000 voix environ, où il en gagna même à Berlin, mettait entre les mains des gouvernements et de la police des pouvoirs exceptionnels, limitant pour les socialistes, de beaucoup de manières, le droit de réunion, d'association, la liberté de la presse et la liberté de séjour. Les mesures étaient combinées de manière à anéantir toute organisation, toute activité publique dans le parti, et à réprimer avec une extrême rigueur toute tentative d'organisation secrète. Elle ne laissait intacte que le droit de vote, qui l'a rendue vaine.

IV. — L'ÈRE DE RÉPRESSION [1].

Les gouvernements appliquèrent la loi contre les socialistes, mise en vigueur, le 21 octobre 1878, avec une extrême énergie. Ils ne rencontrèrent ni provoca-

1. *Die culturgeschichtliche Bedeutung des Socialistengesetzes*, von Ludwig Bamberger. Leipzig, 1878. — *Zum ersten October*, von August Bebel. *Neue Zeit.*, n° 1. *Le Socialisme international*, par l'abbé Winterer. Mulhouse, 1890.

tion ni résistance. Dès le 19, le comité central de Hambourg, 135 associations et *Vereine* se dissolvaient, 35 journaux cessaient de paraître. A la date du 30 juin 1879, 147 publications périodiques, 218 non périodiques, livres, brochures, étaient supprimés et interdits, 217 *Vereine* et cinq caisses dissous. De 1878 à 1886, le petit état de siège, avec droit d'expulsion des villes contre les personnes réputées dangereuses, était établi à Berlin, Leipzig, Francfort, etc. ; trois millions et demi d'Allemands s'y trouvaient soumis. Quatre-vingt-treize membres du parti, les plus zélés, les plus actifs, étaient chassés en une fois de Berlin, puis d'autres villes. Enfin la loi qui devait durer trois ans, fut successivement prorogée jusqu'à douze. — Toute l'organisation si favorable du parti était anéantie, et ne pouvait se reconstituer, la presse silencieuse, la police partout aux aguets.

Mais, chez le peuple allemand, les cohortes de la destruction sont aussi susceptibles d'union, de discipline, d'esprit de sacrifice, que l'armée de la loi. Ces mesures n'eurent d'autre effet que de resserrer les liens des membres entre eux. Jamais ordre si parfait n'avait été atteint dans l'histoire des combats de classes. En expulsant des grandes villes les socialistes les plus militants, on en faisait des prosélytes errants, pleins d'amertume et de colère. Eux chassés, d'autres les remplaçaient; nulle part, les adeptes n'étaient plus nombreux que dans les districts où régnait le petit état de siège. Quelle loi, quelle police, pouvaient atteindre la propagande d'homme à homme, celle de l'atelier, du cercle intime, de la famille [1]? Aucune imprimerie

1. « La vie, dit Adler, commença à renaître dans les rangs de la démocratie sociale lorsqu'en 1881, la police autorisa de nouveau les associations d'ouvriers professionnelles; ces asso-

n'aurait tenté de publier des écrits socialistes; leur introduction était étroitement surveillée à la frontière. Or le député socialiste Vollmar affirmait au Reichstag que 500 000 exemplaires de journaux et de brochures interdites étaient répandus chaque année en Allemagne. Le *Sozialdemokrat*, organe officiel du parti, édité d'abord à Zurich, la Rome socialiste, pendant la durée de la loi d'exception, était semé jusque sur les routes, et lu comme on lit les œuvres prohibées, avec ferveur. On ne pouvait sans danger recueillir des cotisations en Allemagne : on en recevait de l'étranger. Il était interdit aux chefs de se concerter; ils réussissaient à dépister la police, et à régler les affaires du parti dans trois congrès, de 1880 à 1887, aux ruines du château de Wyden, à Copenhague, à Saint-Gall. Aux élections de 1881, à la surprise générale, les démocrates socialistes obtenaient 311 961 voix et douze députés; la répression draconienne ne leur en avait ôté que 125 000, et depuis, le nombre de voix n'a cessé de progresser dans des proportions imprévues.

Des mesures préventives, jointes aux mesures répressives, bien loin d'enrayer le mouvement, n'ont eu d'autre effet que de l'accélérer. M. de Bismarck combinait en vain le système de la cravache et du morceau de sucre. Il s'emparait des exigences justifiées du parti socialiste pour que le sol lui manquât sous les pieds. Le socialisme d'État devait apporter la solution pacifique de la question sociale. Tout le monde en Allemagne raisonnait maintenant sur le socialisme, professeurs d'université, docteurs de la scienee économique, médecins consultants du corps social. Catho-

ciations devinrent des centres de réunion et des bureaux de recrutement pour le parti, bien qu'il ne fût presque jamais question de politique dans leurs assemblées. »

liques et protestants rivalisaient de zèle; ils avaient commencé, dès 1868 et 1870, à fonder des sociétés de secours, des institutions de prévoyance. L'État intervenait à son tour pour protéger le travail, seconder les intérêts, alléger les souffrances de la classe ouvrière. Le message impérial du 17 novembre 1881 annonçait la législation qui a donné, de 1883 à 1889, les lois sur l'assurance des ouvriers contre la maladie, contre les accidents, contre l'invalidité et la vieillesse. Mais, bien loin d'apaiser les ouvriers, elle achevait de leur démontrer la justice de leurs réclamations, et la crainte qu'ils inspiraient, sans satisfaire leurs exigences. L'État semblait promettre par là de réparer toutes les imperfections sociales, ou du moins admettre en principe la possibilité de ce redressement. Pourquoi ne remédierait-il pas aux plus grands maux, à l'insécurité du travail, au chômage? « Pourquoi, demandait Liebknecht, le prince de Bismarck ne vient-il pas dire : quiconque a faim et se trouve sans travail s'adressera à l'État? Ce serait le socialisme complet. » — « Je veux vous l'avouer franchement, disait Bebel au Reichstag, si quelque chose a favorisé l'agitation socialiste, c'est le fait que le prince de Bismarck s'est jusqu'à un certain point déclaré pour le socialisme; seulement, nous sommes dans ce cas le maître et lui est l'écolier. » La loi d'assurance contre la vieillesse et l'invalidité, que M. Grad a étudiée et commentée [1], fait servir par l'État des rentes à un nombre de personnes qui peut s'élever jusqu'à 11 millions. Le principe admis, il est bien évident que les meneurs vont réclamer que l'on élève indéfiment le chiffre de ces rentes. Liebknecht compare déjà cette législation à une loi des pauvres modifiée, à de petites aumônes que l'on prend dans la poche des tra-

1. Voyez la *Revue des Deux-Mondes* du 1er avril 1890.

vailleurs eux-mêmes. « L'État moderne ne peut résister à la poussée universelle, quand il a provoqué l'éternelle illusion [1]. » Ces lois exigent en outre de monstrueux appareils bureaucratiques, destinés à inspirer aux ouvriers une profonde aversion pour l'assurance obligatoire, en les soumettant à des formalités très compliquées, à une insupportable tutelle [2]. Aussi témoignent-ils d'une apathie presque absolue en présence des bienfaits de cette législation. La loi d'assurances contre la vieillesse, l'invalidité, est entrée en vigueur le 1er janvier 1890. On a peine à les décider à se procurer à temps les pièces nécessaires. Ils ne croient pas, d'ailleurs, à la bonne foi des classes dirigeantes; la réforme sociale qu'elles prétendent entreprendre est destinée dans leur pensée à détourner la classe ouvrière des vraies solutions. Le socialisme d'État n'a pas réussi à gagner le cœur des ouvriers.

En même temps qu'il tentait cette expérience inquiétante, le prince de Bismarck, par sa politique protectionniste, inaugurée en 1879, jetait un nombre de mécontents toujours croissant dans les bras du parti. Les nouveaux impôts indirects, destinés à consolider l'empire, les privilèges accordés aux grands propriétaires, éleveurs, raffineurs, bouilleurs de cru, qui tiraient de cette législation des revenus considérables, ont eu pour conséquence le renchérissement des objets de première nécessité, dont les journaux socialistes

1. Paul Leroy-Beaulieu, *l'État et ses fonctions*, p. 280.

2. « L'augmentation du nombre des accidents, résultat de l'assurance obligatoire, les frais scandaleux d'administration, montrent, dit M. Claudio Jannet, le danger de résoudre la question sociale en opérant sur de grandes masses par contrainte, au lieu de se borner à encourager les efforts des groupes qui se constituent librement. » — Mais le socialisme d'État est une expérience qui doit être tentée, pour qu'on puisse se convaincre de ses dangers et de son insuffisance.

ne cessent de se plaindre [1]. Admirez, peuvent-ils dire, la contradiction! Se proclamer, comme l'a fait le prince de Bismarck, socialiste à sa manière, se déclarer partisan du droit au travail en se fondant sur le code civil prussien, peindre « le vieil ouvrier mourant de faim et de misère sur un fumier » et enrichir aux dépens de l'ouvrier une caste de grands propriétaires, persécuter les défenseurs de la classe ouvrière sous une loi d'exception, quelle politique incohérente!

Joignez à cela l'habileté, la prudence, la modération des députés socialistes qui dirigeaient le parti, leur soin à éviter toute embûche qui pût les faire sortir de la légalité [2]. On cherchait en vain à prouver, dans les procès qu'on leur intentait, qu'ils formaient une société secrète, tombant sous le coup du code pénal. A leurs congrès, malgré la violence des paroles et des manifestes, ils se débarrassaient des énergumènes compromettants, des Most et des Hasselmann, condamnaient l'anarchisme, répudiaient toute solidarité avec les auteurs du complot du Niederwald, organisé contre la famille impériale en 1883, lors de l'inauguration de la Germania. « Nous ne serons jamais assez fous, disait Liebknecht au Reichstag, pour jouer le jeu de nos ennemis par des attentats ou des complots. Oui, ce serait votre jeu, cela vous serait extrêmement agréable, nous le savons bien! »

Les élections donnèrent, comme toujours, la mesure de la vigueur du parti; en 1884, 550 000 voix, et

1. C'est là ce qu'on a appelé la politique socialiste aristocratique du prince de Bismarck. A prendre l'ensemble des impôts indirects, ils ont augmenté, d'après M. de Bunsen, dans l'espace de dix ans, de cinq marks à treize marks, par tête de la population.

2. Pendant les années qu'a duré la loi d'exception, 1 500 personnes ont été emprisonnées, mille années de prison ont été données.

25 députés; en 1887, lorsque M. de Bismarck, pour faire passer le bill sur l'armée, agitait le spectre d'une guerre avec la France, 763 128. Leur triomphe fut les élections de 1890, au lendemain des rescrits de l'empereur d'Allemagne, que les chefs exploitèrent comme la reconnaissance éclatante de leurs revendications. Les candidats socialistes obtenaient 1 341 587 voix, le cinquième de toutes les voix exprimées. Jamais la progression n'avait été plus rapide que dans ces trois dernières années : elle s'élevait à plus de 500 000 voix. 35 députés étaient nommés. La démocratie socialiste devenait, par le nombre, le premier parti politique de l'Allemagne. « Le monde, disent-ils, est à nous, quoi qu'on fasse. »

Dans ces progrès, il faut tenir compte d'une cause toute matérielle, l'accroissement considérable de la population des villes, par l'appoint de l'émigration ouvrière des campagnes. En vingt-quatre ans, de 1871 à 1885, les grandes villes d'Allemagne ont doublé leur population, tandis que celle de l'empire ne s'est accrue que d'un cinquième. D'après le dernier recensement, Berlin a augmenté, en quatre années, de 259 198 habitants; Hambourg, de 264 740; Leipzig, de 64 020; Munich, de 72 000 [1]. Ces ouvriers, attirés dans

1. « Tous les villages et les villes de moins de 4 000 habitants, à travers l'Allemagne, restent stationnaires ou diminuent, tandis que la population des villes plus considérables s'accroît dans des proportions imprévues. Les statisticiens prédisent que vers la fin du siècle il y aura plus d'Allemands vivant dans les villes que dans les campagnes. Il faudrait un excès d'optimisme pour considérer ce fait comme un bien sans mélange..... Dans un pays principalement agricole, ce phénomène est étrange. » (G. de Bunsen, *The new Review*, février 1891.)

L'Allemagne, vers 1840, était principalement un état agricole, elle n'avait pas de grande industrie, sauf dans quelques districts de Silésie, de Saxe, de Westphalie, de la province les villes par la grande industrie, enlevés à leurs occupations naturelles, et qui vivent au contact du luxe et de la richesse, ne possédant rien, n'ont rien à conserver. Ce sont autant de recrues pour le parti socialiste.

Il se voit déjà maître des trente-six plus grandes villes d'Allemagne, qui, dans un temps peut-être prochain, seront exclusivement représentées par des députés socialistes. Ils ont pénétré dans un grand nombre de conseils municipaux, événement grave que Stein ne pouvait prévoir en organisant l'autonomie municipale. Depuis les élections, il n'est plus vrai que le socialisme rencontre dans les pays catholiques le principal obstacle à la propagande. Munich a nommé deux députés socialistes, Mayence leur appartient; à Cologne, le candidat ultramontain n'a été élu qu'à une faible majorité. Dans tout l'empire, ils ont obtenu 70 000 voix de plus que le centre, qui compte 106 députés.

Les chefs reconnaissent eux-mêmes que beaucoup de voix leur viennent d'une clientèle plus démocratique que socialiste [1]. Le socialisme est le nom commun d'une foule d'opinions et de tendances très variées, qui ne concernent pas uniquement le prolétariat. Il y a bien au Reichstag un *parti du peuple* ou *Volkspartei*, qui n'a rien de commun avec le collectivisme international. Mais c'est surtout le parti socialiste qui sert de centre et de ralliement à toutes les exigences populaires, extension des droits politiques, réforme de l'école, allégement des impôts, du service et des

du Rhin, pas de grandes villes. Elle exportait du blé, elle en importe maintenant. A partir de 1848, son industrie a pris un développement considérable.

1. Voir le journal *Vorwaerts*, organe officiel du parti socialiste.

charges de l'armée. N'oublions pas que dans cet empire, jeune de vingt ans, les idées si répandues de souveraineté du peuple, de droit des majorités, se trouvent en présence de l'État bureaucratique et guerrier, du droit monarchique supérieur et antérieur au suffrage universel, et qui n'admet que les seules responsabilités célestes. Guillaume II l'a proclamé solennellement : « Cette royauté par la grâce de Dieu est la marque que nous autres, Hohenzollern, nous tenons notre couronne du ciel seul, et que c'est au ciel seul que nous avons des comptes à rendre. » Les libertés politiques et parlementaires, la bourgeoisie les a depuis longtemps conquises en Angleterre, puis en France, où la démocratie, en développement continu, a détruit tout l'ancien ordre de la société et de l'État et ne rencontre plus d'obstacles; et c'est ce qui explique comment le socialisme, si fort en Allemagne, semble chez nous plus faible. Il combat, au delà des Vosges, pour les intérêts de bien plus larges couches sociales. Il prétend mener à bonne fin l'œuvre que la bourgeoisie a su accomplir dans d'autres pays, et qu'elle a négligée en Allemagne, soit incapacité, soit impuissance. On pourrait attribuer les deux tiers des voix que les socialistes ont obtenues à cette clientèle qui réclame des réformes simplement démocratiques.

D'autre part, les chiffres électoraux ne représentent pas la totalité des partisans acquis aux principes socialistes : il faut y joindre nombre de femmes, les jeunes ouvriers, en grande majorité, qui ne disposent pas encore du droit de vote. Le député Singer estime, pour l'ensemble, les socialistes purs à 3 millions. Or l'empire compte 45 millions d'habitants et 10 millions d'électeurs, dont les neuf dixièmes sont aussi pauvres que les socialistes. Les chefs n'exagèrent pas leur puissance. Ils savent qu'à mesure qu'ils gagnent des voix, les partis bourgeois, oubliant les querelles qui les divisent, s'uniront contre l'ennemi commun. La question vitale pour le parti, c'est d'attirer à lui le prolétariat des campagnes.

Le prolétariat aux gages du grand capital compose donc, jusqu'à présent, le gros de l'armée socialiste. L'avant-garde, les membres actifs, dévoués, les hommes de confiance se recrutent parmi l'aristocratie de la classe ouvrière. L'état-major, les députés du Reichstag, forment une représentation de classe : ce sont des bottiers, charpentiers, mécaniciens, jardiniers, fabricants de cigares, hôteliers, doreurs, droguistes, photographes, journalistes, commerçants, libraires..., fort peu d'avocats. Quelques-uns, parfois les plus violents, sortent des milieux universitaires. D'autres sont d'anciens ouvriers devenus gens de lettres; Hasenclever, mort récemment, tanneur au début, était romancier et poète lyrique. Un des deux présidents du parti, Singer, négociant juif, fabricant de manteaux pour dames, est, dit-on, millionnaire. Hormis Demmler, le vieil architecte de la cour de Schwerin, qui avait toujours beaucoup fait pour les ouvriers et ne tarda pas à se retirer de la vie politique, le parti qui compte parmi ses membres des hommes capables, éloquents, relativement modérés, Liebknecht, Bebel, Singer, Auer, d'autres encore, n'a pas réussi à attirer à lui l'élite de la nation, malgré la générosité de sa cause, qui est celle des déshérités, de ceux qui souffrent et travaillent. Cela tient, d'après Liebknecht, à certaines parties de leur programme. Un conservateur de haute noblesse, personnage très en vue, lui avouait un jour qu'il était entièrement d'accord avec les socialistes sur les questions essentielles, qu'il allait jusqu'à admettre « l'expropriation des expropriateurs », la mainmise par l'État sur le sol et les capitaux. Son désaccord ne portait que sur deux points, « la monarchie et l'Église ». Mais y a-t-il beaucoup de conservateurs en Allemagne disposés à sacrifier aussi cavalièrement la propriété privée? Il est permis d'en douter.

V. — LA CONFÉRENCE DE BERLIN.

Le jeune empereur d'Allemagne songeait à suivre une nouvelle politique à l'égard des socialistes. Le prince de Bismarck s'était fait le Dioclétien de la nouvelle religion; Guillaume II s'attribuait la mission réformatrice et pacificatrice d'un Constantin. Dévoré de l'ambition d'un grand règne, il ne voulait pas l'inaugurer par la réaction et la répression. Sa volonté est de tenter un essai loyal, de prouver aux ouvriers qu'il s'intéresse à leur sort, de détacher du parti socialiste tous ceux qui ne vont à lui que sous l'impulsion de griefs légitimes. C'est sa conviction sincère que dans la société actuelle l'ouvrier n'obtient pas ce à quoi il a droit, qu'il est en une certaine mesure « exploité ». Il prendra l'initiative de toutes les réformes possibles, utiles et justes, dans le cadre de la société actuelle, réformes sociales et non socialistes. Cela fait et une fois en règle avec sa conscience, il écraserait sans merci toute velléité de désordre et de violence.

De curieux articles anonymes, insérés en 1890 dans le *Reichsanzeiger*, moniteur officiel de l'empire, dus, dit-on, à la plume de M. Hinzpeter, reflètent, selon les probabilités, l'opinion que l'on se forme en haut lieu de la situation présente. L'Allemagne contemporaine y est comparée à ce qu'était la France il y a cent ans, à la veille de transformations nécessaires. Seulement ce n'est plus le tiers état, c'est le quatrième état qui réclame des réformes, et c'est la bourgeoisie qui est hostile. Or, disent ces articles, la royauté prussienne ne s'est jamais identifiée avec les classes dirigeantes; l'empereur n'imitera pas Louis XVI, lorsqu'il cédait à l'influence de ceux dont les privilèges étaient menacés, erreur qu'il a trop chèrement expiée. Un mot prêté par un journal démocratique à Guillaume II exprime plus brièvement la même idée : « Comme mes ancêtres en ont fini avec la noblesse, je veux en finir avec cette bourgeoisie », aurait-il dit à propos de l'opposition que ses plans de réforme rencontrent chez les hauts barons de l'industrie. Reprenant l'œuvre commencée par son grand-père en 1881, l'empereur semble décidé à réaliser cette royauté sociale que rêvait Disraëli, que Lassalle appelait de tous ses vœux. Comme le grand Frédéric s'intitulait le roi des gueux, Guillaume II a déjà reçu le titre d'empereur des ouvriers.

Au début de son règne, son zèle n'alla pas tout d'abord aux questions sociales. L'armée paraissait son principal souci. Ce pourrait être en considération de l'armée qu'il a été conduit à s'occuper de réformes sociales, comme c'est la préoccupation de l'armée qui lui a inspiré ses plans de réforme scolaire. Les grèves gigantesques des mineurs de Westphalie, qui éclatèrent en 1889, attirèrent son attention sur le danger de telles grèves, si elles coïncidaient avec une mobilisation. Bebel, au congrès de Paris, niait que son parti fût mêlé à ce mouvement. L'empereur, qui intervint en personne dans le conflit entre patrons et ouvriers, déclarait aux délégués mineurs que socialiste démocrate signifiait pour lui ennemi de l'empire et de la patrie.

En convoquant à Berlin par ses rescrits du 4 février, à la veille des élections, la conférence qui devait primitivement se tenir à Berne, il s'attribuait le monopole de la réforme sociale, renouvelait en faveur des idées nouvelles le vieux rôle universel de saint-empire romain, et devançait dans son impatience le jour où cette question primera toutes les autres. Le premier projet n'allait à rien moins qu'à mettre en délibération de toutes les puissances des vœux pour la réglementation du travail des adultes et la journée de travail normale. Mais en même temps qu'il convoquait la conférence, l'empereur préparait l'augmentation de ses crédits militaires. C'était entretenir d'une main la plaie que prétendait panser l'autre; car le socialisme démocratique est en une certaine mesure la conséquence du militarisme, et la punition de la politique de conquête qui pèse si lourdement sur l'Europe depuis 1870.

La politique sociale de Guillaume II n'a pas trouvé de critique plus mordant que son ancien chancelier, si les journalistes pris pour confidents à Friedrichsruhe nous ont rapporté fidèlement ses paroles : « La conférence n'est qu'un coup d'épée dans l'eau... Avez-vous vu un millionnaire tout à fait content de ce qu'il a? Et l'on prétend satisfaire le prolétaire! Il a besoin aujourd'hui de trois paires de souliers, demain il lui en faudra cinq, et ainsi de suite. » Raisonnement admirable, qui s'adapte à merveille à la *pipe du pauvre homme*, objet particulier de la sollicitude du prince lorsqu'il dirigeait le socialisme d'État. « Toute concession nouvelle, ajoutait-il, sera le point de départ d'exigences nouvelles sous l'influence des agitateurs. »

Ceux-ci n'ont pas commis la faute de prendre, à l'égard des rescrits, une attitude intransigeante. Ce n'est pas encore la convocation des États généraux, ont-ils dit de la conférence de Berlin, mais c'est déjà l'assemblée des notables. L'empereur s'était rendu populaire. Un courant marqué se dessinait en sa faveur parmi les classes ouvrières. Dans une réunion publique tenue à Brunswick avant les élections, Liebknecht déclarait que les rescrits avaient l'approbation d'un million et demi d'électeurs socialistes, décidés à suivre le jeune souverain. Que faisait-il d'ailleurs, sinon appliquer le programme du parti, tel que Bebel l'avait formulé au congrès marxiste de Paris en 1889, si favorable à la conférence de Berne? Ainsi, disaient-ils, le gouvernement allemand, avec tout ce qu'il prétend accomplir, se borne à suivre pas à pas toutes les exigences de la démocratie socialiste.

Enfin, Guillaume II a fait naître des illusions et des espérances qu'il lui sera malaisé de satisfaire. Les dernières grèves d'Alsace ont éclaté au cri de : « Vive l'empereur! » Beaucoup, parmi les grévistes, croyaient que l'État allait exproprier les patrons et se substituer à eux. Récemment, des ouvriers s'adressaient au souverain, le priant de faire élever leurs salaires. Les politiques du parti pensent qu'ils n'ont rien à perdre à voir Guillaume II s'engager dans une voie fatale où l'on ne peut ni s'arrêter, ni reculer. Ses discours témoignent d'une facilité de parole dangereuse chez un chef d'État, surtout en face de pareils adversaires, car elle le porte à promettre plus peut-être qu'il ne pourra tenir. Eux prendront tout ce qu'on leur donnera, exigeront toujours davantage et n'accorderont jamais rien.

VI. — LE CONGRÈS DE HALLE [1].

La loi de répression contre les socialistes, qui avait duré dix années, expirait le 1er octobre 1890. Malgré

1. Nous nous sommes servis, pour cette partie de notre étude, des journaux allemands, et particulièrement du *Vorwaerts*, le principal organe du parti socialiste. Le protocole du congrès de Halle a été publié depuis.

le peu de succès de sa politique intérieure, le prince de Bismarck, avec son tempérament de *Junker*, ne perdait rien de sa foi en la force brutale. L'essai malheureux du *Kulturkampf*, le peu de succès de sa police, de ses juges, de ses reptiles, pour détruire en quelques années l'Église catholique, ne l'avait pas éclairé; il pensait étouffer par les mêmes moyens la religion naissante à son berceau. Il demandait seulement qu'on lui accordât d'une façon permanente le droit d'expulsion. Après l'échec des élections, il ne pouvait songer à l'obtenir du nouveau Reichstag. Le prince mis de côté, on laissa tomber cette arme, qui n'avait été meurtrière que pour celui qui la maniait.

Pour le parti, quel triomphe! Des médailles commémoratives furent frappées en souvenir de cette victoire. On fêta le retour des compagnons bannis de Berlin [1] dans des réunions fraternelles où l'on entonna le chant des *Tisserands silésiens* de Henri Heine :

> Maudit le dieu des riches! Maudit le roi des riches!
> Nous tissons, nous tissons...
> Vieille Allemagne, nous tissons ton linceul.

L'abandon de la loi d'exception créait au parti une situation nouvelle : elle avait apaisé d'éternelles querelles, maintenu la discipline, achevé l'éducation politique; on parlait du programme le moins possible, on se bornait à critiquer le protectionnisme, à se plaindre de la cherté des subsistances dont souffrait le petit peuple. Les chaînes de la loi une fois tombées, une discorde éclatait aussitôt dans le camp socialiste, sur laquelle les adversaires fondaient de grandes espérances.

1. Des 80 compagnons obligés de quitter l'Allemagne, aucun n'est revenu. Fritsche est demeuré en Amérique; Most et Hasselmann, exclus du parti, vivent à l'étranger.

Par la force des choses, la loi d'exception avait donné une importance prépondérante aux députés membres du parti, la *fraction*, comme on l'appelait. L'immunité parlementaire leur laissait une certaine liberté d'action, eux seuls pouvaient parler librement du haut de la tribune. Ils dirigeaient presque sans contrôle les affaires de la démocratie sociale et se trouvaient ainsi investis d'une sorte de pouvoir dictatorial. Les vieux chefs qui avaient traversé les temps difficiles étaient devenus prudents; ils s'étaient modérés à mesure que le parti grandissait; ils avaient le sentiment de leur responsabilité. Les *jeunes*, au contraire, à leur tête le nouveau député Schippel, le docteur Bruno Wille, sortis de milieux universitaires, meneurs de l'opposition berlinoise, où se trouvent les partisans les plus agités, les plus avancés, excités d'ailleurs, par la victoire électorale et la défaite du prince de Bismarck, et comme s'il suffisait d'une poussée hardie pour faire rouler la bourgeoisie au fond de l'abîme, accusaient les chefs de dictature, de parlementarisme, de modérantisme, leur reprochaient de prendre part à une réforme qui n'était que charlatanisme grossier. Ils exigeaient que toutes les forces du parti fussent consacrées à l'agitation révolutionnaire. Mais Bebel, Liebknecht, Singer, étaient trop populaires, ils avaient rendu trop de services pour qu'on réussît à les mettre en suspicion. Ils n'eurent qu'à se montrer dans les réunions publiques, à Dresde, à Berlin, pour avoir raison de cette opposition de « gens de lettres ». La querelle des deux politiques devait être solennellement tranchée au congrès de Halle.

La fraction avait fixé au 12 octobre la réunion du congrès qui devait mettre fin à ses pouvoirs, reconstituer le parti, discuter la politique dans le passé, fixer le plan de campagne pour l'avenir. Ce parlement des ouvriers, le premier qui se tenait en Allemagne depuis treize ans, organisé sur le mode représentatif, comptait 413 délégués et quelques invités étrangers. Des femmes se trouvaient parmi la députation de Berlin.

Bebel exposa d'abord la situation financière. L'accroissement des recettes n'est pas moins caractéristique de l'extension du parti que l'augmentation régulière du nombre des voix aux élections successives. Au congrès de Wyden, en 1880, le fonds central comptait 37 410 marks; à Copenhague, en 1883, 95 000 marks; à Saint-Gall, en 1887, 208 655. De 1887 à 1890, les recettes se sont élevées à 324 322 marks, les dépenses à 192 000 marks, et en ajoutant à l'excédent les revenus et espèces en caisse, la somme totale disponible est de 171 829 marks. Bebel a ajouté avec humour, au milieu de l'hilarité générale, que le parti socialiste, devenu capitaliste, cherchait de bons placements à l'étranger par crainte de confiscation. Durant la période écoulée, les frais ont été considérables : le parti subventionnait pendant plus de dix ans les expulsés et les condamnés en vertu de la loi contre les socialistes, il payait les frais des procès intentés, les frais électoraux, les indemnités pour les congrès, enfin l'entretien des députés, qui, en Allemagne, ne touchent pas de traitement.

L'assemblée de Halle avait pour mission principale de réorganiser le parti. On avait éprouvé les excellents effets d'une forte centralisation, qui étouffait en germe les discussions et les querelles; on persévéra dans cette voie. La nouvelle organisation donne aux chefs la plus grande influence. Le parti nommé désormais le *parti de la démocratie sociale allemande*, ne pouvant se constituer, à cause de la loi sur les associations en vigueur, comme l'union fermée de toutes les associations, se compose simplement de toutes les personnes, hommes ou femmes, qui adhèrent aux principes du programme, et fournissent, selon leurs ressources, des subventions au parti. — L'autorité, en dernière instance, appartient au congrès qui doit se réunir chaque année. Ont droit d'y prendre part : les délégués de chaque circonscription électorale (à raison de trois délégués, au maximum, pour chaque circonscription), les députés au Reichstag, et le comité directeur. Celui-ci, nommé par le congrès lui-même, se compose de 12 membres, dont 5 sont chargés de l'expédition des affaires, et 7 du contrôle. Il y a deux présidents, qui sont actuellement le député Singer et le serrurier Albin Gerisch, deux secrétaires, les contrôleurs et un caissier, Bebel. Comme dans la plus grande partie de l'Allemagne les associations politiques, *Vereine*, ne peuvent se lier les unes aux autres, c'est par des *hommes de confiance*, nommés de diverses manières dans chacune des circonscriptions électorales, que ces associations se mettent en rapport avec le comité directeur. Les membres du comité directeur peuvent être rétribués, mais leur indemnité, disait Singer, n'a pas le caractère d'un traitement bourgeois (à quel signe reconnaître un traitement bourgeois?). — Le comité directeur convoque le congrès, dispose des finances, rend compte de la gestion, et enfin surveille l'attitude des journaux du parti. Liebknecht n'est que membre consultatif du parti. Mais en sa qualité de rédacteur en chef du journal officiel de la démocratie socialiste, c'est à lui qu'incombe la tâche délicate de parler au nom de tous, d'exprimer et de redresser l'esprit et la doctrine.

Ce journal officiel, intitulé par euphémisme l'organe central, est aujourd'hui le *Vorwaerts, En avant!* Il importe que la direction du parti exerce son contrôle sur la presse, au point de vue de la tactique et des principes, afin que sous le pavillon de la démocratie socialiste on ne répande pas des idées anarchistes. C'est le motif que l'on a donné à ceux qui ont protesté énergiquement contre cette manière de censure imposée à la presse, et contre la concurrence d'un journal privilégié [1]. Le comité s'efforce en outre de faire de tous les journaux la propriété du parti, afin de leur donner une unité de direction, et d'empêcher qu'on n'en use dans un intérêt privé : tirer des bénéfices particuliers de la cause socialiste, se livrer à un socialisme lucratif, à un socialisme d'affaires, est sévèrement dénoncé. La presse tendrait ainsi à devenir une sorte d'institution d'État socialiste, selon les principes. Elle compte actuellement plus de cent journaux, en y comprenant les organes des unions de métiers. Elle possède une revue scientifique, avec des rédacteurs de tous les pays, la *Neue Zeit* (*Nouveau Temps*), un journal illustré, un journal amusant. Le nombre des abonnés s'élève à 600 000. Les feuilles de Berlin, déjà lues, sont réunies par quartier, et régulièrement expédiées dans les provinces.

Avant de discuter la politique future, les députés ont rendu compte de leur mandat législatif et expliqué leurs votes au Reichstag. Ils ont protesté contre le militarisme « qui ronge la moelle du pays », tout en se rendant compte, ainsi que l'exprimait Bebel, « que le désarmement est une utopie dans la société bourgeoise qui ne connaît aucune fraternité, et qui a besoin de places d'officiers pour ses fils ». Nous avons suffisamment indiqué leur attitude à l'égard du pro-

1. Ce journal d'orthodoxie officielle est publié à Berlin, où, comme le remarque Adler, se sont produites les hérésies de toute sorte contre les doctrines de Marx, où Dühring a été quelque temps en faveur, puis Most, et où se trouvent encore les ardents et les *jeunes*, Werner, Wille, Wildberger, Schippel.

tectionnisme et du socialisme d'État, qu'ils n'écartent pas en principe, mais qu'ils jugent insuffisant. Ils demandent une extension de la loi d'assurances contre les accidents, une augmentation de traitement pour les employés inférieurs. Ils font opposition à la nouvelle loi sur le contrat de louage des ouvriers d'industrie, qui restreint le droit de coalition et, pour prévenir les grèves, punit la rupture du contrat lorsqu'il n'a pas été préalablement dénoncé dans un certain délai. C'est, au contraire, disent-ils, le patron qu'on devrait punir s'il ose restreindre le droit de coalition. Les chefs du parti ont, d'ailleurs, toujours considéré les grèves comme des armes à deux tranchants, et récemment encore, dans une réunion publique, Bebel recommandait sur ce sujet la modération et la prudence [1]. Ils réprouvent la politique coloniale : sous le prétexte de réduire l'esclavage, c'est, disent-ils, une pure affaire de spéculation qui envoie des Allemands périr sous les climats tropicaux. Ils demandent un changement de constitution pour que le parlement puisse, comme en Angleterre, se livrer à des enquêtes. La grande majorité du parti est d'accord sur la nécessité de continuer à prendre une part active à la vie parlementaire : c'est au zèle des députés qu'on est redevable du peu de réforme sociale qu'ont accordée les classes dirigeantes.

Sur ce dernier point, le congrès était appelé à décider entre les *anciens* et les *jeunes* : à une écrasante majorité, il a donné raison aux partisans du parlementarisme contre ceux qui prônent le socialisme intransigeant, insurrectionnel. Liebknecht n'a pas eu de peine à faire

1. En avril 1891, le *Vorwaerts* conseillait aux ouvriers des mines de la Westphalie rhénane de renoncer à la grève nuisible à leurs intérêts.

comprendre que les adversaires de la démocratie sociale ne souhaitent rien tant qu'un conflit qui transforme la question socialiste en question militaire, à trancher par le sabre et la baïonnette. « Nous sommes 20 p. 100, nos adversaires sont 80 p. 100; ils nous écraseront, ils nous enverront en prison, ou plutôt dans des maisons de fous. » Une grande révolution est impossible, et les petites ne servent à rien. Les tumultes de la rue, qui en France ont renversé des trônes, n'ont jamais produit en Allemagne que de piètres résultats. L'Allemand flegmatique, raisonneur, frondeur, se laisse difficilement entraîner à l'action. Et c'est pour une issue aussi certaine qu'on irait risquer le fruit de tant d'efforts, de sacrifices et de souffrances! Non seulement ils réprouvent la violence dans les actes, mais ils la trouvent inutile et dangereuse dans les paroles. Singer demande qu'on s'abstienne même des discours révolutionnaires. Malgré la fin de la loi contre les socialistes, la police a encore des pouvoirs très étendus et les gouvernements n'ont pas désarmé. Liebknecht ne veut pas non plus que la tribune du Reichstag serve de déclaration de guerre aux classes dominantes, et rien n'est plus instructif, ne marque mieux l'évolution de la politique du parti, que de rapprocher ces conseils de prudence, des discours violents qu'il tenait en 1869 et en 1874, lorsqu'il présentait le Reichstag comme « un ramassis de *Junkers*, d'apostats, de nullités serviles », le socialisme comme « une question de force » et la tribune du Reichstag comme utile seulement pour donner le signal de l'envahissement au peuple assemblé à ses portes. « Quiconque, dit-il aujourd'hui, rejette la participation au parlementarisme, passe du côté de la tactique anarchiste, criminelle et insensée. »

Le parlementarisme n'est pas le but, mais le moyen

pour atteindre le but. Il s'agit de donner au socialisme la seule force irrésistible, la force de l'opinion, sans laquelle même une victoire serait sans lendemain. Cette politique de prudence calculée leur est indispensable, tout d'abord, parce que la politique contraire leur aliénerait un nombre considérable de leurs partisans, cette masse flottante, qui, sans être composée d'adeptes convaincus de la démocratie sociale, vote pour les candidats socialistes comme les meilleurs défenseurs de ses intérêts, et que la nouvelle politique impériale s'efforce de détacher du parti : on ne les gagnera définitivement que par la modération. Maintenant qu'on est en voie de s'emparer des grandes villes, il s'agit de conquérir les campagnes, le prolétariat agricole, les petits propriétaires; sinon la lutte serait désespérée. On peut faire des révolutions sans les paysans, mais elles ne durent que par eux. La difficulté est ici considérable : la nationalisation du sol figure comme article fondamental du pacte socialiste. « Or, les paysans, dit Liebknecht, tiennent étroitement à leur propriété, bien qu'elle ne soit que nominale, imaginaire parce qu'elle est endettée; un décret d'expropriation les exciterait à la plus violente résistance, peut-être à une rébellion ouverte »; il faut donc procéder ici avec les plus grandes précautions : « on les effraie, si on leur dit qu'il n'y a ni Dieu, ni mariage, ni propriété privée. Il faut les éclairer sur leurs intérêts réels, et leur montrer le manque d'espérance de leur situation. » Liebknecht compte sur le formidable envahissement de l'hypothèque qui dévore la petite propriété [1], pour

1. Le mode de propriété en Allemagne varie d'un pays à l'autre. En Prusse la législation est favorable à la formation de la grande propriété, comme en Angleterre : elle existe dans le nord de l'Allemagne. Dans le sud, sur les bords du Rhin, où la législation française a survécu à notre domination, la

pousser un jour les paysans à grossir démesurément l'armée des prolétaires.

Organiser la propagande dans les campagnes, façonner ces crânes de paysans si rebelles au collectivisme, est, à l'heure actuelle, le premier souci des hommes qui dirigent le parti. On a décidé, au congrès de Halle, la fondation d'un journal spécialement destiné aux paysans. Ni le langage, ni les procédés de la ville ne sont de mise aux champs. Les réunions publiques n'exercent d'action que sur les ouvriers des faubourgs : ce qui convient aux cultivateurs ruraux, ce sont des conversations d'homme à homme, et par des gens qui aient l'habitude de leur parler. Des associations conservatrices de paysans se sont fondées en Hesse, en Westphalie, contre la propagande socialiste. Mais elle commence à pénétrer dans d'autres contrées, en Saxe surtout, où les agitateurs expulsés des villes ont préparé le terrain. Le vote des campagnes acquis aux socialistes, ce serait la majorité au Reichstag, la législation entre leurs mains, l'armée [1] favorable à leur cause, une puissance contre laquelle nul ne pourrait résister.

Miner sourdement, au lieu de chercher à renverser violemment, telle est donc leur méthode; conquérir l'opinion, cette reine du monde qui rend les révolutions invincibles, tel est le but reculé vers lequel ils marchent pas à pas. Pour gagner du terrain, point de radica-

petite propriété est établie comme en France. Il a été récemment pris des mesures pour faciliter aux paysans l'achat des terres en Prusse, au moyen d'une rente qu'ils paieraient annuellement; c'est le système du *Rentengut*. — En France la division de la propriété serait le grand obstacle au collectivisme.

1. Les socialistes se flattent de posséder des partisans dans l'armée, parmi les jeunes soldats, malgré l'extrême rigueur de la surveillance. — Les *Krieger-Vereine*, associations d'anciens soldats, ont exclu ceux de leurs camarades reconnus comme socialistes avérés.

lisme superficiel, mais une bonne tactique, prudente, adroite, modérée, insinuante. « S'écarter de la tactique indiquée par le comité directeur, dit Bebel, est plus grave que de s'éloigner du programme. »

Quant au programme même, l'important est de critiquer l'ordre actuel; c'est un champ assez vaste à exploiter. Sur l'essence du socialisme, Bebel, lors des élections, recommandait « de ne pas trop jaser, crainte d'inquiéter le Philistin ». Au risque, cependant, d'étonner « le Philistin », essayons de soulever un coin du voile qu'on laisse par moments flotter sur l'esprit et la doctrine de la démocratie sociale.

CHAPITRE II

L'ESPRIT ET LA DOCTRINE

Lorsqu'il s'agit d'envisager les exigences théoriques du parti socialiste, l'embarras n'est pas faible ; autant les critiques qu'il accumule contre la société contemporaine sont claires, et ses griefs abondants, autant ses programmes sont confus et contradictoires.

Ce qui importe à l'ouvrier, semble-t-il, c'est de voir son travail s'alléger, les salaires augmenter, les impôts diminuer, et cela grâce à une intervention souveraine et régulière de l'État, d'obtenir, en un mot, une amélioration essentielle de sa condition précaire. Mais ce serait une vue incomplète du socialisme allemand que de le réduire exclusivement à une question « de ventre » et de salaires, à un combat pour conquérir la puissance politique et procurer aux classes les moins fortunées les biens matériels. C'est en réalité le courant intellectuel moderne, qui, de la philosophie et de la science officielle des universités, est descendu de couche en couche dans les masses populaires, grâce à la demi-culture, à l'instruction propagée chez ce peuple raisonneur, et qui s'est puissamment emparé des esprits. Ce qu'on appelle la *question sociale* embrasse maintenant tous les domaines de la science et de la vie. Si l'on parcourt, dans les journaux socialistes, les comptes rendus des douzaines de réunions publiques, qui se tiennent chaque soir à Berlin, où l'activité politique est très intense, réunions de *Vereine*, d'associations de corps de métiers, socialistes pour la plupart, on constate que les orateurs ne se bornent pas à y traiter les intérêts spéciaux de la corporation ou du parti, ils abordent des questions d'histoire, de sociologie, d'économie politique, de morale, d'exégèse, dont nous devrons nous occuper au cours de cette étude. Les chefs du parti viennent de fonder à Berlin, le 12 janvier, une sorte d'université ouvrière (*Arbeiterbildungsschule*) sur le modèle d'une institution analogue établie à Leipzig, sans caractère politique, destinée à fournir aux ouvriers des armes intellectuelles, à les rompre à la polémique, à dresser des agitateurs par un enseignement méthodique et doctrinal de l'économie politique, des sciences naturelles et de l'histoire. Cette sorte d'école des hautes études socialistes, organisée par des ouvriers pour des ouvriers, compte déjà près de quatre mille adeptes. Les meneurs attribuent à cette discipline une grande importance : l'éducation scientifique n'était jusqu'à présent que le privilège de quelques-uns, elle doit être accessible à tous... « La simple passion ne conduit qu'aux barricades, mais la science est invincible. » — « La théorie elle-même, écrivait Marx, devient une puissance matérielle, aussitôt qu'elle s'est emparée des masses », elle est le lien qui les unit en faisceau. Elle fournit aux ouvriers l'arme la plus importante, la bonne conscience de leur droit.

Avant d'examiner cette théorie, notons une contradiction singulière. Le parti socialiste à ses débuts, lorsqu'il n'était qu'une secte, avait des programmes définis. Aujourd'hui qu'il est parvenu à former un grand parti politique, que plus de 1 million d'électeurs votent pour ses candidats, il a bien une tactique de môdération et de prudence, mais il n'a plus de programme. Cette absence de programme n'est, il est vrai, que temporaire. L'assemblée qui s'est tenue à Halle était surtout un congrès d'affaires et non « un club de théoriciens ». Les membres du comité directeur ont été chargés d'élaborer de nouveaux statuts, qui seront discutés dans la presse socialiste, puis soumis à une nouvelle assemblée. L'ancien programme de Gotha, vénéré pendant quinze ans comme les tables de la loi, a été déclaré insuffisant « parce que, selon Liebknecht, il ne répond plus aux nécessités de la situation et aux exigences de la science ». Tandis que les adversaires du socialisme présentent la série de ses programmes comme un signe de l'impuissance du ·parti à rien exprimer de précis, et les comparent à ces peaux que sème le serpent le long de sa route rampante et onduleuse, ses partisans s'en targuent, au contraire, comme d'un signe manifeste de progrès. L'économie politique, disent-ils, est une science en profonde fermentation et qui se transforme tous les jours, car elle traite des phénomènes variables de la production et de l'échange; il doit en être de même du socialisme. Il devra suivre l'évolution de la science pas à pas, étudier les lois économiques du mouvement de la société capitaliste. Comme l'histoire de l'agitation socialiste est celle d'une secte révolutionnaire devenue un parti politique, de même l'histoire de la doctrine sera celle d'une utopie transformée en une science positive.

Rien n'est plus contestable que ce titre scientifique que s'arrogent les théoriciens du socialisme, en donnant pour raison qu'ils s'appuient sur l'économie politique, c'est-à-dire sur une science qui n'est pas encore faite, qui cherche ses lois, mais ne les a pas trouvées, divisée en écoles rivales qui discutent même s'il y a en ces matières des lois naturelles, qui n'ont que des doctrines variables, même sur des questions de statistique [1], et dont la vérité en deçà du Rhin est l'erreur au delà. Par ses hypothèses, sa facilité à suivre de simples conjectures, et sa recherche d'un absolu qui échappe toujours, le socialisme se rapproche infiniment plus de la philosophie que de la science.

I. — LA DOCTRINE ÉCONOMIQUE.

Liebknecht, au congrès de Halle, parlant au nom du parti, a indiqué dans quel esprit sera conçu le nouveau programme. Le congrès de Gotha, en 1875, avait accompli la fusion des groupes hostiles de l'ancien parti de Lassalle et du parti marxiste de Bebel et Liebknecht. Les statuts élaborés à Gotha avaient fusionné de même le socialisme mitigé de Lassalle et le collectivisme de Marx. On avait inséré dans la déclaration de principes la célèbre *loi d'airain* qui, d'après Lassalle, courbe l'ouvrier sous le joug de la misère; on avait admis, parmi les exigences du parti et comme moyen de transition au socialisme pur, « l'établissement d'associations productives de travailleurs avec le secours de l'État ». Les pensées et les formules de Lassalle, qui d'ailleurs maintenait la propriété privée, et sur d'autres points copiait Marx, sont aujourd'hui considérées comme hors d'usage, si populaire que soit restée sa mémoire; ce ne sont plus

1. « L'économie politique collige les faits et les groupe, recueille les chiffres et les additionne : elle fait œuvre de recensement, œuvre de statistique. Or toute collection est provisoire et incomplète, toute statistique est approximative, sans vérification possible. » (*Le socialisme allemand,* introduction au VIe volume de la traduction en français des discours du prince de Bismarck, 2e édition. Berlin, 1889.)

que des éclats d'obus qui ont accompli leur œuvre dévastatrice. Toute trace de son influence est appelée à disparaître. Dès les premières pages du *Capital*, Marx répudie dédaigneusement Lassalle; on vient de tirer de ses papiers posthumes la critique la plus acerbe du programme de Gotha, qui, disait-il, par ses compromis conduirait le parti à la démoralisation. L'influence de Marx est aujourd'hui prépondérante; comme toujours le radicalisme le plus violent est appelé à l'emporter, aussi bien en Angleterre, comme on l'a vu au dernier congrès des *trades unions*, qu'en France et en Allemagne. Les socialistes ont beau se flatter de « suivre l'évolution de la science économique »; ils n'ont rien ajouté aux idées de Marx. Aucun théoricien nouveau n'a surgi après lui. Il reste avec son ami Engels, dont on célébrait récemment à Londres le 70e anniversaire de naissance, le chef doctrinaire de la démocratie socialiste allemande et internationale.

M. Paul Leroy-Beaulieu a soumis la théorie de Marx à une longue discussion, vigoureuse, claire, approfondie [1]. Nous nous bornerons à résumer ici les points essentiels du *credo* collectiviste, gravés dans les têtes socialistes avec l'évidence d'axiomes.

Ainsi que nous l'avons indiqué, Marx considère l'histoire comme dominée par les intérêts matériels. Empruntant à Hegel l'idée d'évolution, il ne voit dans les phases successives de la civilisation que le développement de la production économique entraînant à sa suite un combat de classes. Il se distingue des socialistes de l'ancienne école en ce qu'il ne cherche pas un système humanitaire, le plus parfait possible, d'organisation future de la société, il se borne à étudier dans le

1. *Le Collectivisme, examen critique du nouveau socialisme*, par M. Paul Leroy-Beaulieu. Paris, Guillaumin.

passé les transformations économiques d'où sont sorties les classes et leur conflit, il cherche à pressentir la courbe de l'avenir. Partant de ce principe, enseigné dans les universités par les professeurs d'économie politique, si favorables par là au socialisme, — *qu'il n'y a pas de lois économiques permanentes, inévitables comme celles qui régissent la vie et la mort, mais seulement des phases transitoires*, affirmation que nie notre école libérale française, — il ne se borne pas à critiquer le mode de production capitaliste existant, et ses conséquences sociales, il a cherché à l'expliquer.

Autrefois, dit Engels [1], son collaborateur et son meilleur interprète, l'artisan était propriétaire de ses instruments de travail; la propriété de son produit, reposant sur son propre travail, lui appartenait intégralement. S'il prenait des ouvriers salariés, ces apprentis de corporation travaillaient moins pour leur entretien et leur salaire, que pour devenir maîtres à leur tour... En un mot, l'ouvrier obtenait de son travail tout ce qu'il en pouvait légitimement exiger.

La formation du capital et l'établissement de la grande industrie ont modifié sa situation du tout au tout. — Comment s'est formé le capital? Marx, comme l'explique Schæffle, prétend prouver qu'autrefois le capital, hérité dans sa masse, a été le résultat non du labeur, de la prudence, de l'économie, mais de la conquête, de la spoliation des paysans, de l'exploitation et du pillage des colonies, des privilèges, du partage des biens d'église, mais il ne prétend pas que ses détenteurs actuels Pierre ou Paul soient des voleurs, il s'en

1. Marx, *le Capital,* traduction française. — Engels, *Die Entwickelung des Sozialismus von der Utopie zur Wissenschaft.* Hottingen, Zurich, 1883. — Schæffle, *Quintessenz des Socialismus*, 12e édition. Gotha, 1890. Les pages qui suivent ne sont qu'un résumé de ces auteurs.

prend non aux capitalistes, mais au capital. Il ne parle pas non plus de cette classe prospère qui remplace de notre temps les détrousseurs de grand chemin, nos chevaliers d'industrie de la Bourse, du journalisme et du parlement, « produits empoisonnés de l'arbre empoisonné du capital ». Sa théorie fondamentale, c'est que le profit du capital, qui permet d'accumuler la richesse, ne se forme que par ce fait, que l'ouvrier ne reçoit plus le produit intégral de son travail, que le capitaliste en prélève la part du lion.

Ces moyens de production, ces instruments de travail, que l'ouvrier possédait sous le régime de la petite industrie, se trouvent maintenant entre les mains de la classe des capitalistes. Par suite des perfectionnements des machines, de l'invention de la vapeur, l'ouvrier n'est plus en état d'employer lui-même sa force musculaire de travail de manière à en être entièrement indemnisé. Il est obligé de la vendre sur le marché. Le capitaliste qui l'achète ne lui donne pas la rémunération entière qui lui est due; l'ouvrier produit plus qu'il ne coûte. Comme intérêt de ses avances et compensation de ses risques, le capitaliste ne paie à l'ouvrier qu'une part du produit de son travail ; il s'attribue le surplus, gain prélevé sur chaque ouvrier, dont le capital s'augmente et se gonfle chaque jour, et que Marx considère comme du travail *non payé*. L'ouvrier est ainsi frustré de tout l'excédent du prix de vente sur le salaire qu'il reçoit [1]. La grande industrie fait de la

1. « La fortune des élus, dit Proudhon, grossit des innombrables parcelles dérobées au travail de tous. » La richesse du petit nombre est un précipité qui provient du travail, des capacités du grand nombre. L'ouvrier est comparé à Tantale, qui tend en vain la main vers les richesses accumulées de la civilisation, plus malheureux que Tantale, qui du moins n'avait pas produit les fruits vers lesquels il était éternellement condamné à soupirer.

production en masse, et le capital est obligé de reconnaître ainsi, en partie, son caractère social, collectif, mais le bénéfice n'est que pour quelques-uns : « L'œuvre laborieuse du grand nombre est distribuée comme si elle était le produit du petit nombre qui ne travaille pas. La production est un travail collectif, la répartition un profit individuel, le monopole des moyens de travail est le monopole de la spoliation. C'est l'exploitation de chaque jour et de chaque heure, du travail par le capital, qui agit comme un vampire. » — « Cette collision de la production sociale et de l'attribution capitaliste se traduit sous forme d'opposition de la bourgeoisie et du prolétariat. »

Tel est le soi-disant secret de la production capitaliste découvert par Karl Marx. Dans la société actuelle, le capital, d'après lui, n'est le produit ni de l'épargne, ni de l'intelligence du capitaliste : il résulte de la *plus-value* arbitraire que le capitaliste retire du travail de l'ouvrier.

Cette théorie, qui représente le capital comme du travail non payé, volé à l'ouvrier sur son salaire, implique que le travail est la source et la mesure de la valeur, vieille théorie de Ricardo transformée en machine de guerre. « Le travail, dit Marx, est source de richesse et de culture en tant que travail social. Personne dans la société ne peut s'attribuer de richesse que comme produit du travail. S'il ne travaille pas, il vit du travail étranger. » Mais une chose n'a pas de valeur en proportion du travail qu'on lui consacre ; les choses matérielles n'ont de valeur que parce qu'elles satisfont des besoins. Or dans la détermination de la valeur, Marx ne tient nul compte de l'offre et de la demande : le gain de l'entrepreneur, qui adapte les produits du travail aux besoins de la société, le profit du capital, qui court les risques et fait l'avance de l'entreprise, lui semblent également illégitimes. — Attribuer aux ouvriers le produit entier de leur travail ne serait applicable qu'à certaines catégories d'objets vite achetés et vendus. Mais imagine-t-on une œuvre considérable, comme le creusement d'une mine ou d'un canal entre deux mers, appartenant aux hommes de peine qui y ont mis la main au jour le jour, alors qu'il faut hasarder dans de pareilles entreprises des capitaux énormes, qui doivent attendre leur rémunération? De quoi vivraient les ouvriers jusque-là? — Par travail, Marx entend l'ouvrage manuel, l'effort corporel; il relègue au second plan l'esprit d'invention, de direction, d'initiative qui a transformé le monde, et qui le modifie chaque jour. Outre le travail et le capital, il y a, en effet, dans la production économique, un troisième agent dont le socialisme ne tient pas assez compte, et qui est le plus important, l'*intelligence*. C'est elle qui applique à l'industrie les données des sciences, perfectionne le matériel mécanique, organise les travaux, cherche les entreprises les plus lucratives... Or l'intelligence se trouve presque toujours du côté du capital, parce que sa culture même exige l'aisance, et que ses moyens d'action nécessitent beaucoup de ressources. Nous verrons d'ailleurs que, dans la société future, les socialistes prétendent effacer cette inégalité, et offrir à toutes les capacités intellectuelles les circonstances les plus favorables à leur épanouissement.

A nous en tenir à la critique de la société actuelle, cette *plus-value* du travail de l'ouvrier, que s'attribue indûment le capitaliste, constitue, avec la théorie de l'*armée de réserve*, les deux formules essentielles du socialisme contemporain.

L'*armée de réserve*, ce second phénomène économique de la société capitaliste, est le résultat de l'anarchie de la production, sous la loi de la concurrence, et s'étend à toute la société. Il a pour effet d'abaisser encore le prix du travail de l'ouvrier, sur lequel le capital a déjà prélevé une part léonine, d'augmenter encore, aux dépens de l'ouvrier, les profits du capital. Le perfectionnement des machines, « le plus puissant moyen de guerre du capital contre la classe ouvrière », exige moins de bras, réduit le nombre des travailleurs et amène l'excès de production, qui n'est plus en proportion de l'échange. La grande industrie, qui va chercher des consommateurs à travers le monde entier, borne et réduit chez elle la consommation des masses à un minimum, juste ce qu'il leur faut pour ne pas mourir de faim; en produisant trop de biens, elle produit l'excès de misère, amène les chômages, jette sur le pavé le superflu des ouvriers disponibles, qui se font concurrence, et empêchent les salaires de ceux qui restent à l'usine de monter. Ainsi se forme une *armée de réserve industrielle* de prolétaires sans espoir, toujours plus nombreuse, dans une situation toujours plus précaire; le manque de travail chronique est ainsi le résultat de l'excès de production chronique. Le commerce, l'industrie, le crédit se font une guerre acharnée, rivalisent comme en un *steeple-chase*; la spéculation effrénée amène les *krachs* à intervalles réguliers. Les marchés sont encombrés, l'argent devient invisible, le crédit disparaît, les fabriques ferment leurs portes, les ouvriers manquent de moyens de vivre parce qu'ils ont produit trop de biens, les banqueroutes se succèdent... Puis l'activité reprend de plus belle pour aboutir à un nouveau krach, à une nouvelle dépression et stagnation qui rendent le travail précaire et dépendant. Ces crises pléthoriques se sont produites sept ou huit fois depuis 1825 : « Dans la société actuelle, le mode de production se trouve ainsi en rébellion contre le mode d'échange. »

Ces crises, d'après Engels, démontrent l'impuissance de la bourgeoisie pour administrer les forces productives. Elle qui recueille les gros bénéfices, n'est nullement indispensable; elle devient en quelque sorte une classe superflue. L'appropriation des grands organismes de production et d'échange, d'abord par des sociétés d'actionnaires, puis par l'État, où toutes les fonctions sont remplies par des employés payés, prouve à quel point on peut se passer non des capitaux, mais des capitalistes. Ceux-ci n'ont plus qu'à détacher leurs coupons, à jouer à la Bourse, où ils cherchent réciproquement à se soutirer leur capital. La lutte d'employeurs et de salariés se complique ainsi de la lutte des capitalistes entre eux. Il y a tendance de plus en plus marquée des grands capitaux à dévorer les petits, à se dépouiller réciproquement, comme on voit les grands magasins absorber à leur profit tous les petits commerces. Ce n'est pas la classe ouvrière seulement, c'est la classe moyenne qui subit une dépression et perd du terrain sous l'évolution économique contemporaine. Le grand capital « se gonfle comme une éponge » par l'absorption des petites et moyennes fortunes.

Mais, disent les docteurs du socialisme, du mal même naîtra le remède, et cela par le libre jeu des forces économiques. Ils n'invoquent pas la morale idéale, la justice abstraite, ils admettent l'état présent comme une phase nécessaire, mais ils considèrent la disparition de la société capitaliste, et l'avènement du collectivisme, comme également nécessaires. Le triomphe du grand capital prépare, d'après eux, celui de la classe ouvrière; la période de déclin, dans l'évolution du capital, viendra de l'excès même de ses profits.

Dans la mesure où le travail se développe socialement, et devient source de culture et de richesse pour ceux qui ne travaillent pas, s'accroissent la pauvreté et la misère du côté de ceux qui travaillent. Dans les sociétés opulentes, il y a plutôt surcroît que diminution de la misère. La pauvreté, disait déjà Fourier, naît du superflu même de la richesse. Aucune époque de l'histoire ne présente une « prolétarisation des masses semblable à celle des vingt dernières années ». D'une part les rois, les hauts barons, de l'autre les esclaves de l'industrie « enchaînés au capital, comme Prométhée à son rocher ». Accumulation de richesse à un pôle, accumulation de misère, de tourment, d'ignorance, de dégradation morale à l'autre pôle, c'est-à-dire du côté de la classe qui produit la richesse et le capital. Cette situation deviendra intenable, les ouvriers seront obligés de briser cette malédiction d'une minorité s'attribuant tous les biens de la civilisation et opprimant une majorité famélique; la classe immense des prolétaires devra faire rendre gorge à quelques capitalistes, les expropriateurs finiront par être expropriés.

Toutes ces espérances d'avenir reposent, comme on le voit, sur l'interprétation que les théoriciens donnent de l'état actuel. Ils considèrent comme une vérité évidente que les riches deviennent toujours plus riches, les pauvres toujours plus pauvres; que, si la croissance de la richesse est de plus en plus rapide, la répartition en est de plus en plus inégale, et que de cette inégalité progressive naît l'antagonisme des classes et des masses. Ils ne sont pas seuls à le soutenir. Les professeurs d'économie politique, Roscher, Schmoller, affirment le même fait, et l'enseignement des universités allemandes profite ainsi indirectement au socialisme, non moins que la conception prussienne de l'État omnipotent. D'après ces économistes, également, la formation des fortunes énormes résulte plus ou moins de l'absorption des moyennes et petites fortunes. Selon Roscher, l'oligarchie d'argent, avec l'envers du paupérisme, a toute la dureté de l'ancienne aristocratie, sans en avoir les côtés adoucis, et ne laisse subsister d'autre lien entre les individus qu'un simple commerce d'affaires sans humanité et sans cœur : le travail, considéré comme simple marchandise, dont on cherche à tirer le plus d'argent possible, a perdu toute valeur morale. Ainsi se forme l'opposition redoutable du *mammonisme* et du *paupérisme*.

Or cette thèse, pierre angulaire sur laquelle les socialistes prétendent édifier l'avenir, est fort incertaine. Il n'est nullement prouvé que tout travail productif soit nécessairement destiné à devenir la proie du grand capital, qu'entre fortunés et déshérités un fossé aille se creusant, s'élargissant toujours. Cette antithèse désespérée est bien plus un puissant effet de rhétorique sombre qu'elle ne correspond à une réalité. Bien loin qu'en Allemagne ou en France la société soit nettement tranchée entre dix mille riches et trente-cinq ou quarante millions de pauvres, — de prolétaire à millionnaire, la gradation est insensible; entre les deux extrêmes existe une foule de situations intermédiaires. Ce qui prouve que le paupérisme n'augmente pas, c'est le prolongement de la vie humaine dans tous les pays civilisés. Malgré bien des crises et des souffrances, la condition des ouvriers s'améliore; ils sont mieux nourris, mieux vêtus, les salaires tendent à s'élever : la réduction du prix des objets de première nécessité est un phénomène général. En Prusse comme en Angleterre, d'après Wells, les chiffres officiels indiquent une décroissance des pauvres recevant des subsides. Dans son livre sur la *Répartition des richesses*, M. P. Leroy-Beaulieu, en s'appuyant sur des données statistiques, arrive à cette conclusion que l'élévation des très petits et des moyens revenus est continue en Prusse, en Saxe, on peut même dire dans tous les pays civilisés. Dix millions de Prussiens, d'après Richter, jouissent d'un revenu indépendant. La formation et la dissémination des capitaux sont encore prouvées par les caisses d'épargne. Les sociétés anonymes, qui ont pris un si grand développement, sont fondées sur la dispersion du capital. La conclusion de M. Leroy-Beaulieu, qui représente l'école libérale modérément optimiste, et exprime le point de vue absolument opposé à celui des socialistes, c'est que « l'ensemble des phénomènes économiques, surtout dans la période de l'histoire que nous traversons, tend, par un mouvement graduel, à disséminer de plus en plus la richesse, à diminuer les avantages, pour ceux qui possèdent, de la propriété, du capital, et même, dans une certaine mesure, de l'instruction... La question sociale, en tant qu'elle est soluble, se résout d'elle-même, graduellement et pacifiquement; il y a tendance à une augmentation des salaires, à une diminution du taux de l'intérêt (qui de 40 à 50 pour 100 à Athènes et à Rome, s'est graduellement abaissé de 3 à 4 pour 100)... Une plus grande égalité des conditions sortira toute seule du libre jeu des lois économiques. Le travailleur manuel sera le grand bénéficier de notre civilisation : toutes les situations s'abaissent autour de lui, et la sienne s'élève [1]. » Nous nous acheminons ainsi insensiblement vers cet état futur que Musset annonce dans une page prophétique de la *Confessiôn d'un enfant du siècle*, cet état

1. D'après M. Gide, cette assertion que les inégalités parmi les hommes sont beaucoup moindres qu'elles ne semblent, que leur tendance est de disparaître graduellement, par le simple effet des lois naturelles et de la libre compétition, n'est pas toutefois généralement prouvée. L'évolution économique des États-Unis est loin de la confirmer.

« où, sur l'horizon immense, il n'y aura pas un épi plus haut que l'autre dans la moisson humaine, mais seulement des bleuets et des marguerites au milieu des blés jaunissants... »

En attendant que nous ayons atteint cet état idyllique, ce qui semble hors de conteste, c'est que le sentiment de ce qui reste d'inégalité est, dans les classes inférieures, de plus en plus amer, c'est que l'ouvrier, moins indigent si l'on veut, est de plus en plus mécontent [1]. On peut même soutenir, avec M. Bamberger, M. Wells, malgré la couleur de paradoxe, que ce mécontentement croissant, chez l'ouvrier, est le résultat non de sa misère, mais d'une situation améliorée, d'un commencement d'affranchissement. L'homme voué à une tâche pénible et monotone, menant une vie simple et dénuée, sans contact avec le monde extérieur, n'a que des besoins limités, une résignation naturelle qui ne semble pas très éloignée du contentement. Qu'il devienne plus intelligent, ou du moins mieux informé, qu'il se déplace, qu'il soit arraché par les machines aux paisibles occupations agricoles, attiré dans les villes, politiquement affranchi, ses exigences croissent indéfiniment, il a des aspirations plus élevées que son intelligence et ses ressources; il ne se borne pas à demander une répartition plus équitable entre le travail et le capital, qui aurait sa raison d'être, il exige une transformation complète de la société.

Quelle est donc la solution qui doit satisfaire ses exigences, comment doit s'opérer cette métamorphose? Il s'agit, dit Engels, de reconnaître la nature sociale des forces productrices modernes; la production est collective, la distribution des richesses doit l'être aussi.

1. Ravaisson, *Discussion sur la question ouvrière à l'Académie des sciences morales et politiques.*

Que le prolétariat s'empare d'abord de la puissance de l'État par le suffrage universel et l'évolution de plus en plus démocratique de la société : cela fait, que l'État s'attribue tous les capitaux privés et concurrents, pour en faire un capital collectif unique, qu'il devienne propriétaire de tous les instruments de travail, y compris le sol et les mines, que tous les moyens de production deviennent possession de la communauté. L'affranchissement du travail exige cette transformation des instruments de travail en bien commun de la société. Il s'agira ensuite de régler socialement le travail d'ensemble, en vue de l'utilité générale. L'État devient seul dispensateur du travail obligatoire pour tous, seul producteur ; il se substitue à l'entrepreneur, il règle la production collective, comme il exploite aujourd'hui les chemins de fer, selon les besoins indiqués par la statistique, par les rapports officiels des surveillants des départements de vente et de produit. Donc plus de surproduction, plus de compétition privée. Après avoir ainsi réuni, accumulé tous les produits du travail social, l'État, comme une vaste société anonyme, devra en établir la juste répartition entre les individus, « en proportion du montant constaté de leur travail social, et conformément à une évaluation des commodités correspondant exactement au coût moyen de production ». Alors il n'y aura plus, comme aujourd'hui, de distribution indépendante de la production, c'est-à-dire des capitalistes oisifs d'un côté, et des salariés de l'autre : il n'y aura plus que des producteurs qui obtiendront, non pas comme aujourd'hui une faible part, mais le produit intégral de leur travail, *sauf* la partie retenue pour les frais d'administration, les établissements publics, les hôpitaux, les écoles, les invalides, l'entretien des instruments de travail, les fonds de réserve pour les accidents et les troubles résultant des événements naturels [1]... retenue qui remplacera les impôts. Ce qui restera sera partagé entre les membres de la société selon le temps de travail, substitué à l'argent comme mesure de la valeur, et qui donnera la mesure de la part individuelle de production au travail commun, constatée par des bons. Chacun retirera avec ces bons des magasins sociaux ce qui sera nécessaire à sa consommation et à son usage, en proportion de son travail.

C'est, on le voit, une transformation radicale de la société actuelle, « qui appartiendrait désormais aux catégories historiques du passé », car il n'y aurait plus ni argent, ni commerce, ni bourse, ni fermage, ni location, en un mot plus de revenus privés sous aucune forme. Par là se trouverait supprimé l'esclavage du salaire, satisfait le fanatisme d'égalité des masses, par là « une existence humaine et non plus bestiale » serait assurée à tous les hommes.

Il s'agirait seulement de démontrer tout d'abord qu'une telle société est non seulement utile, mais qu'elle est possible. Il faudrait pour l'organiser un État centralisé, bureaucratique, exigeant une restriction formidable de la liberté individuelle. Conçoit-on un État chargé de tout diriger, de contrôler l'ensemble des fonctions économiques, d'assigner à chacun sa tâche, de répartir également les profits ou de régler les consommations? Il serait impossible d'imaginer une plus odieuse tyrannie. Les socialistes s'en rendent compte, et voici comment ils répondent à cette objection. Quand l'État, disent-ils, au lieu d'être, comme dans le passé et le présent, l'organisation que s'est donnée une classe oppressive, noblesse ou bourgeoisie,

1. Karl Marx, *Zur Kritik des sozialdemokratischen Parteiprogramms. Neue Zeit*, n° 18.

pour défendre ses privilèges, sera le représentant de la société entière, sans distinction de classes, il deviendra superflu. Le combat pour l'existence individuelle, fondé par l'anarchie de production, ne sera plus à réprimer. Le premier acte de l'État, en s'emparant de la production, sera son dernier acte comme État; il ne sera pas supprimé, il mourra de sa belle mort. *Au lieu du gouvernement des personnes, on aura l'administration des choses* (Engels). « Suppression de l'État sous toutes ses formes, a dit de même Liebknecht au congrès de Halle, comme d'une institution réactionnaire, sera la devise de l'avenir [1]. » Ainsi au moment où ils donnent le plus à faire à l'État, où ils le chargent de contrôler, de diriger la production, les socialistes le suppriment, parce que ce monstre-là paraîtrait trop effroyable, et ils prétendent que les choses iront toutes seules. C'est se moquer.

1. Les anarchistes seuls, de l'école de Krapotkine, comme le remarque Adler, qui veulent dissoudre toute force centrale, ont le droit de parler de la suppression de l'État. Mais ils sont aux antipodes des doctrines marxistes. — « Vous organisez la tyrannie », disent les anarchistes aux marxistes qui leur répondent : « avec vos groupes libres vous rétablissez la concurrence. »

En Allemagne, d'après Engels, la superstition de l'État est venue de la philosophie, et est passée de là dans la conscience générale de la bourgeoisie et de beaucoup d'ouvriers : l'État est présenté par les philosophes comme la « réalisation de l'idée », du royaume de Dieu sur la terre, il doit réaliser l'éternelle vérité et l'éternelle justice. Or, dit Engels, l'État n'est au fond qu'une machine pour l'oppression d'une classe par une autre, dans la république démocratique non moins que dans la monarchie. Il appartiendra au prolétariat vainqueur d'empêcher le pillage de l'État par les politiciens. Engels cite le remède que la Commune avait cherché à cette exploitation : 1° en rendant toutes les places électives et révocables par le suffrage universel; et 2° en limitant les traitements à 6,000 francs. Par là elle était censée mettre obstacle à la chasse aux places, et détruire la classe des politiciens, cette plaie des démocraties.

En réalité, dès qu'on veut se faire une image de cette organisation future, on se heurte à chaque pas à des difficultés insurmontables, à des contradictions insolubles. Schæffle, qui dans sa *Quintessence du socialisme* a étudié le plus soigneusement ce que pourrait être cette organisation, a écrit une autre brochure qui dévoilait l'ironie de la première, en montrant à quel point des plans si soigneusement élaborés seraient inapplicables [1].

Les théoriciens du socialisme connaissent ces difficultés. Le principe du collectivisme une fois posé, ils ne s'embarrassent pas du *comment*. Ils abandonnent à l'évolution, au développement futur et naturel de la société, l'organisation et les modalités de détail. Il y aura des phases intermédiaires, des inégalités inévitables. L'opposition entre le travail intellectuel et corporel ne disparaîtra que peu à peu. Ne nous demandez pas, disent-ils, un plan de la société de l'avenir, car nous n'aurons pas à l'édifier de toutes pièces, sur tel ou tel principe d'égalité et de justice *a priori*. Nous avons la prétention de représenter l'ordre de choses auquel tendent les sociétés modernes, poussées bon gré mal gré par les lois d'une évolution fatale [2]. Nous ne faisons que suivre la piste de la loi naturelle qui préside au mouvement de la société, qu'observer ce qui se dissout en elle, et ce qui se crée. La société future est contenue dans la société du présent à l'état d'embryon, elle est appelée à en sortir « comme le papillon sort de sa chrysalide. »

Ces formes embryonnaires d'organisation collectiviste, les socialistes les signalent dans tout ce qui est centralisation, monopole, dans les colossales sociétés

1. *Die Aussichtslosigkeit der Sozialdemokratie.* Tübingen, 1885.
2. Gide, *Précis d'économie politique*, p. 449.

par actions, dans les postes, les chemins de fer, administrés par l'État, ou encore les tabacs, comme en France. Ce n'est pas là, sans doute, du socialisme pur : « Autant vaudrait, dit Engels, prendre le coiffeur d'une compagnie de régiment pour un fonctionnaire socialiste. » Mais c'est toujours un commencement.

Il est surtout un phénomène économique de l'état actuel auquel les socialistes prêtent une grande attention et attribuent beaucoup d'importance. C'est le fait remarquable que les grands capitaux, après avoir, prétendent-ils, dévoré les petits, s'associent maintenant entre eux, sous le nom, suivant les divers pays, de *syndicats*, *trusts*, *cartels*, pour augmenter leurs gains dans des proportions considérables. Ces associations sont de deux sortes : les unes n'ont en vue que la spéculation temporaire; des millionnaires cherchent à ruiner d'autres millionnaires. Tel a été le *ring* du cuivre, une des spéculations de bourse les plus scandaleuses qui se soient produites dans ces derniers temps, ou encore le *ring* des quatre géants de Chicago, accapareurs du bétail, afin de faire hausser arbitrairement le prix de la viande, et réaliser aux dépens des consommateurs des profits énormes [1]. Mais il est une autre forme plus honnête de *syndicats*, *trusts*, ou

1. En Amérique, certains États ont édicté des mesures contre les *trusts* qui ont pris un accroissement considérable. Ils sont signalés comme un danger public, une forme d'impôts indirects écrasants mis sur le public, surtout sur les pauvres, par les accapareurs et les organisateurs de monopoles, qui en tirent des profits parfois colossaux. Voir l'article de M. Samuel Plimsoll, *Trusts an alarm. The nineteenth century*, mai 1891. En Allemagne, le député socialiste Vollmar insiste pour que son parti insère dans les exigences de son programme une protection légale contre les cartels. Ils sont tellement en conflit, disent les socialistes, avec l'intérêt général, que l'État à la fin devra intervenir, et se substituer à cette organisation, qu'i le veuille ou non.

cartels qui n'ont pas seulement pour but la spéculation immédiate; ils se forment dans un même pays par l'association de tous les entrepreneurs d'une même branche d'industrie sous un directeur commun, qui règle la production selon les besoins du marché, détermine le prix pour le consommateur, et répartit ensuite les bénéfices entre tous les associés. Les cartels écartent ainsi la surproduction, les crises, les chômages, et par cette sorte de ligue, obligent toutes les usines de la même industrie, dans un même pays, à s'unir au cartel ou à disparaître. Or cette organisation des cartels, comme le remarquent M. Brentano [1], M. Raffalovich [2], ressemble d'une manière surprenante au règlement de la production réclamé par les démocrates socialistes et les socialistes d'État : elle témoigne qu'on peut se passer de la libre concurrence, sujet de querelle éternelle entre les socialistes et les économistes de l'école opposée. Un des points les plus importants du programme socialiste, « la réglementation de la production », à laquelle ils prétendent arriver par voie d'autorité, se trouve accompli par le grand capital à son profit, et aux dépens des consommateurs. Il est vrai que les cartels, pour se former, et empêcher la concurrence étrangère, exigent le système protectionniste, contre lequel les socialistes ne cessent de protester : ils sont même un grand argument contre le protectionnisme. Ils demandent en outre d'énormes sacrifices, et, d'après M. Raffalovich, ils ont peu de chances du succès final : mais ils deviennent en Allemagne de plus en plus nombreux, 54 en 1888, 90 en 1889, 104 au commencement de 1891, en outre 9 car-

1. *Ueber die Ursachen der heutigen sozialen Noth*, von Lujo Brentano. Leipzig, 1889.

2. *Les Coalitions de producteurs et le protectionnisme*, par A. Raffalovich. Paris, 1889; Guillaumin.

tels internationaux. « Ces cartels, lisons-nous dans le *Vorwaerts*, deviennent toujours plus forts, leur influence politique et économique ne cesse de s'accroître. Mais ils nous rapprochent d'autant plus du *grand cartel*, de la communauté de production socialiste. » A l'égard des travailleurs qu'ils emploient, les cartels ont l'avantage d'écarter pour eux les crises, les chômages. Mais ils exercent une telle puissance qu'un ouvrier congédié d'une usine ne trouve plus à entrer dans une autre. Cela même, d'après les socialistes, aura pour effet de contraindre la classe ouvrière à une discipline, à une solidarité plus étroites.

« Ces signes des temps, comme l'écrivait Marx dans sa préface du *Capital,* ne signifient pas que demain des miracles vont s'accomplir. Ils montrent que même dans les classes sociales régnantes, le pressentiment commence à poindre que la société actuelle, bien loin d'être un cristal solide, est un organisme susceptible de changement, toujours en voie de transformation. » Cette transformation, ajoutent les plus réfléchis, ne s'opérera pas du jour au lendemain; d'après les modérés, elle pourra s'accomplir avec tous les égards possibles pour les intérêts privés, à moins que les classes dominantes, dans leur intérêt propre, ne cherchent à faire obstacle à ce développement, auquel cas on verrait la violence entrer en scène « les cheveux épars, les sandales d'airain aux pieds ». Les révolutions, dit Liebknecht, ont toujours un caractère défensif du peuple contre le pouvoir opposé aux réformes. A quoi bon d'ailleurs faire appel à la violence? qu'on laisse aller les choses avec pleine sécurité, le petit nombre des riches augmenter l'armée des pauvres, l'excès de production et de spéculation amener *krach* sur *krach*, l'État moderne marcher à la banqueroute avec son fisc militaire, ses déficits, ses emprunts, sa dette énorme, ses conversions, qui ébranlent la position de la classe moyenne, la bourgeoisie en un mot conduire la société à sa ruine « comme une locomotive dont on ne peut faire jouer la soupape de sûreté ». Les circonstances semblent si favorables, que les socialistes allemands se disent maintenant d'accord avec leurs adversaires, les économistes libéraux de l'école de Manchester; ils leur empruntent leur devise : *laissez faire*, *laissez passer*.

II. — LA DOCTRINE POLITIQUE.

La période de transition de la société capitaliste à la société collectiviste ne pourrait être, d'après Marx, que la dictature du prolétariat obtenue grâce au suffrage universel, à la fondation de la république démocratique, telle que cette dictature s'est exercée sous la Commune. Cette ardeur révolutionnaire est aujourd'hui singulièrement attiédie chez les chefs du parti, bien qu'elle compte encore des partisans zélés parmi les socialistes berlinois qui font opposition à l'opportunisme de Bebel et de Liebknecht.

Les principes du collectivisme une fois posés, le programme de Gotha s'occupait de la puissance de l'État. Conséquence économique de la démocratie, le socialisme, en effet, implique une série de changements politiques nécessaires à son organisation. Tout en déclarant que le parti, dans sa propagande, n'emploierait que des « moyens légaux », les statuts résumaient les exigences politiques dans une sorte de mosaïque empruntée au programme du radicalisme extrême. Liebknecht, au congrès de Halle, a jeté tous ces articles par-dessus bord : « Le *referendum*, a-t-il dit, la législation par le peuple existe en Suisse, mais elle n'est possible que dans les petits États. La *décision par le peuple de la paix et de la guerre*, c'est la musique de l'avenir. » La *justice par le peuple* n'est pas non plus d'une application aisée. Il suffirait d'obtenir de l'État actuel « que la justice fût gratuite et que la défense le fût aussi », ce qui ne serait pas, à vrai dire, le meilleur moyen de diminuer les procès. L'avocat, selon Liebknecht, et le médecin devraient être des fonctionnaires de l'État, et, de fait, ne venons-nous pas de voir l'État prussien tenter de s'attribuer le monopole d'un remède reconnu depuis dangereux pour les malades. Les députés socialistes viennent de déposer sur le bureau du Reichstag une proposition pour rendre la profession d'apothicaire institution d'État, et transformer M. Purgon en fonctionnaire public. — Enfin le programme de Gotha inscrivait en tête des revendications futures l'État libre démocratique, *freier Volkstaat*, en d'autres termes la république. Bebel le déclarait solennellement au Reichstag : — « Nous tendons dans le domaine économique au socialisme, dans le domaine politique au républicanisme, dans le domaine de ce qu'on appelle aujourd'hui religion, à l'athéisme. » — Très révolutionnaires vers 1869, parce qu'ils ne croyaient pas que les choses pussent durer en Allemagne, éternels apologistes de la Commune, dont ils ne veulent chez eux à aucun prix, Bebel et surtout Liebknecht, doués de cette flexibilité nécessaire aux chefs de parti, se gardent bien de prendre une attitude nettement inconstitutionnelle à l'égard d'un empereur populaire, dont l'Allemagne ne peut se passer, car l'institution impériale est la clé de voûte de son unité; ils ne mentionnent d'ailleurs presque jamais le nom de l'Empereur, et s'abstiennent prudemment de tout commentaire à son égard : — « Devons-nous déclarer, disait récemment Liebknecht, que nous tendons à la république? Je ne sais. Il va de soi que la république est l'État idéal d'un parti qui combat pour la liberté. Mais n'oublions pas que dans la république bourgeoise le combat des classes est aussi aigu que dans la monarchie. » — La république française, gouvernée par les opportunistes et les radicaux, est présentée avec une injustice flagrante par M. Guesde, correspondant parisien du moniteur officiel du socialisme allemand, comme le régime le plus corrompu que la France ait subi depuis cent ans. — « On nous dit, continuait Liebknecht, que si nous avions la majorité et que l'empereur ne cédât pas, il faudrait pourtant bien que la révolution s'accomplît?... Question enfantine! avant de nous concilier la majorité, une longue période historique sera nécessaire, et le métier de roi tend à devenir si ingrat, qu'alors peut-être les princes n'auront plus envie de régner. Une monarchie peut, d'ailleurs, accorder plus au principe d'égalité qu'une république bourgeoise. N'est-ce pas le baron de Stein qui a appliqué à la Prusse les idées de la Révolution française, obligé les *Junker* à céder aux bourgeois; le prince ne peut-il pas de même obliger les bourgeois à céder aux ouvriers? En Amérique, une grande révolution sociale, l'abolition de l'esclavage, s'est accomplie au sein de la société bourgeoise... » — Ainsi les chefs du parti font mine de se rallier à cette royauté sociale que préconisait Lassalle, pourvu toutefois qu'elle consente à remplir leurs exigences, dont il est malaisé de fixer le terme. Du moins, ils n'ont pas encore décidé d'une façon claire, devant les électeurs, s'ils croient pouvoir réaliser leur idéal avec la forme césarienne, ou la forme radicale démocratique. La nature du gouvernement a moins d'importance pour la classe ouvrière, que l'organisation économique. La masse des ouvriers se met en défiance contre les partis purement politiques, qui les ont maintes fois trompés.

Ici encore les théoriciens et les chefs appliquent leur fatalisme historique, *fata viam invenient*. Qu'on se borne à remplir la tâche de chaque jour, qu'on laisse de côté les vagues déclarations de principes, qu'on s'en tienne aux exigences pratiques, réforme scolaire, extension du droit de coalition, d'association, impôt direct et progressif, suffrage universel étendu à la Prusse tel qu'il existe déjà pour l'empire, réduction du temps de travail, augmentation des salaires, protection contre des règlements de fabrique trop oppressifs. Quant à l'avenir, que les princes soient bons ou mauvais, favorables ou non, il n'importe guère. Les meilleurs césars n'ont pu empêcher l'empire romain de marcher à la décomposition et à la ruine...

III. — L'INTERNATIONALISME.

Le parti démocrate socialiste n'a pas seulement une politique intérieure, il a aussi une politique étrangère dont le caractère le plus saillant est l'internationalisme. Dans notre Europe, encore toute palpitante de la lutte et de la haine des nationalités, le socialisme forme une des trois grandes internationales, qui sont : la rouge, la noire et la dorée, celle des prolétaires, des jésuites et des banquiers. Le même phénomène général d'appauvrissement et d'enrichissement, conséquence du régime industriel, se traduit par tout pays en opposition sociale des capitalistes et des prolétaires. Ce caractère international, si accusé lors de la formation du parti, s'est encore manifesté avec éclat au congrès marxiste de Paris, en 1889 : — « Il appartiendra enfin, disent les socialistes de Munich, dans leurs instructions à Vollmar, leur délégué, en présence de continuelles menaces de guerre, des armements gigantesques et des odieuses excitations nationales, de condamner hautement la politique d'alarme et de provocation qui a sa source dans l'intérêt dynastique et l'ambition nationale. » Bebel faisait ressortir de même, dans un récent discours, la contradiction des gouvernements qui donnent un caractère national à toutes les questions, et les aspirations des peuples qui tendent à la paix et à la fraternité. Conflit « des masses contre les classes », le socialisme exclut la lutte des nationalités. Nous avons vu, en 1870, Bebel et Liebknecht jeter à la face de leurs compatriotes, ivres de la victoire, la protestation de leurs principes contre l'annexion de l'Alsace-Lorraine et expier dans les forteresses prussiennes le courage de leurs opinions. Les journaux du parti en Allemagne suivent les intérêts du socialisme dans tous les pays du monde, une élection socialiste dans un département français est saluée à Berlin comme un succès pour le parti. Le congrès de Paris, le récent congrès des mineurs [1], auquel en Allemagne on attribue une grande importance, la démonstration du 1er mai, sont la consécration la plus éclatante des principes internationaux.

Cependant, il convient d'indiquer ici quelques tempéraments. Le programme de Gotha disait : — « Bien qu'agissant dans les cadres nationaux, le parti a conscience de ses buts internationaux. » — Liebknecht à Halle s'est exprimé à peu près dans les mêmes termes, mais avec une nuance, en déclarant « que les buts internationaux ne leur faisaient pas oublier leurs devoirs

1. Ce congrès a pourtant montré la difficulté de l'accord, par suite des intérêts antagonistes, entre ouvriers animés de l'esprit international.

d'Allemands ». Ils se défendent d'avoir jamais été des traîtres à la patrie, et comme la république, l'internationalisme flotte vers les lointaines régions de l'idéal. Ils prêchent la fraternité des peuples, mais ils partagent avec leurs compatriotes l'horreur et la crainte des Moscovites, qu'ils présentent, il est vrai, comme une haine de principes, non comme une aversion de races. Déclamer contre l'autocrate russe a toujours été un des thèmes favoris de la démocratie allemande. « Nous avons deux ennemis mortels, disent les socia-« listes, le pape, au point de vue spirituel, et le tzar, « au point de vue temporel, les deux représentants de « l'absolutisme antidémocratique. » Liebknecht a déclaré solennellement au Reichstag que son parti combattrait avec enthousiasme dans une guerre contre la Russie :

> Je hais le jeu du soldat,
> La guerre et les clameurs guerrières,
> Mais s'il faut marcher contre les Russes,
> J'en suis, j'en suis!

dit une de leurs chansons. Nos sympathies pour la Russie sont un de leurs principaux griefs contre la république française.

A l'égard de la France, leur attitude est devenue légèrement ambiguë. Certes, ils protestent hautement contre la haine des Français : ils rappellent les sympathies françaises des grands Allemands, Goethe, Schiller, Humboldt, ils les citent comme modèles : « Qu'on ne se laisse pas aveugler, disent-ils, par le jeu des diplomates et les excitations des journalistes : c'est leur œuvre et leur artifice si la France et la Russie se sont rapprochées. » Ils prêchent, au contraire, l'apaisement entre deux grands peuples « appelés à défendre la civilisation de l'Ouest contre la barbarie de l'Est[1] ». — Oui, mais ils ne songent pas plus que les autres partis en Allemagne à effacer la vraie cause de la discorde des deux peuples, l'annexion de l'Alsace-Lorraine, dont ils déplorent assurément le principe et les conséquences, mais qu'ils considèrent comme un *fait accompli*. Dans leur inquiétude de froisser le sentiment patriotique de cette partie considérable de leur clientèle qui n'est pas positivement socialiste, ils insinuent que leur internationalisme, en effaçant toute distinction entre Allemands et Français, profite mieux que toute autre méthode à la germanisation des provinces conquises. Les délégués alsaciens-lorrains, au congrès de Paris en 1889, déclaraient que leurs doctrines les obligeaient à répudier une guerre de revanche. Le député socialiste de Mulhouse, Karl Hickel, ancien mobile de 1870, s'est de même défendu d'être protestataire; il n'a cure de son ancienne qualité de Français : — « Là où l'on prospère, là est la patrie. » — Il ne s'agit plus, disent les socialistes, de nationalités rivales, mais de classes rivales : entrepreneurs, exploiteurs, réactionnaires, voilà nos seuls ennemis! Un épisode significatif, rapporté par l'abbé Winterer, achève de préciser cette tactique. Lors de l'Exposition, Vaillant présentait Liebknecht au président du conseil municipal de Paris : — « Vous voyez devant vous, ajoutait-il avec emphase, l'Allemagne et la France se donner le bras. » — Liebknecht rapportant le mot, dans le journal le *Volksblatt*, le corrigeait d'une manière significative, « l'Allemagne et la France *de*

1. Lors des derniers incidents, à la suite du voyage de l'impératrice Frédéric, le *Vorwaerts* a flétri les articles de la *Gazette de Cologne*, si injurieux pour la France, protesté contre les représailles dont les Alsaciens-Lorrains ont été les innocentes victimes.

l'avenir ». En cas de guerre *défensive*, ils se battraient avec la dernière énergie pour l'indépendance de l'Allemagne : ils sont unanimes à le proclamer. Ils votent contre l'accroissement des crédits militaires, mais de leur aveu même, leurs fréquentes invocations en faveur du désarmement ont un caractère platonique. Ils proclament ainsi la liberté universelle et acceptent tacitement la violence faite à des populations conquises; ces frontières qu'ils prétendent renverser, ils se déclarent prêts à verser leur sang pour les défendre. Dans ces contradictions et ces inconséquences, il y a peut-être plus de politique que de conviction.

D'autre part, pour briller dans toute sa splendeur, l'idéal socialiste exige qu'un même système, qu'une même organisation embrassent le globe entier, que l'égoïsme, la jalousie, les rivalités, le désir de dominer et de dépouiller cessent entre les nations comme entre les individus, que les différences de climat, de tempérament, de mœurs, de caractère, s'effacent et disparaissent, qu'il n'y ait plus de nations, qu'il n'y ait même plus de races, mais une fraternité universelle. Comme l'Église catholique, ils poursuivent l'unité de foi et de discipline dans le monde entier : c'est un rêve. Imagine-t-on la belle occupation d'un seul État centralisé, s'il devait régler la vie de 1,500 millions d'êtres humains, dispenser leurs tâches, répartir leur consommation, les médicamenter, les amuser. D'après Bebel, ce sera une fédération des peuples, mais alors des États distincts poursuivront nécessairement des intérêts antagonistes, comme on en voit se manifester dans un même État entre régions industrielles et régions agricoles, celles qui se suffisent et celles qui ont besoin d'importer ou d'exporter.

Les socialistes comptent néanmoins sur la lente évolution de l'avenir, sur l'atténuation manifeste de l'esprit de conquête, du moins entre peuples civilisés, sur les intérêts croissants de l'industrie moderne, pour étouffer l'instinct belliqueux. La civilisation exige le concours des forces internationales. Comme heureux symptômes de l'union future, ils signalent les traités de commerce, de navigation, les postes, le droit des gens, les expositions, les congrès d'ouvriers, la facilité des moyens de transport, etc., qui tendent à abaisser les barrières entre les peuples. « Le rapprochement entre toutes les races civilisées sera l'œuvre de la classe ouvrière. » La politique des nationalités est arrivée à son apogée, elle est appelée à s'émousser désormais et à disparaître, à céder la place à la question sociale, qui dominera bientôt le monde.

IV. — LA FEMME ET LA FAMILLE.

Le socialisme révolutionnaire, outre qu'il prétend modifier l'état économique et l'ordre politique de la société, aspire à transformer aussi les mœurs, la famille, la condition des femmes : comme la religion, il prétend embrasser toute la vie humaine. Il se donne pour une panacée, un spécifique, contre tous les maux qui affligent les sociétés.

La théorie historique de Marx et d'Engels, c'est que le changement des circonstances matérielles se répercute dans toute l'organisation sociale : propriété privée, héritage, constitution de la famille, s'enchaînent et s'enchevêtrent; toucher à une de ces institutions, c'est altérer l'autre. Le système actuel, consacrant l'inégalité des droits de la femme et de l'homme, la soumet et la subordonne à celui-ci. Le programme de Gotha réclamait pour la femme l'égalité absolue, la complète émancipation. Liebknecht au congrès de

Halle a maintenu expressément cette exigence du parti. Bebel, dans le plus volumineux de ses écrits, qui a atteint dix éditions[1], exprime les idées courantes parmi les démocrates socialistes sur l'évolution de la famille humaine. Voici la thèse.

C'est par la femme que l'esclavage a commencé dans le monde. Ainsi que tous les misérables qui aspirent à la délivrance, elle s'est attachée passionnément au christianisme, qui méprisait en elle l'Ève séductrice, la première cause du péché dans le monde, et qui en fait sa propre servante et la servante de l'homme. Bebel cite les docteurs pédantesques du christianisme qui ont en effet assigné à la femme un rôle subalterne, mais il oublie que le christianisme poétique des foules l'a divinisée dans la figure de la Vierge-Mère, le plus haut idéal féminin que l'humanité ait jamais conçu. La femme chrétienne a plus de droits, de liberté et de dignité que la femme des temps païens. La phase chrétienne a donc travaillé à l'affranchissement, non à l'asservissement de la femme. Bebel affirme le contraire, et ajoute que les codes bourgeois ont consacré cette servitude. Il invoque Stuart Mill qui, dans son livre *la Sujétion des femmes*, présente le mariage comme le seul servage réel que la loi reconnaisse encore.

Suit une critique du mariage, tel qu'il existe dans la société présente. La haute et moyenne classe en fait une pure affaire d'argent, une association des capitaux, à laquelle l'union des personnes sert de prétexte, sans le moindre souci des enfants à naître. Bebel s'empare d'une boutade du prince de Bismarck, rapportée par Busch : *Un mariage entre un étalon chré-*

1. *Die Frau und der Sozialismus*, von August Bebel, 10e édition. Stuttgart, 1891.

tien et une poulinière juive est très recommandable. C'est en ces termes d'écurie que la plus haute aristocratie traite ce sacrement, qu'elle s'empresse de violer, une fois accompli, l'homme par l'*hétaïrisme*, la femme par l'adultère, et qui ne produit dans les meilleurs cas que « cet ennui de plomb que l'on appelle bonheur domestique [1] ». Bebel cite encore la préface des *Femmes qui tuent et des femmes qui volent*, où M. Dumas rapporte la confidence d'un prêtre, d'après lequel sur cent femmes mariées, quatre-vingts viennent gémir au confessionnal et pleurer leurs illusions perdues. Le mariage des prolétaires, traversé par toutes les misères imaginables, nourriture insuffisante, logements malsains, est du moins fondé sur l'attrait réciproque. S'il n'est pas exempt d'une certaine brutalité, résultat de l'alcoolisme, des conditions précaires, du moins il ne se maintient ni par l'hypocrisie, ni par l'intérêt; si l'on ne se convient pas, on se quitte.

La forme la plus atroce de l'esclavage des femmes, c'est la prostitution que les socialistes abhorrent. Ils se refusent à y voir un mal nécessaire, une institution civile indispensable au mobilier d'une grande ville, au même titre que la police, le gaz, les journaux, les prisons, les casernes. Ces véritables armées de prostituées, 80 000 à Londres, 60 000 à Paris, 30 000 à Berlin, sont pour eux un grand reproche non à la dépravation de la nature humaine, bien que la profession ait été florissante chez tous les peuples et dans tous les temps, — mais à l'organisation présente de la société capitaliste et de la famille. Ils s'appuient sur les documents soumis au Reichstag en 1887 : dès que les chômages se produisent, la statistique de la pros-

1. Engels, *der Ursprung der Familie.*

titution augmente [1]. L'Allemagne fournit un contingent énorme au marché du monde entier : Bebel relègue parmi les fables la prétendue continence des Germains. D'après lui, les Allemandes peuplent pour moitié les mauvais gîtes de la planète, depuis les confins de la Sibérie jusqu'aux extrémités de l'Amérique. Dans la session de 1881 à 1882, le Reichstag a pris la résolution de limiter, et, s'il se pouvait, de supprimer cette traite des blondes [2]...

Au reste, ce n'est pas parmi nous, disent les socialistes, qu'il faut chercher la plus âpre critique des mœurs contemporaines, telles que les ont faites les classes dominantes, mais bien chez les auteurs favoris de ces classes mêmes. Si l'on veut connaître une société, il est bon de lire ses romans. Or, les écrivains réalistes, acharnés à étaler les plaies et les hideurs du monde, travaillent pour leur cause. Le journal officiel du parti en Allemagne, le *Vorwaerts*, publie des traductions de Guy de Maupassant, des analyses de Zola. Le théâtre socialiste, organisé à Berlin pour la propagande, joue les pièces de Tolstoï, d'Ibsen. Toute cette littérature imprégnée de pessimisme social prouve à quel point le socialisme est dans l'air.

La transition de la société actuelle à la société future s'accomplira ici encore, selon Bebel, naturellement, nécessairement : l'émancipation des femmes

1. « Une grande partie des ouvrières de nos grandes villes obtiennent des salaires qui ne suffisent pas à satisfaire les besoins les plus nécessaires de la vie, et se trouvent forcées de recourir au métier plus lucratif de la prostitution ou de succomber aux suites inévitables de la ruine corporelle et intellectuelle. » (Kuno Frankenstein, *Enquête sur la situation des ouvrières dans les grandes villes de l'Allemagne.*)

2. « Avec la prostitution, les socialistes se flattent de faire disparaître la maladie de Pangloss, qui afflige tant de pauvres humains. » (*Vorwaerts* du 21 mai 1891.)

est en voie de se réaliser dans tous les pays civilisés. Elles commencent à suivre les carrières libérales, la médecine notamment : en Angleterre, en Amérique, elles votent dans certains cas; des États de l'Union les admettent au banc du jury, leur accordent même des fonctions de juges de paix; il n'est guère de pays où certaines administrations publiques ne leur soient ouvertes. Enfin le mariage s'allège et se relâche de plus en plus, grâce au divorce, qui tend à le rapprocher de l'idéal socialiste : un simple contrat privé sans privilège pour l'homme, révocable au gré des parties sous la condition que les parents se chargeront de tous les devoirs à l'égard des enfants nés d'une telle union, et où l'Église et l'État n'aient à intervenir ni pour la former, ni pour la dissoudre. Bebel reconnaît que cette intervention de l'État est aujourd'hui nécessaire à cause du droit successoral. Dans la société de l'avenir, il rejette également la polygamie et la prostitution. Si une statistique était possible, et à s'en rapporter au nombre des enfants naturels, on constaterait d'ailleurs que le mariage libre est une institution clandestine très florissante parmi les classes riches et cultivées. Puisqu'il existe en fait, il n'y aurait donc qu'à le proclamer. Mais de croire qu'ainsi disparaîtraient les maux et les misères des passions de l'amour, jalousie, servitude, etc., là est l'illusion, là est la chimère. Les femmes ont beau être dans une situation légalement inférieure, « elles dominent les hommes par tant d'endroits », remarque La Bruyère. Que sera-ce donc quand elles jouiront de l'égalité civile !

La thèse de Bebel est fondée sur l'égalité naturelle de l'homme et de la femme; il n'accorde au premier aucune supériorité ni de courage, ni d'intelligence, et à la seconde, ni de ruse, ni de finesse; il n'y a entre les deux, conclut-il naïvement, que des différences physiologiques. Eh! oui, justement tout est là! La grossesse et la maternité seront toujours pour la femme une effroyable surcharge, si elle veut rivaliser avec l'homme à cette course qu'on appelle la vie, et même dans l'état socialiste, il y a peu de chances pour elle que « la vieille loi salique de la nature » soit jamais abolie [1].

Proudhon, sur tant de points en désaccord avec Marx et son école, qui lui a pourtant fait plus d'un emprunt, répudiait ces lieux communs sur la femme libre comme la peste de la démocratie. Partisan de la monogamie indissoluble, il assimilait, dans son puritanisme intransigeant, l'amour libre à la prostitution, et professait pour les femmes savantes la même antipathie que Molière et Joseph de Maistre. L'homme, d'après lui, est à la femme dans la proportion de 3 à 2, l'infériorité de cette dernière est donc irrémédiable. « L'homme doit commander pour mieux servir, la femme obéir pour mieux régner [2]. » Telle était sa sentence.

Nouveaux Persées, montés sur l'hippogriffe pour délivrer Andromède, les socialistes se vantent de rompre les derniers liens qui retiennent la femme captive. Il est essentiel de la gagner à la foi nouvelle, afin que cette foi devienne la religion du foyer, et se transmette à l'enfant avec le lait. La doctrine en Allemagne, qui compte parmi les initiatrices l'amie de Lassalle, la comtesse Hatzfeldt, a commencé à se répandre dès 1870, parmi les femmes de la classe inférieure. Avec quelle ferveur de prosélytisme elles sont capables de se vouer à la révolution, l'exemple des nihilistes russes le prouve. « Aucun grand mou-

1. Huxley, *Sermons laïques*.
2. Proudhon, *la Pornocratie dans les temps modernes*.

vement, dit Bebel, ne s'est accompli dans le monde, que les femmes n'y aient joué un rôle héroïque comme combattantes et comme martyres. »

V. — CHRISTIANISME ET SOCIALISME.

Le socialisme allemand se donne pour une religion humanitaire, pour une nouvelle conception du monde fondée sur la « science », pour un lien entre les esprits et les cœurs. Exposons d'abord son attitude en présence du christianisme et de toute religion établie.

Le programme de Gotha ne mentionne la religion que pour la déclarer « affaire privée », droit pour chacun de choisir et de prier le dieu qui lui plaît. Cette formule, que les États-Unis ont mise en pratique, Liebknecht, au congrès de Halle, l'a maintenue sans y rien changer, comme plus précise et plus correcte que « la séparation de l'Église et de l'État ». Son commentaire mérite d'être noté : « Je n'aime les prêtres sous aucune forme, les antiprêtres non plus que les prêtres... J'ai dit aux paysans : je suis athée; mais pleine liberté de conscience! Aucun homme n'a le droit de porter aux choses de la conscience une main brutale : songez à la Vendée. » Le parti démocrate-socialiste considère le centre ultramontain comme son pire adversaire; Bebel a fièrement jeté le gant aux catholiques : mais, longtemps victimes eux-mêmes d'une loi d'exception, les députés socialistes voteront contre la loi qui exclut les jésuites. Ils n'ont pas peur des jésuites, cet épouvantail de la bourgeoisie libérale, et ils accablent de railleries les pétitions que libéraux et piétistes rédigent contre leur retour. Ils pensent qu'on ne détruira pas l'Église avec des persécutions, et ils se distinguent en cela de nos radicaux français, dont l'intelligence politique — dans la guerre qu'ils font aux ordres religieux, même les plus charitables — est à la hauteur de leur générosité et de leur courage. Bebel glorifie la Commune [1], mais il remarque combien a été inutile la fusillade de quelques prêtres : pour quelques soutanes qu'elle y a perdues, l'Église y a gagné des fidèles par centaines de mille. La meilleure arme contre l'Église, c'est, disent-ils, d'organiser de bonnes écoles où l'on enseigne les sciences naturelles. Ils combattent en Allemagne l'école confessionnelle et font un éloge un peu inquiétant de la réforme scolaire française, à laquelle M. Jules Ferry a mérité d'attacher son nom.

Cette modération, les chefs ne s'en cachent pas, leur est surtout dictée par des raisons de tactique et de propagande. Ils savent combien l'agitation antireligieuse, qui se poursuit avec une extrême violence dans les faubourgs de Berlin, nuirait à leur cause auprès des paysans. C'est pour ce motif qu'une motion anticléricale a été si froidement accueillie au congrès de Halle. Mais il ne faudrait pas juger de leurs sentiments d'après leur politique. Leurs écrits respirent la haine fanatique de l'Église : la démocratie sociale lutte contre le christianisme pour lui arracher l'âme des foules.

En tant que doctrine économique, le socialisme se peut accommoder avec les opinions les plus variées en philosophie et en religion. Il n'est nullement incompatible avec le catholicisme. Aux catholiques revient même en Allemagne l'honneur d'avoir été les premiers à se préoccuper du sort des classes ouvrières, à songer à une réforme sociale. Dès 1835, Franz de Baader

1. Engels, apologiste de la Commune, nie que la fusillade des otages ait été commandée par elle.

voulait faire du prêtre le représentant autorisé des travailleurs. Lassalle se vantait de l'appui que lui donnait l'évêque Ketteler. Entre christianisme et socialisme, en effet, il y a bien des points communs, si opposées que puissent être leurs fins dernières, puisque l'un aspire au ciel par l'ascétisme, l'autre à la terre par la jouissance, mais l'un et l'autre prennent en main la cause des pauvres et des opprimés. L'Évangile donne le pas au mendiant sur le millionnaire. Si l'Église ne reconnaît pas aux malheureux le droit à l'assistance, elle impose aux riches l'obligation absolue de leur venir en aide. Elle n'a aucune doctrine essentielle sur le droit de propriété; ses docteurs ont réprouvé l'intérêt de l'argent : « Prêtez, dit saint Paul, sans en rien espérer. » Elle a organisé le communisme dans son sein, cherché à tarir ainsi, chez ses religieux, les deux grandes sources de l'égoïsme : la propriété privée et la famille; et ses communautés sont devenues si prospères que les États les ont maintes fois dépouillées et ont pris des mesures contre leur envahissement. Comme le socialisme, l'Église n'accorde aucune valeur à tout ce qui est esprit, talent, grâce, originalité, don personnel; *individualisme* est pour elle synonyme d'*égoïsme*, et ce qu'elle a toujours cherché à imposer au monde, c'est le but même du socialisme : *la fraternité* (*charité*), *sous l'autorité*. Même organisation internationale, même réprobation de la guerre, même sentiment des souffrances et des besoins sociaux. Selon Bebel, c'est le pape qui, du haut du Vatican, voit le mieux se former l'orage qui s'amoncelle à l'horizon. La papauté serait même susceptible de devenir, pour le socialisme révolutionnaire, un concurrent dangereux si, comme le demandait M. de Vogüé [1], elle se mettait résolument

1. *Spectacles contemporains*. Paris, Colin, 1891.

à la tête de la démocratie universelle, coiffait sous la tiare le bonnet phrygien, et si, par la bouche de chacun de ses prêtres, parlait un tribun du peuple.

Aussi les meneurs et les penseurs de la démocratie sociale cherchent-ils à ruiner toute croyance à la mission divine de l'Eglise, à son caractère surnaturel. Ils se proclament en cela les élèves et les disciples de ces savants et brillants exégètes, les Strauss et les Renan : « Les bourgeois de l'avenir, écrit l'auteur de la *Vie de Jésus* dans ses *Souvenirs de jeunesse*, ne me devront aucune reconnaissance. » Questions sociales et questions religieuses se lient étroitement ; et si l'on est pénétré de cette vérité, si l'on songe que les deux grandes civilisations, païenne et chrétienne, ont été déterminées par la croyance des foules, par la recherche du bonheur en deçà de la mort ou au delà, on soupçonnera la portée de ce conflit de la science et de la foi, quand il sera décidément sorti des académies et des bibliothèques pour descendre sur la place publique. En Allemagne comme en France, les agitateurs socialistes se livrent à leur tour à l'exégèse populaire : ils s'interprètent réciproquement. Bebel a commenté le livre des politiciens français Yves Guyot et Sigismond Lacroix, intitulé : *la Vraie figure du christianisme* [1]. Il a écrit, d'après Buckle, une brochure sur la *Culture arabe mahométane*, afin de démontrer la supériorité de l'islamisme à son apogée sur le christianisme, auquel il refuse d'avoir jamais fait aucun bien dans le monde [2].

1. Bebel reproche toutefois à MM. Yves Guyot et Sigismond Lacroix le manque de sens historique. Il prend contre eux la défense de Platon, et leur explique que le spiritualisme platonicien n'est pourtant pas responsable de tant de méfaits.

2 Lors des élections de 1890, un journal rappelait que Bebel avait été dans sa jeunesse membre des cercles catholiques allemands. Bebel a confirmé le fait, en ajoutant qu'il était entré dans ces maisons catholiques organisées pour les jeunes

Nier toute autorité dans le ciel et sur la terre, ne pas croire à une Providence, à une vie future, représenter l'Église « comme une institution de police du capital, trompant le prolétariat par une lettre de change sur le ciel », est considéré comme essentiel, car l'homme, privé des compensations célestes, désire la terre bien plus énergiquement. C'est surtout dans les réunions publiques de Berlin que cette exégèse revêt la forme la plus violente et la plus grossière. On comprend, quand on y assiste, le dégoût qu'éprouvait Henri Heine à entendre l'existence de Dieu « niée par de sales savetiers et des garçons tailleurs décousus ». Cet athéisme épais, puant le tabac et l'eau-de-vie, le ramenait au spiritualisme le plus éthéré, le plus diaphane.

Au reste, cette polémique, commencée il y un siècle aux petits soupers des rois libres penseurs et des philosophes en bas de soie, et qui s'achève dans les assommoirs, n'offre plus, aux yeux des chefs du socialisme allemand, qu'un intérêt secondaire; la libre pensée ne représente plus, dans les questions du présent, qu'un mouvement intellectuel. « A différentes époques, de grandes luttes ont pris la forme de combats religieux ou plutôt antireligieux, parce qu'on cherchait à atteindre derrière l'Église, une organisation politique et sociale. On ne se tourne contre elle aujourd'hui que si le combat des classes se ralentit ou s'endort pour un temps. »

Le socialisme révolutionnaire se donne lui-même comme une religion. M. Leroy-Beaulieu a été un des

ouvriers, sans rien dissimuler de ses opinions, et qu'il y avait rencontré plus de vraie tolérance que chez ses coreligionnaires protestants. Ce souvenir aurait dû, semble-t-il, adoucir la rigueur de sa thèse, puisque, en cela du moins, le catholicisme a bien mérité de l'ouvrier Bebel. Mais l'esprit de secte et de système ne permet pas ces concessions.

premiers à noter ce caractère religieux jusque chez des ouvriers parisiens. « Le socialisme, d'après Schæffle, a tout le caractère du fanatisme de secte, sur lequel la réfutation n'a pas de prise. Superstition populaire, il gagne, rassemble et organise le prolétariat pour le renversement radical. » Il y a dans le caractère allemand un singulier alliage de négation et de mysticisme. Les docteurs du socialisme en Allemagne professent, comme les nihilistes russes, le pur matérialisme de Moleschott et de Büchner : ce sont de véritables *athéologiens*. Ils ne s'en tiennent pas à l'*agnosticisme*, seule attitude de l'homme de science devant le mystère de l'inconnaissable : Engels répudie ce mot nouveau comme une invention de l'hypocrisie anglaise, soucieuse de déguiser sa parfaite incroyance. Mais, d'autre part, les écrivains exaltés du socialisme expriment souvent cette conviction qu'il est la religion nouvelle : « La démocratie sociale vit dans la foi à la délivrance de la servitude matérielle et spirituelle, dans l'amour de l'égalité entre les hommes. » Leurs poètes, d'ailleurs médiocres, dans leurs hymnes si souvent gonflés par la haine et qui évoquent des horizons empourprés de cités en flammes, révèlent des sentiments analogues. Mais c'est surtout par les actes, par les sacrifices infinis et les dévouements sans bornes qu'il inspire à des hommes pauvres et obscurs, que le socialisme présente des ressemblances frappantes avec le fanatisme religieux. C'est exagérer sans doute que de les assimiler aux premiers chrétiens, que de voir avec Rudolph Meyer, dans tout compagnon qui tire l'alène, un apôtre du présent. D'autres [1] retrouvent en eux les enthousiastes du XVIe siècle, les sectateurs de Jean de Leyde, qui considéraient dans la vie communiste le royaume de Dieu

1. Huber, *Die Philosophie des Sozialismus.*

descendu sur la terre. Ces idées renaissent plus claires et plus puissantes. Tous les grands changements historiques sont sortis de même de l'esprit populaire, modifié dans ses couches profondes. Et voici, d'après Huber, la singulière, l'inquiétante contradiction de notre temps. D'une part, les privilégiés de la fortune, non pas précisément croyants, mais rattachés instinctivement à l'Église par l'appréhension, l'effroi de l'avenir, ainsi que le troupeau épars se rassemble et se serre autour du pasteur, quand commence à gronder l'orage, une société qui fait profession de spiritualisme et dont la vie pratique témoigne, au contraire, d'un matérialisme absolu, de l'unique passion d'augmenter sa richesse, de l'unique souci de jouir de son luxe, — et dans les foules, au contraire, le pur matérialisme théorique [1], qui aboutit à des exigences chrétiennes de fraternité entre les hommes, à la croyance en la possibilité de réaliser une humanité unie dans l'amour et le bonheur. C'est en ce sens que le prince Carolath a pu dire que, si elle n'avait pas le socialisme, la classe ouvrière serait dénuée de tout idéal.

VI. — LA SOCIÉTÉ DE L'AVENIR.

Et comme le prêtre, le politique socialiste fait luire aux yeux des foules misérables la vision brillante de l'avenir. Bien qu'ils se défendent de nous donner des descriptions exactes de ces paradis encore lointains, bien qu'ils prétendent que le socialisme n'est pas une

1. « Le matérialisme des classes opulentes est seul condamnable. La tendance des classes pauvres au bien-être est juste, légitime et sainte. » (Renan, *l'Avenir de la science.*)

construction *a priori*, mais que la réalisation de ses buts sera le résultat d'une évolution naturelle, les socialistes nous l'indiquent comme un état de perfectionnement absolu, de bonheur général et de bien-être universel. Leur optimisme démesuré contraste avec le pessimisme noir sous lequel ils envisagent la société contemporaine. S'il est difficile, même aux privilégiés, d'être parfaitement contents de ce monde, à moins qu'ils n'aient l'esprit étroit et le cœur aride, on conçoit que les déshérités ne se résignent pas aisément « aux fatales nécessités de la société humaine ». Et, quand on trouve ce monde mauvais, on est bien près d'en rêver un meilleur et la beauté du songe est en proportion même des misères, des désenchantements de la réalité. Ces cités aériennes sont aussi aisées à construire que difficiles à démolir dans l'imagination de ceux qui ont besoin d'y croire, d'autant qu'elles fuient devant nous dans l'avenir illimité et que nul voyageur n'en reviendra jamais.

Bebel, entre beaucoup d'autres, a esquissé, dans son livre sur *la Femme*, une vue à vol d'oiseau de la société de l'avenir, sorte d'exposé populaire et poétisé des idées que Marx exprime dans sa *Critique de l'économie politique.* N'étaient la composition et le style, ces pages ajouteraient un chapitre à l'histoire déjà si riche des illusions humaines, depuis la *République* de Platon jusqu'au *Phalanstère* de Fourier. Les vieux plans fantastiques de Fourier, comme le remarque Schæffle, ne forment plus à la vérité le programme du socialisme actuel, mais ils en contiennent déjà les pensées fondamentales. Ce qui distingue toutefois les utopistes contemporains, c'est que leur état de l'avenir est construit non plus sur la *Raison* ou sur la *Foi*, mais sur la *Science*, et cela même est fort instructif, car nous voyons ainsi la science, éternelle ennemie des chimères, engendrer à son tour des superstitions dans ces têtes confuses [1].

« L'union du prolétariat et de la science, disait déjà Lassalle, étouffera dans ses bras d'airain tous les obstacles à la civilisation. » « Le socialisme, dit Bebel, c'est la science appliquée avec claire conscience et pleine connaissance à tous les domaines de l'activité humaine. Tandis que dans l'ancienne société, en matière de politique, de droit, de morale, on se réglait sur la tradition, dans la nouvelle on agira d'après la connaissance des lois naturelles qui régissent la race humaine », comme si justement, se régler en partie sur la tradition, fruit de l'expérience des siècles, expression du caractère et des besoins d'un peuple, n'était pas une loi naturelle! L'effort des docteurs du socialisme contemporain tend surtout à démontrer qu'il se concilie avec le darwinisme. Si la théorie de Darwin, en effet, est l'expression même des lois qui régissent le monde animal et la société humaine, toute doctrine en désaccord avec cette théorie serait de nulle application, et toute tentative de réforme, frappée d'impuissance.

Or, à première vue, apparaît l'opposition absolue des théories socialistes et de la formule darwinienne, projetée comme une longue traînée de lumière sur les ténèbres et la confusion de l'histoire naturelle et de

1. Parfois aussi les hommes de science, dans leur confusion du monde physique et du monde moral, s'abandonnent aux mêmes utopies que les socialistes, qui se plaisent à invoquer leur autorité. Bebel cite le passage suivant de Hæckel : « L'homme en viendra à organiser sa vie commune avec ses semblables, c'est-à-dire la famille et l'État, non d'après les principes des siècles éloignés, *mais par suite des principes raisonnables d'une connaissance conforme à la nature*. Politique, morale, droit..., devront être formés uniquement d'après les lois naturelles. L'existence digne de l'homme, dont on fait des fables depuis des milliers d'années, deviendra enfin une réalité. » — Espérons-le!

l'histoire humaine, *la lutte pour l'existence et la survivance du plus apte*. Darwin a emprunté, comme on sait, à son ami Malthus, honni par les socialistes, et que Marx traite « d'humble valet des intérêts conservateurs », le fond même de sa théorie : il n'est pas antimalthusien : « La sélection naturelle résulte de la lutte pour l'existence, et celle-ci de la rapidité de la multiplication. Il est impossible de ne pas regretter amèrement — à part la question de savoir si c'est avec raison — la vitesse avec laquelle l'homme tend à s'accroître, qui entraîne dans les nations civilisées la pauvreté abjecte. L'homme ayant à subir les mêmes maux physiques que les autres animaux, il n'a aucun droit à l'immunité contre ceux qui sont la conséquence de la lutte pour l'existence. S'il n'avait été soumis à la sélection naturelle, il ne se serait certainement jamais élevé au rang humain [1]. » D'après Darwin, il est vrai, la civilisation fait en une certaine mesure échec à la sélection naturelle, la lutte pour l'existence y est modifiée, mais cela même a d'heureux effets : « Dans tous les pays civilisés, l'homme accumule sa propriété, et la transmet à ses enfants ; il en résulte que tous les enfants d'un même pays ne partent pas tous également d'un même point dans la course vers le succès ; mais ce n'est pas là un mal sans mélange, car sans l'accumulation des capitaux, les arts ne progressent pas ; or, c'est principalement par leur action que les races civilisées se sont étendues, et, élargissant partout leur domaine, remplacent les races inférieures... La présence d'un corps d'hommes bien instruits, qui ne soient pas obligés de gagner par un travail matériel leur pain quotidien, a une importance qu'on ne saurait trop apprécier, car ils sont chargés de toute

1. *Descendance de l'homme*, p. 194.

l'œuvre intellectuelle supérieure, dont dépendent surtout les progrès matériels de toute nature, sans parler d'autres avantages d'un ordre plus élevé [1]. » Darwin est, on le voit, aux antipodes des doctrines socialistes, et nous pouvons écouter après lui ses interprètes les plus autorisés. Le professeur Schmidt déclare que « le darwinisme est la base scientifique de l'inégalité »; Hæckel, que « dans la vie de l'humanité, comme dans celle des plantes et des animaux, une faible minorité parvient seule à vivre et à se développer »; Herbert Spencer, que « tous les arrangements qui tendent à supprimer toute différence entre le supérieur et l'inférieur sont des arrangements absolument opposés aux degrés de l'organisation et à l'avènement d'une vie plus haute [2] ». Nous sommes donc fondés à dire que la théorie de Darwin nous donne une conception de la nature et de l'histoire essentiellement aristocratique, antidémocratique, antisocialiste; au lieu de paix et d'harmonie, elle nous montre la lutte éternelle, le triomphe des mieux doués, des plus forts, elle justifie la croyance aux grands peuples et aux grands hommes, par lesquels le progrès s'accomplit dans le monde [3].

Les socialistes prétendent, au contraire, malgré

1. *Origine des espèces*, p. 182.

2. Cité par Gide, *Précis d'économie politique.*

3. Lorsque nous parlons des grands hommes, nous entendons ce mot au sens de l'élite célèbre ou *anonyme* Les célébrités historiques peuvent être contestées; ce qui ne peut l'être, croyons-nous, c'est que les perfectionnements les plus importants s'accomplissent par les races et les individus d'élite, c'est-à-dire par des minorités supérieures. Les socialistes prétendent établir que la civilisation est le résultat du *travail collectif*, et que dès lors la répartition devrait être aussi *collective*. Il convient de tempérer cette assertion en ajoutant que l'œuvre collective n'a progressé que par le travail intellectuel de cette *élite* qui a créé la science et ses applications.

Darwin lui-même, que le darwinisme conduit logiquement au socialisme, et voici comment ils déduisent leur thèse originale [1]. Le capitalisme, disent-ils, le monopole de la terre et des instruments de travail, nuisent, comme le reconnaît Darwin, au libre jeu de la concurrence vitale, car il en résulte des empêchements et des faveurs qui placent les capitalistes dans une condition plus avantageuse : les prolétaires, quelles que soient la force, l'intelligence, la hauteur d'âme de certains d'entre eux, ne peuvent lutter. Or, quoi qu'on dise, ce n'est pas là un bienfait; car, dans la société capitaliste, les plus puissants, c'est-à-dire les plus riches, sont souvent les plus incapables. Les lois civiles sur l'héritage donnent à des familles épuisées, dégénérées, un avantage artificiel sur les mieux doués, et vont contre la sélection naturelle et la sélection sexuelle. Le fils idiot ou scrofuleux d'un duc millionnaire voit s'ouvrir devant lui de meilleures perspectives, dans le combat pour l'existence, que tel fils d'ouvrier sain, robuste, intelligent. La société, avec ses monopoles, fait donc échec à la survivance du plus apte [2]. — Cela ne veut pas dire que le socialisme aspire à rétablir le libre jeu de la

1. *Neue Zeit*, n° 6. Résumé d'une conférence faite en Angleterre par M. Grant Allen.

2. La *Volkstribüne* de Berlin publie, d'après la *Fortnightly Review*, les dernières conversations de Darwin, recueillies par Alfred Russel Wallace. Darwin dans les derniers temps de sa vie, dit Wallace, s'est exprimé avec une profonde inquiétude sur l'avenir de l'humanité, « par cette raison que dans notre civilisation moderne la sélection naturelle ne peut s'exercer, et que ce n'est pas le plus capable qui survit. Ceux qui réussissent dans leur effort pour conquérir la richesse ne sont pas les meilleurs ni les plus intelligents, et c'est un fait généralement connu que notre population, à chaque génération, se renouvelle infiniment plus dans les basses classes que dans les classes moyennes et supérieures ». Le journal socialiste en tire un argument en faveur de sa cause, et contre la société actuelle.

concurrence vitale dans sa rudesse et sa bestialité primitives, bien loin de là : comme la civilisation, il prétend entraver la lutte pour l'existence, mais pour l'adoucir et la transformer. Elle ne sévit avec toute sa cruauté que dans les espèces inférieures, et dans l'humanité parmi les races sauvages et barbares. De même que, chez les insectes sociaux, tels que les abeilles, cette lutte s'exerce non d'individu à individu, mais d'essaim à essaim, dans l'humanité elle ne s'exerce pas d'homme à homme, — car il n'est pas permis de tuer son semblable, — mais de tribu à tribu, de nation à nation. Dans toute société organisée, la loi, l'ordre, la moralité, lui donnent une forme supérieure; il y a effort continuel pour redresser les inégalités de la nature. Pourtant cette lutte se continue encore chez les civilisés, sous forme de concurrence acharnée. Il appartiendra au socialisme de faire disparaître cette dernière forme du combat pour l'existence individuelle, de tirer l'homme de ces conditions animales pour le faire entrer dans l'humanité, de le délivrer de la nécessité qui l'oppresse « pour l'introduire dans le monde de la liberté ». Quand la famille humaine aura atteint le stade le plus élevé de son développement, la lutte pour l'existence deviendra lutte pour la prééminence et favorisera ainsi le progrès indéfini...

Quel abus de cette idée confuse, de ce mot si vague de progrès! théorie qui n'est strictement exacte que dans le sens de l'accumulation des connaissances humaines, des moyens d'action de l'homme sur la nature, mais qui, transportée dans le monde moral et appliquée aux individus, doit nous faire songer à tant de siècles nécessaires, à tant d'avortements et d'échecs, pour qu'une petite parcelle de bien s'ajoute au patrimoine de l'humanité. Erreur grossière, si l'on peut croire que le progrès de la volonté morale suive pas à pas celui de l'intelligence et de la science! Les bonnes et belles maximes ont été formulées dès l'origine de la civilisation : « Il ne manque, dit Pascal, que de les appliquer. » Ce n'est pas l'idée de progrès indéfini qui est vraiment scientifique, conforme à la réalité, c'est l'idée d'évolution, qui implique aussi décadence [1].

Considérez maintenant la superstition populaire du progrès chez les socialistes, par laquelle ils concilient Marx, Darwin et Condorcet.

Avant d'appliquer à la société humaine les lois économiques de Karl Marx, Bebel commence logiquement par l'améliorer suivant les lois de la *sélection*, déjà pratiquées à Lacédémone, bien que les termes darwiniens ne fussent pas inventés. Il crée une race d'hommes pur sang. Dans l'état socialiste, le vil intérêt d'argent ne présidant plus au mariage, les enfants naîtront doués comme le sont d'ordinaire les enfants de l'amour. Une fausse pudeur n'empêchera plus d'étudier les lois scientifiques de la génération. Le point capital de la question sociale, c'est le rapport de la population et des moyens de subsistance. Selon Malthus et Darwin, si l'accroissement de la population ne se restreint pas, il n'en résultera que lutte et misère; tous les efforts pour la prospérité sociale resteront sans résultat. Mais il y a encore bien des territoires à défricher, la chimie rendra assimilables de nouvelles substances nutritives. Enfin, la loi de Malthus est réfutée par ce fait que les peuples les plus riches, ceux où abondent les éléments

1. « Le progrès graduel vers la perfection, dit Huxley, dans ses *Sermons laïques*, p. 433, est si loin de faire nécessairement partie de la doctrine darwinienne, que cette doctrine nous semble parfaitement compatible avec la persistance indéfinie de l'être organique dans un même état, ou avec son recul graduel. »

de subsistance, sont ceux qui s'accroissent le moins. Rendez les hommes plus prospères, et ils auront moins d'enfants. Stuart Mill démontre que, dans l'état socialiste, le rapport de la population et de la nourriture serait mieux en équilibre que dans toute autre forme de société.

Une fois la race améliorée par la sélection, Bebel la perfectionne par l'éducation intégrale, universelle; il chasse du monde l'ignorance et la superstition. L'individualité de chacun se développera librement, toutes les vocations s'épanouiront au soleil. La foule inconnue des Goethe et des Léonard de Vinci, qui ne peut aujourd'hui se révéler faute d'instruction première, n'ira plus, comme dans l'idylle de Gray, dormir ignorée sous le gazon d'un cimetière de village. Plus de ces existences faussées et manquées qui pullulent aujourd'hui : tel professeur allemand serait bien plus apte à ressemeler de vieilles bottes, tel bottier enseignerait à merveille du haut de la chaire, s'il avait reçu seulement la préparation nécessaire.

Après la génération et l'éducation, la tâche de la société de l'avenir sera d'organiser le travail. Il deviendra obligatoire pour tous : ne l'est-il pas aujourd'hui pour l'immense majorité? La parole de l'apôtre : « Quiconque ne travaille pas ne doit pas manger », exprimera une vérité. Mais comment se feront, dans le paradis des socialistes, le choix des professions et le partage des produits? C'est là le point le plus épineux. Si on laisse les choix libres, tous les fainéants voudront être poètes; si les professions sont imposées, quelle tyrannie! — Mais, réplique Bebel, ne le sont-elles pas dans votre société bourgeoise? Tient-elle compte des vocations? Demande-t-on au citoyen s'il lui plaît d'être soldat? Nous rendrons le travail court, varié, agréable, productif. Le travail matériel ne nuira pas à l'œuvre intellectuelle : tel philosophe de l'antiquité n'a-t-il pas été portefaix, Spinoza, ouvrier opticien? Nous ferons disparaître toute distinction entre l'oisif et le laborieux, le frugal, le dissipateur et l'économe. Nous établirons si bien l'égalité, que l'industrieux recevra pour le même temps de travail autant que l'incapable : le talent cessera d'être un capital, car il est un don inné, celui qui le possède n'y a aucun mérite, il n'en est pas responsable... Mais on ne trouvera personne, objectez-vous, pour remplir les emplois répugnants. — Dans la société présente si imparfaite, manque-t-on jamais de volontaires pour les œuvres les moins attrayantes, les soins à donner aux malades des hôpitaux?

A plus forte raison dans la société future, où par l'abolition des classes, la fin de l'exploitation des faibles, l'égalité des conditions, toute trace d'égoïsme aura disparu, où l'on ne connaîtra ni le vol, ni l'envie, ni la convoitise. Chaque classe, présentement, a sa morale particulière; l'aristocratie pratique la casuistique des jésuites et des piétistes; la bourgeoisie, le rationalisme utilitaire de l'intérêt bien entendu; la morale des prolétaires, qui est celle de l'avenir, se fonde uniquement sur la solidarité et l'altruisme.

Si zélés qu'ils soient de se conformer à la science, les théoriciens du socialisme négligent, on le voit, la science la plus élémentaire, la psychologie positive. Elle nous enseigne que « selon les probabilités, l'amour pur du prochain, de l'humanité, de la patrie, n'entre pas pour un centième dans le total de la force qui produit les actions humaines [1] ». Ils ne tiennent pas compte de ce mobile et moteur premier, l'*intérêt personnel*, seul assez puissant pour vaincre l'inertie

1. Taine, *la Révolution*, p. 482.

naturelle à l'homme, et qui est à son activité « ce que la loi de la gravitation est aux corps célestes », — cause universelle, sans doute, de l'égoïsme et de la malice, mais aussi de tout ordre, de toute prudence, de tout zèle et de tout labeur. Ils ne comprennent pas que la société n'est que l'unité supérieure des individus qui la composent, que leurs imperfections forment son imperfection, et qu'en brisant en chacun le ressort individuel, on le détruit pour l'ensemble. Leur psychologie enfantine repose, en un mot, non sur la bassesse originelle, mais sur l'excellence native de l'homme, sur la toute-puissance de l'organisation sociale, pour substituer à l'égoïsme bourgeois l'enthousiasme des prolétaires à servir la société, cultiver le bien et le beau, conduire la société au plus parfait bonheur[1].

Il s'agira enfin de rendre ce bonheur général : « Pas de travail sans jouissance, pas de jouissance sans travail. » Bebel, comme en une vision éclairée aux feux de Bengale, nous laisse entrevoir les splendides ateliers, laboratoires, casinos de l'avenir, d'un luxe vraiment royal. Il y aura des musées jusque dans la campagne. Rien qui rappelle les mornes établissements communistes de la société actuelle, collège, couvent, caserne ou prison : l'organisation socialiste ressemblerait pourtant assez à celle des jésuites au Paraguay ou à la civilisation péruvienne, sous le règne des Incas. — C'est le capitalisme qui crée la servitude politique, militaire, économique. Dans la société affranchie, plus de soucis de fortune, de famille, d'avenir pour les enfants, dont l'État se charge. Le mariage sera métamorphosé en

1. « Crois-tu que le monde, reprit Bouvard, changera grâce aux théories d'un monsieur? » (Flaubert, *Bouvard et Pécuchet.*)

une liaison agréable et, s'il le faut, changeante. Au lieu de se morfondre dans le tête-à-tête du foyer conjugal, on vivra beaucoup plus de la vie de société. Assemblées, délassements, conférences, spectacles, ce qui n'est que le privilège des hautes classes deviendra le plaisir de tous.

Il n'est pas jusqu'à la mort même qui ne soit appelée à perdre son aiguillon. Les épidémies cessant, grâce aux progrès de l'hygiène, la fin au terme naturel sera de plus en plus la règle; et « délivré de cette idée assommante de l'immortalité personnelle », on s'éteindra sans souhaiter un *au-delà*, avec la certitude que l'on aura goûté le ciel sur la terre.

Hélas! il serait à craindre que dans ce paradis de l'avenir, si jamais il existait, le suicide par dégoût de vivre n'exerçât d'effrayants ravages; sans parler de cette inquiétude éternelle au cœur de l'homme, « retranchez le désir et la lutte, il n'y a plus qu'ennui dans la vie ». Un orgueil inné nous porte à chercher au-dessus de nous, à nous élever à un rang supérieur, à nous distinguer de nos semblables, à vaincre la fortune adverse; et de là naissent les joies les plus vives qu'il nous soit donné de sentir. « L'inégalité des richesses, dit Wells, semble à beaucoup constituer le plus grand des maux de la société; mais si grands que soient ces maux, ceux qui résulteraient de l'égalité des richesses seraient pires encore. Si chacun était content de sa situation, si chacun croyait ne pouvoir l'améliorer, le monde tomberait dans un état de torpeur. Or il est constitué de telle sorte qu'il ne peut rester stationnaire... Le mécontentement pour chacun de sa propre condition est le pouvoir moteur de tout progrès humain. »

Est-il besoin d'énoncer enfin ce *truism* que le bonheur est non affaire sociale, mais conquête individuelle, que les circonstances les plus-favorables en apparence ne le produisent pas toujours? Laissons à ce propos Liebknecht réfuter Bebel, et se réfuter lui-même. Dans ses agréables notes de voyage en Amérique [1], où il a laissé le socialiste sommeiller en lui, Liebknecht semble exprimer, par les lignes suivantes, moins une vérité banale qu'une expérience personnelle :

« *Le roi s'amuse*... Je ne sais si les rois s'amusent encore, j'en douterais presque, mais le peuple s'amuse, malgré la misère, les soucis, les privations. Là où il n'y a pas d'ombre, il n'y a pas non plus de lumière. La privation est le sel de la vie : quand elle ne tue pas, elle maintient jeune, frais, dispos, non jeune par les années, mais jeune par l'esprit, par le ressort, tandis que les heureux auxquels le combat pour l'existence est épargné tombent victimes de l'ennui, et pour la plupart ne sont jamais jeunes. La satiété ne peut jouir; la faim a ses pauses, durant lesquelles elle ressent la joie de vivre. »

Liebknecht, au congrès de Halle, a d'ailleurs écarté d'un geste dédaigneux tous ces rêves d'avenir : « Lorsque le parti encore jeune était à la science économique comme l'alchimie est à la chimie, on s'occupait beaucoup de la société de l'avenir, et comment on cirerait les bottes et on nettoierait les rues... Ce qui distingue le socialisme utopique, c'est qu'il oublie le présent pour songer à l'avenir... Ceux qui exigent qu'on leur dresse le plan de la société future devraient bien nous dire ce que sera l'Allemagne dans dix ans ou même l'année prochaine, ou dans huit jours... Ces questionneurs indiscrets sont comme ces vieilles

1. *Ein Blick in die neue Welt,* von Wilhelm Liebknecht. Stuttgart, 1887.

femmes curieuses qui fourrent le nez au trou de la serrure pour regarder dans les cabinets de Barbe-Bleue. » Liebknecht tourne en ridicule le roman socialiste de Bellamy, *Dans l'an 2000*. Il rappelle les rêveurs au froid positivisme de Marx et d'Engels, qui est pourtant la source de toutes ces utopies. Bebel lui-même a corrigé dans une récente édition les passages de son livre sur *la Femme* qui prêtaient trop à l'épigramme. Au lieu d'écrire des songes, il s'occupe maintenant de statistique, et dirige une vaste enquête sur les différentes professions de l'empire.

Mais combien de pauvres diables, sous la corvée abrutissante et la poussière des ateliers, dans la buée des cabarets, ou sur leurs grabats boiteux, au fond des ruelles obscures et fétides, rêvent d'un âge d'or qui luira quelque jour sur les foules misérables, et fera disparaître de la surface de la terre la pauvreté famélique! Ils y songent avec cette confiance et ce fanatisme sur lesquels le raisonnement ne mord plus, comme les premiers chrétiens se mettaient sur le pas de leurs portes pour attendre le retour du Messie.

VII. — CONCLUSION.

On ne saurait mieux marquer que ne l'a fait Liebknecht, au congrès de Halle, l'évolution la plus récente du parti de la démocratie sociale. Accueillie par les acclamations des délégués du parti, cette politique a été très diversement jugée au dehors. L'anarchiste Most, dans son journal la *Freiheit*, publié à Londres, accuse les chefs du parti de renier honteusement son caractère révolutionnaire, de l'avoir transformé depuis 1870 en un parti opportuniste... Au nom des libéraux allemands, M. Richter tire avantage de cette absence momentanée de programme, comme signe manifeste de l'impuissance du socialisme, « quand il est obligé de sortir du nuage de ses vagues promesses, et de nous donner une image de la vie et de la constitution de l'état futur ». La critique des maux présents est assurément plus aisée. Enfin des économistes favorables à la réforme sociale, M. Brentano, M. Adler, considèrent au contraire que le peu d'importance attribué au programme est un symptôme excellent. Voici, disent-ils, une ancienne secte révolutionnaire, qui en appelle maintenant à la lente évolution de l'avenir, qui se transforme dans la société actuelle en un parti poursuivant des réformes pratiques ne différant pas beaucoup du socialisme d'État, qui, tout en jetant le gant aux autres classes et à leurs représentants politiques, consent à travailler avec eux à ces réformes, qui organise les corps de métiers. Tout cela leur semble fort opposé aux doctrines extrêmes de la révolution sociale.

Mais c'est atteindre en quelque sorte les socialistes allemands dans leur honneur que de leur refuser le titre de révolutionnaires. Aussi ont-ils protesté énergiquement. Parce qu'ils font passer au premier plan l'agitation politique, pratique, parlementaire, et qu'ils répudient absolument l'anarchisme comme le pire ennemi du socialisme, il ne s'ensuit pas que le parti soit devenu possibiliste, c'est-à-dire bornant ses exigences à de simples réformes. Les marxistes sont aussi bien en querelle réglée avec le possibilisme qu'avec l'anarchisme. Le possibilisme est partout en décadence, en France depuis la mort de Joffrin, en Angleterre où les *trades unions* viennent de donner, dans leur dernière assemblée, la majorité aux sectateurs de Marx. Le parti s'efforce en Allemagne d'éviter un double écueil : « ou bien ne faire que de la propagande de principes, et tomber dans la rhétorique radicale du prêcheur dans le désert : ou bien, s'emmarécager dans le possibilisme, en exagérant les petits progrès, et en niant le but final. »

Ce but final, nous venons de le voir, est la négation absolue et le renversement de tout l'ordre actuel. Parmi les chefs, les plus exaltés, tels que Bebel, le croient prochain; les plus réfléchis, tels que Liebknecht, estiment qu'il faudra des siècles (disons des *cycles*) pour l'atteindre. Mais la réforme politique s'est bien effectuée, pourquoi la réforme sociale ne s'accomplirait-elle pas? « Pense-t-on qu'après avoir détruit la féodalité et vaincu les rois, la démocratie reculera devant les bourgeois et les riches? s'arrêtera-t-elle maintenant qu'elle est devenue si forte et ses adversaires si faibles [1]? »

Le but immédiat des socialistes allemands, et en cela ils prétendent donner au monde entier le modèle de la propagande communiste internationale, c'est de remédier tout d'abord aux souffrances les plus criantes des classes ouvrières; d'améliorer autant que possible leur situation; d'organiser les ouvriers comme une classe distincte et une armée disciplinée, en ces temps d'ébranlement politique, d'instabilité économique et de confusion générale; d'entretenir au sein des foules une source inépuisable de mécontentement, en agissant sur les grands ressorts du besoin et de la colère; de ruiner en elles toute croyance, tout respect d'une autorité religieuse, politique ou sociale, de faire disparaître à jamais les habitudes séculaires de subordination hiérarchique du grand nombre au petit nombre; de rendre de plus en plus tendus, de plus en plus difficiles et exigeants les rapports du travail et du capital jusqu'au jour où ils deviendront intenables, —

1. Tocqueville, *de la Démocratie en Amérique.*

de préparer enfin la classe ouvrière pour le moment fatal, selon eux, où l'évolution ploutocratique, qui divise de plus en plus la société en deux classes, une infime minorité de riches toujours plus riches et une masse toujours croissante de prolétaires, sera près d'arriver à son terme, où il faudra bien à la fin exproprier les expropriateurs et élever la société collective sur les ruines de la société privée...

Quelle est maintenant la portée du mouvement socialiste en Allemagne? La force élémentaire des intérêts économiques passe aujourd'hui au premier plan, et relègue dans l'ombre toutes les querelles politiques, parlementaires, libérales, des autres partis. Les intérêts divergents des classes, le conflit entre ceux qui possèdent et ne possèdent pas prend de plus en plus d'importance. La question est de savoir si le socialisme révolutionnaire sera enrayé par la réforme sociale, par le socialisme d'État, si les violents parviendront à l'emporter sur les modérés, si ce mal chronique, où certains affectent de ne voir qu'une maladie de jeunesse et de croissance pour l'empire allemand, aboutira à la crise aiguë, comme en France aux journées de Juin et à la Commune. L'abcès étant mûr, il n'y aurait plus qu'à enfoncer d'une main hardie le fer dans la plaie... C'était la politique du prince de Bismarck.

D'autres signalent ce mouvement qui dépasse les frontières de l'Allemagne, va au cœur des ouvriers de tous les pays et refond leur esprit, comme l'avènement d'une ère nouvelle. Nous nous trouvons, pensent-ils, à un des grands tournants de l'histoire [1] : —

1. C'est l'opinion de M. Gabriel Monod, exprimée dans le même sens par M. Hinzpeter. « Il est évident, écrit M. Monod, même aux yeux des moins clairvoyants, que nous sommes à la veille de changements politiques et sociaux aussi graves

« N'oubliez pas, écrivait M. Hinzpeter, en tête d'un ouvrage destiné à son royal élève Guillaume II, que nous vivons à une époque de crise et de transition comme a été la réforme, ou même avant, le christianisme, c'est-à-dire à une époque où les bases du sentiment, de la pensée et de l'action sont ébranlées; entre la science d'une part et la foi ancienne perdue, et la foi nouvelle qui n'est pas née, les hommes restent sans réponse sur le sens de la vie : il faut en trouver une. » C'est cette réponse que le socialisme, unissant les basses classes en une foi commune, prétend avoir trouvée dans le combat contre la misère et l'ignorance, et qu'il se fait fort d'imposer au monde.

Les pessimistes enfin, comme épilogue à la gigantesque lutte que préparent les armements immenses, nous annoncent pour le XXe siècle la bataille sociale des masses contre les classes, la dernière guerre, selon Bebel, mais telle que le monde n'en aura jamais vu de semblable; puis une organisation de la société où l'individu sera absorbé par l'État, soumis à l'*esclavage futur* que prédit M. Herbert Spencer. Entre la société du passé et celle de l'avenir, nous aurons joui d'une liberté que nos pères ne possédaient pas, que nos descendants ne connaîtront plus.

Si obscures que paraissent les destinées, et si incertaines les prophéties, cet avenir, on peut l'affirmer, ne

que ceux qui se sont produits au Ve siècle après Jésus-Christ, et que le XXe siècle marquera dans l'histoire non seulement une période, mais une ère nouvelle. » D'après lui, les transformations qui se préparent ont un aspect infiniment redoutable. Qui nous dit que la monarchie moderne, que nous voyons disparaître sous nos yeux, ne fera pas place à un état d'anarchie et que l'humanité civilisée n'aura pas à entreprendre un cycle analogue à celui qui a succédé aux monarchies antiques, lesquelles ont fini également par l'anarchie? — *Revue historique*, mai, juin 1890.

ressemblera guère aux plans des utopistes et réformateurs contemporains; le socialisme aura beau modifier l'ordre des choses, il ne changera point de fond en comble la nature humaine. Après dix-huit siècles, avec toutes les forces morales et matérielles dont il disposait, le christianisme y a échoué : il a sans doute répandu des sentiments de pureté et de charité, il a pu réaliser son idéal dans ses communautés distinctes, mais, au lieu de refondre la société à son image, il s'est transformé à l'image de la société, c'est le sens clair de son histoire; et, de fait, ne voyons-nous pas aujourd'hui le pape qui dirige la barque de Pierre, orienter sa voile du côté d'où souffle le vent? Il en sera de même du socialisme. Déjà sa courte histoire en Allemagne, telle que nous venons de l'esquisser, nous montre le parti, à mesure qu'il s'est développé, s'adaptant de plus en plus aux circonstances de l'empire : il ne continuera à s'étendre qu'à la condition de se mouler sur l'esprit général et les besoins de chaque peuple. C'est là, croyons-nous, la conclusion qu'on peut tirer de cette étude.

CHAPITRE III

L'ORGANISATION ET LE PROGRAMME

Nous donnons d'abord, à titre de document, le programme de Gotha, qui a résumé, de 1875 à 1890, les exigences du parti démocrate socialiste allemand :

Programme du parti socialiste ouvrier d'Allemagne.

(Mai 1875.)

I. « Le travail est la source de toute richesse et de toute civilisation, et comme un travail profitable à tous n'est possible que par la société, c'est à la société, c'est-à-dire à tous ses membres que doit appartenir le produit général du travail, avec obligation pour tous de travailler, et avec un droit égal pour chacun de recueillir de ce fruit du travail commun la part nécessaire à la satisfaction de ses besoins raisonnables.

« Dans la société actuelle, les instruments de travail sont le monopole de la classe capitaliste; la dépendance forcée qui en résulte pour la classe ouvrière est la cause de la misère et de la servitude sous toutes ses formes.

« L'affranchissement du travail exige la transmission

des instruments de travail à la société tout entière et le règlement collectif de l'ensemble du travail, avec l'emploi du produit du travail conforme à l'utilité générale, et selon une juste répartition.

« L'affranchissement du travail doit être l'œuvre de la classe ouvrière, en face de laquelle toutes les autres classes ne forment qu'une masse réactionnaire.

II. « Partant de ces principes, le parti ouvrier socialiste d'Allemagne s'efforce de constituer par tous les moyens légaux[1] l'État libre et la société socialiste, de briser la loi d'airain du salaire par la suppression du système du salariat, de faire cesser l'exploitation sous toutes ses formes, d'écarter toute inégalité politique et sociale.

« Le parti socialiste ouvrier d'Allemagne, bien qu'agissant tout d'abord dans le cadre national, a conscience du caractère international du mouvement ouvrier, et est résolu à remplir tous les devoirs qu'il impose aux ouvriers, pour que la fraternité entre tous les hommes devienne une vérité.

« Le parti socialiste ouvrier d'Allemagne, pour préparer les voies à la solution de la question sociale revendique la fondation d'associations productives socialistes, avec le secours de l'État, sous le contrôle démocratique du peuple ouvrier. Les associations productives concernant l'industrie et l'agriculture devront prendre assez d'extension pour qu'il en résulte l'organisation socialiste du travail collectif.

1. *Par tous les moyens légaux*, ce membre de phrase avait été rayé du programme au congrès de Wyden en 1880, en réponse aux mesures d'exception dont les socialistes étaient les victimes pendant la durée de la loi dirigée contre eux.

« Le parti socialiste ouvrier d'Allemagne demande comme fondements de l'État :

1° Le droit de vote et d'élection universel, égal, direct, avec l'obligation de voter et le secret du vote pour tous les citoyens de l'État à partir de la vingtième année, dans toutes les élections de l'État et de la commune. Le jour de vote ou d'élection doit être un dimanche ou un jour férié.

2° Législation directe par le peuple. Décision sur la paix ou la guerre par le peuple.

3° Service militaire universel. Milice au lieu de l'armée permanente.

4° Suppression de toutes les lois d'exception, principalement de toutes les lois de presse, de réunion, d'association; en général de toutes les lois qui limitent la libre expression des opinions, la libre pensée et la libre recherche.

5° Juridiction par le peuple. Justice gratuite.

6° Éducation générale et égale du peuple par l'État. École obligatoire pour tous. Instruction gratuite dans toutes les écoles. La religion déclarée une affaire privée.

« Le parti socialiste ouvrier d'Allemagne demande dans le cadre de la société actuelle :

1° Une extension aussi large que possible des droits et des libertés politiques dans le sens des exigences ci-dessus énoncées.

2° Un seul impôt progressif sur le revenu pour l'État et la commune, au lieu de tous les impôts indirects existants, surtout de ceux qui pèsent particulièrement sur le peuple.

3° Le droit de coalition sans limites.

4° La fixation de la journée de travail normal correspondant aux besoins de la société. L'interdiction du travail du dimanche.

5° L'interdiction du travail des enfants, et de tout travail des femmes pouvant nuire à la santé et à la moralité.

6° Des lois protectrices de la vie et de la santé des ouvriers. Un contrôle sanitaire des habitations d'ouvriers. Une surveillance des mines, de l'industrie des fabriques, des ateliers et de l'industrie domiciliaire par des employés nommés par les ouvriers ; une loi pénale sur la responsabilité des patrons.

7° Règlement du travail des prisons.

8° Libre administration de toutes les caisses ouvrières d'administration et de secours. »

Le programme de Gotha se compose, on le voit, de trois parties : une déclaration de principes collectivistes, et comme une esquisse rapide de la société de l'avenir; puis les fondements d'organisation politique exigés pour l'État socialiste, sorte de mosaïque empruntée aux programmes de la démocratie radicale; enfin les exigences de protection du travail au sein de la société actuelle, que le gouvernement a pris en partie en considération, et qui ont amené des réformes utiles.

De ce programme, comme le remarque Adler, date la victoire des théories et des principes de Marx dans le mouvement ouvrier d'Allemagne. Mais le programme de Gotha portait encore trop les traces des théories et des formules de Lassalle. On a publié récemment [1] la critique que Marx avait formulée sur ce programme, qu'il désapprouvait à cause de cette confusion et de ce mélange de doctrines.

Au congrès de Halle, en 1890, le programme de Gotha, critiqué par Liebknecht a été déclaré insuffisant. Un nouveau programme vient d'être fixé au congrès d'Erfurt après que le parti disloqué par la loi contre les socialistes a été réorganisé au congrès de Halle.

1. *Zur Kritik des sozialdemokratischen Parteiprogramms*, tiré des papiers de Karl Marx. *Neue Zeit*, n° 18, 1890-1891.

Organisation du parti démocrate socialiste allemand fixée au congrès de Halle.

(Octobre 1890.)

§ 1. Est considérée comme appartenant au parti toute personne qui fait adhésion aux principes du programme du parti, et qui soutient le parti selon ses forces.

§ 2. Ne peut appartenir au parti [1] quiconque s'est rendu coupable d'une grosse faute contre les principes du programme du parti ou d'actes contraires à l'honneur. Ce sont les membres [2] du parti, dans chaque localité ou circonscription électorale du Reichstag, qui décident sur le fait d'appartenir au parti.

« Celui qui est atteint par ces décisions peut faire appel devant le comité directeur et le congrès.

HOMMES DE CONFIANCE.

§ 3. Les membres du parti dans chaque circonscription électorale du Reichstag élisent dans des réunions publiques un ou plusieurs hommes de confiance, destinés à se tenir au courant des intérêts du parti. Le mode d'élection de ces hommes de confiance est affaire des compagnons de chaque circonscription.

§ 4. L'élection des hommes de confiance a lieu chaque année en annexe au congrès qui a précédé. Les hommes de confiance doivent aussitôt faire part de leur élection et de leur adresse exacte au comité directeur.

1. « Quiconque, a dit le député Singer, un des deux présidents du comité directeur, ne se subordonne pas à l'ensemble, n'appartient pas à notre parti. »

2. Membres du parti, *Genossen*, compagnons.

§ 5. Si un homme de confiance se retire, ou si de façon ou d'autre une vacance se produit, les membres du parti doivent sans délai procéder à une nouvelle élection, et en faire part, comme il est dit au § 4, au comité directeur.

§ 6. Dans chaque État où les lois particulières empêchent de remplir les prescriptions des paragraphes précédents, les membres du parti ont à prendre des dispositions conformes aux circonstances locales.

CONGRÈS.

§ 7. Chaque année se tient un congrès du parti convoqué par le comité directeur. Si le congrès précédent n'a pris aucune décision sur le lieu où doit se tenir le prochain congrès, le comité directeur s'entendra à ce sujet avec les députés du parti au Reichstag.

§ 8. La convocation du congrès doit se produire au plus tard 4 semaines avant le terme fixé pour la réunion de ses membres, par l'intermédiaire de l'organe officiel du parti, qui publiera en même temps l'ordre du jour provisoire. L'invitation à la réunion du Congrès doit être répétée au moins trois fois à intervalles appropriés. Les membres du parti doivent faire parvenir leurs propositions concernant l'ordre du jour du congrès au comité directeur, qui les fera connaître dans l'organe officiel au plus tard dix jours avant l'ouverture du congrès.

§ 9. Le congrès forme la représentation supérieure du parti. Ont droit d'y prendre part :

1° Les délégués du parti nommés par chaque circonscription électorale, avec cette restriction que, selon la règle, aucune circonscription ne peut être représentée par plus de trois personnes.

« Dans le cas où il n'y aurait pas de femmes parmi les

représentants élus de chaque circonscription, des femmes pourraient être nommées déléguées, dans des assemblées spéciales composées de femmes.

2° Les membres de la fraction du Reichstag [1].

3° Les membres du comité directeur.

« Les membres de la fraction du Reichstag et du comité directeur n'ont que voix consultative dans toutes les questions concernant la direction parlementaire et l'administration du parti. Le congrès vérifie les pouvoirs de ses membres, nomme ses directeurs, et fixe son ordre du jour.

§ 10. Le congrès a pour mission :

1° D'entendre le comité directeur lui rendre compte de sa gestion, et les députés de leur action parlementaire ;

2° De fixer le lieu où doit siéger le comité directeur;

3° D'élire le comité directeur;

4° De prendre des décisions concernant l'organisation du parti et tout ce qui touche à la vie du parti;

5° De prendre des décisions sur les propositions qui lui sont soumises.

§ 11. Un congrès extraordinaire peut être convoqué :

1° Par le comité directeur ;

2° Sur la proposition de la fraction du Reichstag;

3° Sur la proposition de quinze circonscriptions électorales au moins.

« Au cas où le comité directeur refuserait de donner suite à une proposition de convoquer un congrès extraordinaire, c'est à la fraction du Reichstag à faire cette convocation. On choisira pour lieu de réunion d'un congrès régulier l'endroit géographiquement le plus favorable.

1. On appelle la *fraction* les députés démocrates socialistes qui siègent au Reichstag.

§ 12. La convocation du congrès extraordinaire aura lieu quatorze jours au plus tard avant le terme fixé pour sa réunion par l'organe officiel du parti, après trois insertions successives de la convocation et de l'ordre du jour. Les propositions des membres du parti seront publiées au plus tard sept jours avant la réunion du congrès dans l'organe officiel. Les autres dispositions en vigueur pour le congrès ordinaire s'appliqueront au congrès extraordinaire (§ 8-10).

COMITÉ DIRECTEUR.

§ 13. Le comité directeur se compose de douze personnes, à savoir deux présidents, deux secrétaires, un caissier et sept contrôleurs. C'est le congrès qui nomme les membres du comité directeur, au moyen de bulletins de vote. Après l'élection le comité directeur procède à sa constitution et la fait connaître dans l'organe officiel du parti. Le comité directeur dispose comme il le juge convenable des ressources pécuniaires en caisse.

§ 14. Les membres du comité directeur peuvent recevoir un traitement pour leurs services actifs. Le montant en sera fixé par le congrès.

§ 15. Le comité directeur expédie les affaires du parti, contrôle au point de vue des principes l'attitude des journaux du parti, convoque les congrès et leur rend compte de sa gestion.

§ 16. Si un des présidents, des secrétaires, ou si le caissier venaient à faire défaut, cette vacance serait comblée par une nouvelle élection dont seraient chargés les contrôleurs.

ORGANE DU PARTI.

§ 17. Le journal le *Berliner Volksblatt* est désigné comme organe officiel du parti. A partir du 1er janvier 1891 il prendra le titre de :

Vorwaerts [1],
Berliner Volksblatt.

Organe central du parti démocrate socialiste d'Allemagne.

« Toutes les notifications officielles devront être mises en évidence à la première page de rédaction.

CHANGEMENT D'ORGANISATION.

§ 18. Les changements dans l'organisation du parti ne peuvent être pris en considération que par un congrès ; il faut en outre que la majorité absolue des délégués présents se prononce en ce sens. Des propositions visant à changer l'organisation ne peuvent être discutées que si elles sont parvenues à la connaissance officielle des membres du parti dans les délais que prescrivent les §§ 7 et 11. On ne pourra s'écarter de cette dernière prescription que si les trois quarts au moins des délégués présents à un congrès se décident en faveur de cette exception à la règle. »

1. *Vorwaerts. En avant!*

Le nouveau programme du parti démocrate socialiste d'Allemagne, fixé au Congrès d'Erfurt.

(Octobre 1891.)

« Le développement économique de la société bourgeoise conduit nécessairement à la ruine de la petite industrie, qui a pour fondement la propriété privée que possède l'ouvrier de ses moyens de production. Il sépare l'ouvrier de ses moyens de production, et le transforme en un prolétaire ne possédant rien, par ce fait que les moyens de production deviennent le monopole d'un nombre relativement restreint de capitalistes et de grands propriétaires du sol.

« Au fur et à mesure que les moyens de production tendent à se monopoliser, les grandes industries agglomérées délogent les petites industries éparses; l'outil se transforme en machine; la productivité du travail humain s'accroît dans des proportions gigantesques. Mais tous les avantages de cette transformation sont monopolisés par les capitalistes et les grands propriétaires du sol. Pour le prolétariat et pour les couches intermédiaires sur la pente de la ruine, — petits bourgeois, paysans, — cette évolution signifie l'augmentation croissante de l'insécurité de leur existence, de la misère, de l'oppression, de la servitude, de l'humiliation, de l'exploitation.

« Toujours plus grand devient le nombre des prolétaires, toujours plus considérable l'armée des ouvriers superflus, toujours plus âpre l'opposition entre exploiteurs et exploités, toujours plus exaspéré le combat de classes entre la bourgeoisie et le prolétariat, qui sépare la société moderne en deux camps hostiles, et qui est le caractère commun de tous les pays industriels.

« L'abime entre ceux qui possèdent et ceux qui ne

possèdent pas est encore élargi par les crises qui tiennent à la nature même du mode de production capitaliste; elles deviennent toujours plus vastes et exercent de plus grands ravages, elles font de l'insécurité générale l'état normal de la société, et elles fournissent la preuve que les forces productives de la société actuelle sont devenues trop grandes, que la propriété privée des moyens de production est devenue inconciliable avec l'application régulière de ces forces et leur plein développement.

« La propriété privée des moyens de travail, qui servait autrefois à assurer la propriété du fruit de son labeur à celui qui produit, sert aujourd'hui à exproprier paysans, manœuvres et petits commerçants, et à mettre ceux qui ne travaillent pas — capitalistes, grands propriétaires du sol — en possession du produit des ouvriers. Il n'y a que la transformation de la propriété privée capitaliste des moyens de production — sol, mines, matières premières, outils, machines, moyens de transport — en propriété collective, et la transformation de la production des marchandises en production effectuée pour et par la société, qui puisse faire que la grande industrie et la capacité croissante de rapport du travail collectif, au lieu d'être pour les classes jusqu'ici exploitées une source de misère et d'oppression, devienne une source du plus grand bien-être, et d'un perfectionnement harmonique et universel.

« Cette transformation sociale signifie l'affranchissement non pas seulement de la classe ouvrière, mais de l'ensemble de l'espèce humaine qui souffre sous les circonstances actuelles. Mais cet affranchissement ne peut être que l'œuvre de la classe ouvrière, parce que toutes les autres classes, malgré les querelles d'intérêts qui les divisent, reposent sur la propriété privée des moyens de production et ont pour but commun le maintien des fondements de la société actuelle.

« Le combat de la classe ouvrière contre l'exploitation capitaliste est nécessairement un combat politique. La classe ouvrière ne peut livrer ses combats économiques et développer son organisation économique sans droits politiques. Elle ne peut réaliser la transition des moyens de production en propriété collective sans avoir pris possession de la puissance politique.

« Donner à ce combat de la classe ouvrière l'unité et la conscience du but poursuivi, montrer aux ouvriers que ce but est une nécessité naturelle, — telle est la tâche du parti démocrate socialiste.

« Les intérêts de la classe ouvrière sont les mêmes dans tous les pays où règne le mode de production capitaliste. Avec l'extension du commerce universel, de la production pour le marché universel, la situation des ouvriers de chaque pays est toujours plus dépendante de la situation des ouvriers dans les autres pays. L'affranchissement de la classe ouvrière est par conséquent une œuvre à laquelle les ouvriers de tous les pays civilisés participent également. Dans cette conviction, le parti démocrate socialiste d'Allemagne se déclare d'accord avec les ouvriers de tous les autres pays qui ont conscience de leur classe.

« Le parti démocrate socialiste d'Allemagne ne combat donc pas pour de nouveaux privilèges de classes, mais pour abolir la domination des classes et les classes elles-mêmes, et pour établir les droits égaux et les devoirs égaux de tous, sans distinction de sexe et d'origine. Partant de ces idées, il combat dans la société actuelle non seulement l'exploitation et l'oppression des ouvriers salariés, mais toute sorte d'exploitation et d'oppression, qu'elle soit dirigée contre une classe, un parti, une famille ou une race.

« Partant de ces principes, le parti démocrate socialiste revendique tout d'abord :

1° Le suffrage universel égal, direct et le scrutin secret, pour tous les membres de l'empire âgés de plus de vingt ans, sans distinction du sexe, dans toutes les élections et tous les votes. Système de la représentation proportionnelle, et jusqu'à ce qu'il soit introduit, nouveau remaniement légal des circonscriptions électorales, après chaque recensement. Périodes législatives d'une durée de deux ans. Jours de vote et d'élections fixés un jour de repos légal. Indemnité pour les représentants élus. Suppression de toute limite des droits politiques, sauf aux personnes sous tutelle.

2° Législation directe par le peuple au moyen du droit d'initiative et de veto. Autonomie administrative du peuple dans l'empire, l'État, la province et la commune. Election des fonctionnaires par le peuple, leur responsabilité pénale. Vote annuel des impôts.

3° Education pour le service universel. Milice au lieu d'armée permanente. Décision sur la paix et la guerre par les représentants élus du peuple. Arrangement de toutes les querelles internationales par voie d'arbitrage.

4° Abolition de toutes les lois qui bornent et oppriment la libre expression de l'opinion et le droit d'association et de réunion.

5° Abolition de toutes les lois qui, au point de vue du droit public et privé, subordonnent la femme à l'homme.

6° Religion déclarée affaire privée. Abolition de toutes dépenses au moyen des fonds publics, ayant un objet ecclésiastique et religieux. Les communautés religieuses et ecclésiastiques doivent être considérées comme des associations privées qui s'administrent et s'organisent en pleine indépendance.

7° Sécularisation de l'école. Fréquentation obligatoire des écoles populaires publiques. Gratuité de l'enseignement, des moyens d'instruction et d'entretien dans les écoles publiques populaires, ainsi que dans les établissements d'instruction supérieure, pour ceux d'entre les écoliers et les écolières qui, en vertu de leurs capacités, sont jugés propres à recevoir une instruction plus élevée.

8° Gratuité de la justice et de l'assistance judiciaire. Justice rendue par des juges soumis à l'élection populaire. Appel en matière pénale. Dédommagement aux accusés, aux personnes arrêtées et aux condamnés reconnus innocents. Abolition de la peine de mort.

9° Gratuité de l'assistance médicale, y compris les accouchements et les remèdes. Gratuité des enterrements.

10° Impôt progressif sur le revenu et la fortune, pour couvrir toutes les dépenses publiques, autant qu'elles peuvent être couvertes par des impôts. Obligation de déclarer ce qu'on possède. Impôt progressif sur les successions, d'après l'importance de l'héritage et d'après le degré de parenté. Abolition de tous les impôts indirects, douanes et autres mesures économiques, qui sacrifient les intérêts de la communauté aux intérêts d'une minorité privilégiée.

« Pour la protection de la classe ouvrière le parti démocrate socialiste d'Allemagne revendique tout d'abord :

1° Une législation protectrice du travail efficace, nationale et internationale, sur les bases suivantes :

a. Fixation d'une journée de travail normale, fixée à huit heures au maximum.

b. Interdiction du travail industriel pour les enfants au-dessous de quatorze ans.

c. Interdiction du travail de nuit, sauf pour les branches d'industrie qui, par leur nature, soit pour des raisons techniques, soit pour des raisons de bien-être général, exigent le travail de nuit.

d. Un intervalle de repos ininterrompu, d'au moins trente-six heures, une fois par semaine, pour chaque ouvrier.

e. Interdiction du truck-système.

2° Surveillance de toutes les exploitations industrielles, règlement des conditions du travail à la ville et dans la campagne par un office impérial de travail, des offices de travail de district, et des chambres de travail. Hygiène industrielle sévèrement appliquée.

3° Même situation légale pour les ouvriers de l'agriculture et les domestiques que pour les ouvriers de l'industrie; suppression de la réglementation concernant les domestiques.

4° Le droit de coalition assuré.

5° L'assurance ouvrière tout entière à la charge de l'empire, avec une participation déterminante des ouvriers à l'administration. »

I. — COMMENTAIRE DU PROGRAMME D'ERFURT.

Le programme d'Erfurt est le cinquième programme de la démocratie socialiste depuis 1863, c'est-à-dire depuis vingt-huit ans. Le parti éprouve donc une certaine difficulté à trouver à ses revendications une formule claire et définitive. Assurément les exigences pratiques doivent varier avec la législation même qui règle l'organisation politique et la protection du travail; mais les exigences théoriques, celles qui révèlent le caractère général et les derniers buts du parti, devraient, semble-t-il, conserver plus de fixité... Selon les vraisemblances, le nouveau programme ne durera guère plus longtemps que les anciens.

Il marque la victoire définitive des doctrines collectivistes de Marx sur les idées plus modérées de Lassalle. Dans la grande « salle impériale » où s'est tenu le congrès d'Erfurt, au milieu des emblèmes rouges, du tapis de table rouge, et des toilettes rouges de quelques dames déléguées, le buste de Lassalle faisait, il est vrai, pendant au buste de Marx ; la devise lassallienne : *Les ouvriers sont la pierre sur laquelle l'église du présent doit être bâtie*, alternait avec la devise marxiste : *Prolétaires de tous les pays, unissez-vous!* Mais les derniers restes des théories économiques de Lassalle, la *loi d'airain*, les *associations productives avec le secours de l'État*, qui figuraient sur le programme de Gotha, ont disparu de celui d'Erfurt, œuvre des purs sectateurs de Marx.

Comme le programme de Gotha, le programme d'Erfurt se divise en deux parties : il expose d'abord la nature du mouvement socialiste et les fins qu'il poursuit, et ensuite les exigences qui en découlent dans le présent, au sein de la société actuelle.

A. *Partie générale du programme.*

Un programme doit être nécessairement court. Pour comprendre, dans sa brièveté, la profession de foi mise en tête du programme d'Erfurt, il faut préalablement avoir appris à penser d'une façon socialiste, être initié à la critique de l'État actuel, aux mots d'ordre du parti, aux remèdes proposés, aux théories économiques de Marx et de Engels, telles qu'on les trouve exposées dans *le Capital*, le *Manifeste de 1847*, et leurs autres brochures [1] : *séparation de la société en deux classes, exploiteurs et exploités, par suite du développement de la grande industrie, et du monopole des instruments de production entre les mains de ceux qui ne travaillent pas* [2]*; paupérisme et mammonisme, prolétarisation des masses toujours croissante* [3], *armée de réserve industrielle, crises pléthoriques, anarchie de production, etc....*

Après la critique de la société capitaliste, le nouveau programme indique le remède : *expropriation des expropriateurs, la propriété privée transformée en propriété collective.....* Les exigences sur ce point sont plus marquées que jamais. Le nouveau programme est même plus explicite que l'ancien, il précise et énumère, il exige la transformation du sol en bien commun de la société, selon les idées de Henry George.

Mais comment s'opérera la transition de la propriété privée à la propriété collective, de la production capitaliste à la production socialiste? Comment sera organisée la société [4] de l'avenir? Ici le nouveau programme

1. Voir plus haut la *doctrine économique*, p. 64 et suivantes.

2. Il y a là un sophisme, car si la grande industrie ôte à l'ouvrier ses moyens de production elle ne lui ôte pas ses salaires, elle les augmente plutôt. Or l'ouvrier de la petite industrie ne pouvait acquérir les moyens de production qu'avec ses économies, et l'ouvrier de la grande industrie reste libre d'employer les siennes ailleurs. Il ne lui est donc pas impossible de posséder.

3. Inexact en France, où le prolétariat agricole diminue.

4. On remarquera que dans le nouveau programme il n'est plus question de l'*État*, mais uniquement de la *Société*. Marx et Engels, nous l'avons plusieurs fois noté, n'ont cessé de s'élever contre le culte superstitieux de l'État que Lassalle avait emprunté à la philosophie de Hegel, le théoricien de l'État prussien. Marx parle avec le plus profond dédain de cette « idée mystique de l'État » qui a trouvé sa réalisation dans la bureaucratie prussienne, de cette « foi servile dans les miracles que peut accomplir l'Etat » — (comme s'il ne fallait pas une foi non

est encore plus sobre de détails que l'ancien, d'après lequel il y aura *obligation pour tous de travailler, avec un droit égal pour chacun à recueillir de ce fruit du travail commun ce qu'il faut pour satisfaire ses besoins raisonnables.* Le programme d'Erfurt ne contient aucune allusion au règlement du travail collectif, et à la distribution du produit de ce travail : il se tait sur la question de savoir si le temps de travail sera le même pour tous, et si la part revenant à chacun comme résultat du travail commun sera pareillement égale pour tous, ce qui serait essentiel à connaître. Il parle seulement *des droits et des devoirs égaux de chacun*, sans distinction du sexe et de la naissance. Voilà qui ne satisfait guère notre curiosité. « Nous ne faisons, disent les théoriciens du parti, qu'indiquer les tendances vers la société future; nous ne pouvons en

moins aveugle pour croire aux merveilles de la société collectiviste). Cette soigneuse élimination du mot *État* de leur programme vient de ce que les socialistes marxistes tiennent à bien marquer qu'ils n'ont rien de commun avec les socialistes de gouvernement : la démocratie socialiste est la négation absolue de l'État tel qu'il existe, elle accomplira une transformation d'une inconcevable portée. De là leur distinction entre la société et l'État, qui est une pure chinoiserie.... L'État, disent-ils, a été organisé par les classes qui possèdent pour protéger la propriété privée, par les classes dominantes pour assurer leur domination : il est donc destiné à disparaître avec elles. Ils prétendent bien s'emparer de l'État mais c'est pour l'abolir, une fois que la société collectiviste sera établie. Comme d'autre part la société collectiviste exigerait évidemment la contrainte universelle, les socialistes suppriment l'État au moment où il devient plus indispensable que jamais.

« En réalité la *Société* sans *État*, idéal des socialistes, c'est-à-dire la *Communauté sans Organisation*, n'existe que chez les peuplades sauvages, et n'empêche point la domination des castes et l'esclavage. Une société sans classes, sans opposition d'intérêts ne s'est pas encore vue dans le monde et ne se verra jamais, car chaque homme n'est qu'intérêt personnel et désirs personnels... » (*Allgemeine Zeitung* du 31 juillet 1891.)

préciser les formes, parce qu'elles seront déterminées par l'évolution économique, à la suite de modes d'organisation intermédiaires et transitoires. Nous ne voulons pas d'ailleurs hypnotiser les ouvriers en leur présentant l'image de la société de l'avenir [1]. » Il leur suffit de constater d'une part « que la société bourgeoise a des germes de mort dans le corps, et que les morts vont vite », et de prophétiser d'autre part, comme le fait le nouveau programme, que dans cette société collectiviste de l'avenir dont les contours flottent encore indécis à travers la brume aurorale, règnera *le plus grand bien-être*, et se produira *un perfectionnement harmonique et universel.* — Mais qu'en savent-ils?

Ainsi cette première partie nuageuse et vaporeuse n'abandonne rien des principes et des revendications habituelles. Le langage du programme d'Erfurt est même plus vif, plus excitant encore que celui du programme précédent. Il accentue l'opposition des classes et la guerre des classes. Il est de nature à satisfaire les purs collectivistes, les idéologues les plus exaltés, les révolutionnaires les plus audacieux et les plus exigeants.

B. Partie spéciale du programme.

Bien que le programme entier ait été rédigé par les mêmes auteurs, il semble à première vue qu'il y ait entre la partie générale et la partie spéciale une absolue contradiction, un abime infranchissable [2]. La partie générale, en effet, est fondée sur la con-

1. C'est pourtant ce que tente Bebel dans son livre *die Frau und der Sozialismus*, que nous avons précédemment analysé.

2. *Le programme du parti socialiste en Allemagne*, par Arthur Raffalovich. *Journal des Économistes*, août 1891.

damnation de la société bourgeoise, qui n'a d'autre soutien que l'État, et on lui oppose la transformation sociale du monde; et voici que dans sa partie spéciale le programme se tourne maintenant vers l'État actuel, et expose les exigences qu'il lui demande de réaliser *tout d'abord*. Ainsi, d'une part la démocratie socialiste prétend détruire de fond en comble la société telle qu'elle est organisée actuellement, et d'autre part elle prétend l'améliorer. Les logiciens du parti résolvent cette contradiction comme il suit : ils ne songent qu'à renverser et à raser le vieil édifice, mais encore faut-il y faire en attendant quelques réparations qui le rendent plus habitable.

Ces replâtrages provisoires doivent être de deux sortes, les uns politiques, les autres économiques.

a. Exigences politiques [1].

La classe ouvrière a besoin de conquérir d'abord les droits politiques pour sa lutte économique : elle a besoin de mettre l'État au service de ses intérêts, en attendant qu'elle le détruise. — De là ses exigences empruntées au radicalisme, et qui n'ont rien de spécifiquement socialiste [2]. D'autres partis populaires ont formulé des revendications analogues, mais aucun ne les avait ainsi présentées dans leur ensemble.

Ces articles du nouveau programme paraissent sur

1. Voir plus haut, p. 83, la *doctrine politique*.

2. Quelques-unes de ces exigences admises dans le nouveau programme, ont été critiquées par Marx dans le programme de Gotha, ainsi la *gratuité de la justice* : « la justice civile ne concerne que des conflits de propriété, et ne touche par conséquent que les classes qui possèdent. Ces classes doivent-elles conduire leurs procès aux frais du peuple? »

certains points plus radicaux, sur d'autres moins radicaux que ceux du programme de Gotha qui leur correspondent.

Il n'est plus question de *législation directe par le peuple*, mais seulement de *referendum*, de participation du peuple à la législation, au moyen du droit d'initiative et de veto. A première vue, cela semble un adoucissement des anciennes prétentions du parti. On a invoqué en faveur de cette rédaction nouvelle les impossibilités pratiques dans un grand empire comme l'Allemagne. Mais la vraie raison nous est livrée par l'auteur anonyme du nouveau programme [1]; elle vaut la peine d'être notée. Cette *législation directe par le peuple* que demandait le programme de Gotha, a été expérimentée en Suisse; or elle a donné un résultat imprévu : « les assemblées représentatives se sont montrées plus progressives, plus favorables aux ouvriers que le peuple ». La législation populaire s'est révélée plus conservatrice que radicale. Elle a rétabli la peine de mort, dont le programme d'Erfurt réclame l'abolition; la loi sur les fabriques votée en 1877 par le grand conseil à une majorité énorme (90 voix contre 25) n'a passé qu'à grand'peine quand elle a été soumise au vote universel. Ce fait caractéristique tend à prouver que les représentants du peuple ne représentent pas les vrais sentiments de leurs électeurs, et qu'ils sont plus avancés que la grande masse qui éprouve beaucoup moins le besoin d'innover.

Le programme de Gotha se bornait à déclarer la religion *affaire privée*; le nouveau programme propose des mesures équivalentes à la suppression du budget des cultes, à la séparation de l'Église et de

1. *Neue Zeit*, 1891, n° 49. *Der Entwurf des neuen Parteiprogramms.*

l'État, mais il laisse à l'Église liberté pleine et entière de s'organiser et de s'administrer à sa guise.

Enfin en réclamant un impôt progressif sur le capital et sur les successions, le programme d'Erfurt admet implicitement que la confiscation ne sera pas immédiate, que la propriété privée continuera à subsister, par pure tolérance, quelque temps encore.

Toutes ces exigences politiques, si elles devaient être réalisées dans leur ensemble, supposeraient toutefois des changements si considérables en Allemagne, qu'ils ne seraient plus conciliables avec l'existence de la monarchie, bien que le programme d'Erfurt ne parle plus de revendiquer l'*État libre*, en d'autres termes la République, desideratum qui figurait au programme de Gotha. — Marx objectait que : « dans ces belles petites choses il ne faut pas oublier l'essentiel, à savoir que ces exigences reposent sur la reconnaissance de la souveraineté du peuple, et que par conséquent elles n'ont de sens et ne sont à leur place que dans une république démocratique, et qu'on ne saurait les demander à un État tel que l'Allemagne. »

Par ses vœux et ses aspirations politiques, le parti socialiste allemand semble donc se rapprocher (du moins comme transition au collectivisme) d'une société à demi bourgeoise, républicaine, démocratique, radicale, telle qu'elle existe en Suisse. — La démocratie socialiste, comme nous l'avons déjà indiqué [1], compte un nombre d'adhérents considérable (*Mitläufer*) qui sont simplement démocrates. Cette partie du programme est destinée à les satisfaire. — Quant aux socialistes farouches, qui ne sauraient s'accommoder de ces concessions, Bebel les rassure en leur disant que la société collectiviste se réalisera peut-être

1. Voir plus haut, p. 44.

avant qu'il soit nécessaire de passer par l'État démocrate intermédiaire, et que dès lors toutes ces modifications préalables deviennent superflues.

b. *Exigences économiques.*

Vient ensuite l'énumération des exigences concernant la protection du travail.

Le programme demande, conformément aux décisions du Congrès de Paris en 1889, la fixation de la journée de travail à huit heures.

La gratuité des secours médicaux est également une exigence nouvelle[1].

Le programme est muet sur le travail des femmes. Donc il les considère comme ayant des droits égaux à ceux des hommes en tout ce qui touche le travail.

Autrefois le parti demandait l'autonomie complète des caisses de secours. Aujourd'hui il met entièrement à la charge de l'Empire l'assurance ouvrière, supportée jusque-là par les ouvriers, les patrons et l'Empire. Ainsi la communauté doit non seulement s'engager pour les ouvriers, mais ceux-ci fixeront également jusqu'à quel degré et comment s'exécutera cet engagement. Ce serait là comme un commencement de la dictature du prolétariat, irréalisable dans l'ordre de la société actuelle.

Les chefs disent très haut qu'ils n'attachent qu'une valeur éphémère à cette protection du travail. Bebel la compare à « une musique d'entr'acte entre le vieux monde de la bourgeoisie qui disparaît, et le nouveau monde du prolétariat, encore à l'état de devenir ». Mais le même Bebel déclarait d'autre part au Congrès

1. A quand la gratuité des subsistances, comme à Rome, la gratuité des plaisirs, jeux ou spectacles?

de Paris que la protection pratique du travail devait passer au premier plan, et la théorie reculer au deuxième. Les meneurs se rendent bien compte « que la population ouvrière dans sa masse fait bon marché des théories qu'elle ne comprend pas, et ne tient qu'aux réformes effectives [1] ». — « Afin de gagner la grande majorité à nos idées, il faut lui dire que, sans perdre notre but un seul instant de vue, nous sommes prêts à formuler toute exigence qui nous semble capable d'améliorer la situation matérielle et morale de l'ouvrier, et de travailler à son propre affranchissement. » Ainsi s'exprime Bebel. Le journal officiel du parti, le *Vorwaerts* défend en ces termes les mêmes idées : « Avec les plus beaux mots d'ordre révolutionnaires on ne change rien non plus à la situation présente, pas même un iota en faveur des ouvriers, qui ont d'autant plus de droit à ce qu'on tâche de modifier quelque chose aujourd'hui même, que leur vie est courte, et que la société démocratique et sociale de l'avenir est pour eux sans objet. Même le révolutionnaire le plus furieux ne néglige pas de s'organiser dans la société actuelle d'une façon aussi agréable qu'il le peut. »

Ainsi le parti de la démocratie socialiste allemande, qui est théoriquement un parti de révolution sociale, se donne pratiquement pour un parti de réforme sociale, tout en déclarant bien haut qu'il ne saurait se contenter de cette réforme.

On s'est efforcé de concilier dans le programme l'eau et le feu, de satisfaire à la fois les utopistes et les esprits plus pratiques, les violents et les modérés, les socialistes et les démocrates. Mais ces contraires ne se concilient pas dans la réalité aussi aisément que sur le papier, et les tendances opposées ont failli amener

1. A. Raffalovich, dans l'article déjà cité.

une dislocation du parti, et font mal augurer de cette concorde, de ce développement « harmonique » qu'on nous promet pour la Société de l'avenir.

II. — DIVISIONS ET QUERELLES SUR LA TACTIQUE.

Toutes les divergences qui ont éclaté au Congrès d'Erfurt se sont produites non dans la discussion du programme, mais à propos de la tactique. Rien ne prouve mieux l'importance toute secondaire attribuée au programme, que ce fait qu'il n'a même pas été discuté [1]. On l'a voté en bloc, à l'unanimité, dans la dernière séance, tandis que quatre jours durant la salle du Congrès a retenti de débats aigres, discordants et véhéments sur la manière de conduire et de diriger l'armée à l'assaut de la société bourgeoise. — Le parti socialiste n'a au fond qu'un but, qui est d'ailleurs celui de tous les partis d'opposition, s'emparer du pouvoir pour réaliser des réformes [2]. Savoir quelles seront ces futures réformes importe moins pour le moment que la question primordiale : *Comment s'emparer du pouvoir?* Le Congrès n'est pas une académie délibérant en paix sur les doctrines du socialisme « scientifique » ; c'est un conseil de guerre appelé à fixer un plan de campagne, et c'est à propos de ce plan de campagne que l'état-major a été violemment pris à partie.

1. Le projet de programme avait été publié et livré à la critique depuis plusieurs mois. 90 propositions et trois grands contre-projets, qui d'ailleurs ne s'écartaient pas essentiellement des principes du parti, étaient présentés au congrès. C'est un de ces contre-projets, inséré dans la *Neue Zeit*, qui a été finalement adopté par la commission et par le congrès. Il ne différait du projet officiel que par l'écriture, soi-disant plus « scientifique ».
2. De Molinari.

Comme au Congrès de Halle, le comité directeur a d'abord dû faire front contre les *jeunes* [1], qui dans les réunions publiques de Berlin continuaient à accuser les triumvirs Bebel, Singer, Liebknecht, d'exercer la dictature, et cela pour éteindre systématiquement l'esprit révolutionnaire dans le parti « au point qu'il ne se distingue plus des partis bourgeois ». Ils mêlaient à leurs attaques ces imputations injurieuses qui sont de règle dans les factions démagogiques, criant à la corruption, au népotisme, à la dilapidation des finances. Incapables d'apporter des preuves, se dérobant, l'imprimeur Werner et le tapissier Wildberger ont été finalement exclus du parti à l'unanimité moins dix voix, sur 260 membres, au milieu d'applaudissements frénétiques [2]. Les chefs ont proclamé bien haut que si le Congrès avait « coupé la nappe » entre le parti et les jeunes, c'était non par intolérance, à cause de la divergence des idées, mais parce que ces calomniateurs s'efforçaient de jeter l'opprobre sur les compagnons. En réalité on saisissait avec empressement cette occasion d'expulser des individus compromettants, comme l'avaient été autrefois Most et Hasselmann, et soupçonnés d'accointances secrètes avec

1. Voir plus haut, p. 56, 57.

2. Werner et Wildberger n'avaient pas attendu le vote d'exclusion pour quitter le congrès, avec trois autres compagnons de Magdebourg qui les suivaient volontairement. Ils viennent de fonder « contre le Pape Bebel et la tyrannie des chefs vieillis » une *association des socialistes indépendants,* avec le concours de l'homme de lettres Bruno Wille, et du cordonnier journaliste Baginsky. Les *indépendants* ont fondé un nouveau journal, *le Socialiste.* Ils repoussent toute participation à la législation, et veulent se consacrer entièrement au combat des *unions de métiers.* Bien qu'ils protestent contre le despotisme centralisateur du parti, ils écartent les doctrines anarchistes. Cette sécession n'affaiblira guère le parti; la concurrence ne fera que surexciter le zèle de part et d'autre.

les anarchistes. Les délégués des provinces tenaient à se débarrasser une fois pour toutes de cette opposition berlinoise toujours rebelle [1], aussi incommode qu'elle est restreinte, et qui par ses fureurs tapageuses rend très difficile l'agitation dans les campagnes. Comme le remarquait Bebel, Berlin n'est pas d'une importance essentielle pour le parti; le grand mouvement de la démocratie socialiste allemande s'est produit en dehors de la capitale.

Infiniment plus grave que cette escarmouche avec l'extrême gauche a été la lutte du comité directeur contre une nouvelle opposition de droite qui ne s'était pas manifestée au Congrès de Halle, et qui a fait événement au Congrès d'Erfurt. Le député von Vollmar, ancien officier des services auxiliaires, gravement estropié pendant la guerre de 1870, le leader le plus influent à Munich et en Bavière, autrefois un pur fanatique [2], aujourd'hui « un socialiste rassasié, en escarpins vernis et en souliers à boucle », comme on le lui a amèrement reproché, a semblé vouloir reprendre un rôle analogue à celui de Lassalle et de Schweitzer, qui divisa si longtemps le parti en deux camps op-

1. Berlin a souvent changé d'idoles depuis 1863 : ç'a été d'abord Lassalle, puis Hasselmann, Most, Dühring, autrefois *Privat docent* à l'Université de Berlin, l'adversaire de Karl Marx, antisémite déclaré et qui considérait l'œuvre du parti marxiste comme une « affaire juive ». L'esprit de secte a été favorisé en outre par la jalousie, les rivalités personnelles.

Dans les réunions publiques tenues à Berlin depuis le Congrès d'Erfurt, les socialistes des circonscriptions mêmes qui avaient nommé des délégués opposés au comité directeur, lui ont donné raison ainsi qu'à la majorité du Congrès.

2. Vollmar, qui appartient à une ancienne famille de Bavière, au début ardent catholique, avait offert son épée au pape après la guerre de 1866. — *Le mouvement socialiste en Europe*, par T. de Wyzeva, p. 131. — Vollmar, après 1871, est devenu socialiste exalté.

posés, et qui ne prit fin qu'au Congrès de Gotha en 1875.

Vollmar s'est posé en partisan de l'évolution lente. Avec une ironie méphistophélique, il a pris surtout à partie son ancien ami Bebel, il l'a tourné en ridicule, il le montre toujours prêt à déployer le drapeau du prophète, il le peint sous les traits d'« un extatique », doué d'un optimisme imperturbable, plein de foi dans les livres sibyllins, toujours prêt à suivre des fantaisies et des feux follets, annonçant comme prochaine la société de l'avenir [1], répétant sans cesse qu'une grande guerre européenne est imminente, et qu'après cette guerre, les peuples indignés de cette boucherie en masse, ruinés par la banqueroute générale, prendront en main leurs destinées et que, dans cette grande symphonie des peuples, la démocratie socialiste jouera le premier violon [2]. Vollmar blâme ce constant appel non précisément à la force, mais à l'impatience, au mécontentement des foules. Une guerre selon lui amènerait au contraire une exaltation de la pensée nationale qui ne tournerait point au profit du socialisme. Que seraient d'ailleurs pour le parti un succès immédiat, une réalisation prématurée de ses buts? rien autre chose qu'un épisode de l'histoire d'Allemagne comme a été la Commune en 1871, avec les folies, la défaite et les représailles. Pour la politique intérieure, Vollmar recommande de même la prudence qui a toujours été si favorable au parti, la modération, le parlementarisme, les conquêtes partielles [3]. Il ne veut pas que le

1. Voir plus haut, p. 103, la *Société de l'avenir*.

2. Engels, dans une lettre à Paul Lafargue, fixe à l'année 1898 le millénium, le moment où le parti socialiste en Allemagne sera assez fort pour s'emparer du pouvoir.

3. Dans le discours qu'il prononçait à Munich le 1er juin, et qui eut un long retentissement, Vollmar disait que le peuple

parti renonce au lointain avenir, aux vastes pensées, à la mission historique d'affranchir l'humanité ; il accepte complètement le programme, mais demande que l'on poursuive par voie parlementaire la réalisation immédiate des réformes urgentes, possibles dans l'état actuel, plutôt que de compter sur des catastrophes.

Si l'on retranche du discours de Vollmar ses cruelles railleries à l'adresse de Bebel [1], on ne voit nullement en quoi ses idées diffèrent de celles que Liebknecht et Bebel lui-même ont maintes fois exposées sur la politique étrangère, la nécessité de la Triple-Alliance, la question d'Alsace-Lorraine, la France et la Russie (p. 88, 89, 90), comme aussi sur les questions intérieures, la nécessité de prendre une part active à la vie parlementaire ; Vollmar invoque les mêmes arguments que Bebel et Liebknecht opposent aux *jeunes*. Le député Molkenbuhr, chargé de rendre compte au Congrès d'Erfurt de la façon dont les députés du parti s'étaient acquittés de leur mandat, a tenu un langage analogue à celui de Vollmar, lorsqu'il a déclaré que le groupe parlementaire socialiste n'avait pas jugé à propos de demander au Reichstag des réformes que l'assemblée n'eût pas discutées sérieusement, telles que la journée de huit heures, la suppression des armées permanentes qui figurent au programme, et il ajoutait : « Nous

ne voulait rien savoir de la société de l'avenir, qu'il faisait assez bon marché des programmes, que ses exigences pratiques et capitales se réduisaient aux quatre points suivants :

1° Élargissement de la protection du travail.

2° Établissement du droit de coalition.

3° Mesures légales contre les syndicats de patrons ou *cartels* (voir p. 81).

4° Suppression des douanes, en première ligne de celles qui atteignent les moyens de subsistance.

1. Liebknecht écarte également les tableaux idylliques sortis du cerveau échauffé de son ami Bebel. Voir p. 115.

aurions perdu par là tout crédit sur l'esprit de nos collègues. Mieux valait s'efforcer d'obtenir quelques perfectionnements aux lois ouvrières en discussion. » Il y a plus, on a modifié au Congrès d'Erfurt dans le sens que réclamait Vollmar, le paragraphe concernant la religion; on y a ajouté la liberté pleine et entière aux associations religieuses de s'organiser librement, comme si le parti combattait maintenant pour la liberté de l'Église, en réalité afin d'entraver l'hostilité du clergé à l'égard des socialistes. Et Liebknecht a pareillement prêché la modération sur la question religieuse, jusqu'à dire : « nous avons horreur de toute moquerie de la religion : celui qui est pris dans ces préjugés peut être éclairé, mais non moqué [1] ».

Puisqu'il y a accord sur tant de points, d'où vient donc la divergence entre Vollmar et le comité directeur, si marquée qu'une sorte de motion de blâme a été proposée contre le député de Munich, et énergiquement appuyée par Bebel et Liebknecht? Est-ce là simplement lutte et rivalité d'influence, antipathie de tempéraments? L'histoire des sectes nous apprend aussi que les plus rapprochées par le dogme sont les plus animées par la controverse. La querelle entre Vollmar et les membres du comité directeur, a-t-on dit, tient à ce que ceux-ci acceptent la situation présente, le *statu quo* simplement comme un fait, tandis que lui s'en est fait l'apologiste. Les chefs ont entrevu dans la tactique préconisée par Vollmar comme une velléité de rapprochement avec le socialisme impérial. Or ils prétendent être en même temps modérés et révolutionnaires, nationaux et internationaux : la démocratie socialiste doit garder la tête à deux faces de *Janus bifrons*. Le comité directeur combat à la fois les *jeunes* parce qu'ils

1. Voir plus haut, p. 97.

préconisent exclusivement la révolution, et Vollmar parce qu'il incline uniquement à la réforme. Les chefs disent aux *jeunes* : l'anarchisme n'est qu'une secte misérable, ses attentats ridicules font le jeu des partis réactionnaires; avec les armes modernes, 100 000 insurgés seraient fusillés comme des moineaux. Ils répondent d'autre part à Vollmar que la royauté sociale n'est qu'une vaine écume, que le socialisme d'État n'est qu'un leurre. *Parlementaire dans les moyens qu'il emploie, le parti est révolutionnaire dans les buts qu'il poursuit* (Liebknecht). Ils ne veulent pas faire de ces buts « des reliques qu'on serre dans l'armoire à argenterie et qu'on sort dans les grandes occasions » (Singer). Toute la tactique doit tendre à révolutionner les têtes, à creuser entre les classes un abîme infranchissable, à rendre impossible toute transaction, tout compromis entre capitalisme et socialisme. — Vollmar, s'est écrié Bebel, veut faire perdre au parti son caractère de classe, veut lui prendre ce dont il a besoin avant tout, l'enthousiasme, l'ardeur à anéantir la société bourgeoise, à mettre fin aux souffrances des classes opprimées, fin prochaine que nous verrons de nos propres yeux, bien que nous ayons peine à l'imaginer même en rêve! Il serait insensé de changer une tactique qui inspire la terreur à nos ennemis, d'entraîner le parti dans une voie nouvelle par des idées de conciliation... Il importe d'ailleurs que la discipline soit maintenue, qu'il n'y ait dans les rangs du parti ni Boulanger, ni Parnell : point d'indépendants, ni de francs-tireurs. Que chacun se soumette à la volonté du congrès souverain...

Un délégué avait demandé à l'assemblée qu'elle déclarât formellement que le parti n'était pas d'accord avec Vollmar. Sa motion a été retirée. On craignait une scission beaucoup plus grave que celle des *Jeunes*.

Bebel disait qu'il était étonné de l'approbation que les idées de son adversaire avaient rencontrée dans une partie de l'assemblée, dont la fibre nationale et patriotique avait été manifestement touchée et les sympathies éveillées. Après quelques concessions de forme de part et d'autre, une rupture a été évitée; il n'y a eu ni victoire ni défaite : c'est peut-être partie remise. Le triomphe de la politique de compromis n'est d'ailleurs guère probable : dans les partis avancés, rarement les plus modérés l'emportent [1].

Ces deux courants dans le parti expliquent les différentes manières dont les hommes d'État allemands envisagent l'avenir. Le général de Caprivi, avec ce pessimisme prévoyant, propre aux ministres prussiens, toujours à la recherche de raisons pour obtenir du Reichstag l'augmentation des effectifs, disait, comme avant lui le maréchal de Moltke, que l'Allemagne a besoin d'une armée sûre et forte, non seulement contre les ennemis du dehors, mais contre ceux de l'intérieur pour la guerre des rues, et il ajoutait : « Une jeunesse impie et perverse grandit sous nos yeux. »

M. Miquel, au contraire, dans une conversation rapportée par un journaliste, s'exprimait en ces termes : « Le parti se transforme successivement. Il renonce de plus en plus à ses plans qui ne tendent à rien moins qu'à escalader le ciel, et il reviendra à des buts pratiques, il suivra l'exemple des ouvriers anglais. C'est dans cette pensée que nous avons supprimé la loi contre les socialistes, et le succès ne nous a pas donné tort. »

Quelle que soit la tendance qui prédomine, ces querelles de ménage ne ralentiront pas le recrutement

1. Le comité directeur a été réélu à l'unanimité. Le Congrès de 1892 se tiendra à Berlin.

du parti. Il était en croissance ininterrompue sous la compression draconienne; il l'est depuis un an sous le régime de la liberté.

III. — LES PROGRÈS DU PARTI.

Le rapport du comité directeur pour l'année écoulée depuis le Congrès de Halle est très instructif sur ce sujet. Les ressources financières ont augmenté dans une mesure importante. Déjà à Halle, Bebel avait secoué avec l'orgueil d'un capitaliste le sac du parti, plein de belles espèces sonnantes. Les recettes, en une seule année, de 1890 à 1891, ont atteint 223 266 marks; de 1878 à 1880, elles n'étaient que de 35 000 marks : on voit combien la progression a été rapide. La plus grande partie de ces recettes est formée de dons volontaires, qui se sont élevés à 168 645 marks. Et encore cette somme est loin de comprendre tout ce que donnent les ouvriers pour améliorer la situation du parti : les recettes locales ne sont pas moindres que celles qui affluent à la caisse centrale. Quel témoignage du désintéressement, ou du moins de l'esprit de sacrifice de la classe ouvrière en faveur de sa cause, que ce zèle à fournir l'obole du prolétaire, même en des temps difficiles!

Les dépenses, pour l'année écoulée, forment au total 134 949 marks. La plus grosse somme, 31 479 marks, est absorbée par les frais d'agitation générale. Les frais d'élections partielles coûtent 8 446 marks, l'indemnité aux députés 15 706 marks [1], les frais de procès et de

1. Le montant de ce traitement des députés, « contraire à la constitution qui exige la gratuité du mandat », disent les journaux hostiles, a été porté de 5 à 6 marks par jour. Ceux qui

prison 5 987 marks, et les secours aux personnes qui ont eu à souffrir à cause de leur activité dans le parti, 10 749 marks [1]. Enfin les frais d'administration, y compris le traitement des membres du comité directeur, ne dépassent pas le chiffre minime de 16 852 marks. Pour l'économie, bien des administrations pourraient prendre modèle sur le parti démocrate socialiste.

L'excédent des recettes sur les dépenses est de 94 000 marks qui, ajoutés au précédent capital, l'élèvent à plus de 200 000 marks. Aucun autre parti ne disposera de pareilles ressources aux élections générales.

La presse socialiste, depuis le mois d'octobre dernier, ne s'est augmentée que de neuf feuilles politiques nouvelles, ce qui porte l'ensemble à soixante-neuf, sans compter une cinquantaine de journaux des *unions de métiers*, rattachés au parti. Le comité directeur recommande de ne fonder de nouveaux journaux, que s'ils ont chance de vivre par eux-mêmes. A titre exceptionnel, on fournit deux subventions (16 902 marks, y compris le cautionnement) à un journal publié en Alsace-Lorraine, et à une gazette polonaise.

ont un commerce reçoivent en outre 3 marks d'indemnité journalière, et ceux qui n'habitent pas Berlin touchent, pour frais de logement, 50 marks par mois. — Les députés qui ont des ressources renoncent à ces indemnités.

1. Le rapport du comité directeur, pour mieux frapper les esprits, additionne les années de prison et les amendes. Ainsi dans les onze derniers mois, 87 années de prison et 18 362 marks d'amende ont été infligés aux compagnons, pour offenses à des fonctionnaires, illégalités, lèse-majesté, injures à la religion, trouble de la paix publique, tumulte, etc.

On s'est surtout plaint, au congrès d'Erfurt, des persécutions que le parti a eu à subir en Alsace-Lorraine, où les lois françaises, encore en vigueur, sont appliquées à la prussienne : le député Singer s'est engagé à porter la question à la tribune du Reichstag, à la généraliser, et à revendiquer de nouveau pour tout l'Empire le droit de réunion et d'association.

La vente des brochures [1], si importantes pour répandre les idées du parti, est considérable; les tirages les plus faibles comptent 10 000 exemplaires. Il s'est vendu 40 000 exemplaires du protocole du Congrès de Halle. Bien que les doctrines économiques de Lassalle aient été écartées du programme, ses discours populaires, excellents pour l'agitation et la propagande, se répandent à profusion. Au total, la librairie du journal officiel du parti, le *Vorwaerts*, a imprimé 300 000 brochures du 1er octobre 1890 au 31 juin 1891 ; la vente a rapporté 66 000 marks, et l'excédent a donné aux recettes 38 909 marks.

L'organisation des cadres de l'armée socialiste, fixée au Congrès de Halle, fonctionne à merveille. Les cinq membres du comité directeur, souvent assistés des sept contrôleurs, ont toujours pris les décisions à l'unanimité. Les « hommes de confiance » se sont tous mis en communication avec le comité, et ont suivi ses conseils pour se soustraire aux difficultés légales, aux tracasseries des gouvernements. Le secrétariat a reçu 3 227 lettres concernant les affaires du parti, et en a envoyé 3 634. Le comité est en rapport avec 879 localités, et dans beaucoup d'autres le parti compte des partisans disséminés. Il y avait environ deux cent soixante membres délégués au Congrès d'Erfurt, tandis que le Congrès de Halle en comptait quatre cents, y compris les étrangers. Le statut d'organisation prévoit pour chaque circonscription électorale du Reichstag une représentation de plusieurs têtes. Or, comme l'empire comprend environ 400 circonscriptions électorales, il en résulte qu'un assez grand nombre n'ont pas encore

1. Le prix de ces brochures varie de 15 à 60 centimes. Durant la loi contre les socialistes, elles étaient interdites en Allemagne et s'imprimaient à Zurich.

d'organisation socialiste, ou ne peuvent faire les sacrifices matériels assez importants qu'exige l'envoi de délégués au Congrès. — Pour l'organisation locale on a choisi la forme d'*associations électorales d'ouvriers*, qui sont permanentes. Le pays est ainsi couvert d'un filet de *Vereine*. Les *Associations de métiers* [1], ralliées à la démocratie socialiste, s'étendent et se perfectionnent. — Les nombreux Congrès *provinciaux* qui se sont constitués presque partout, dans les différents pays de l'empire, ont été une innovation heureuse, nécessitée par la croissance continuelle du parti. C'est à eux qu'il appartient de prendre des décisions concernant les questions locales, les élections municipales, celles des divers Landtags.

La propagande par les discours dans les réunions publiques, bien plus entraînante que celle des journaux et des brochures, a donné de bons résultats : l'agitation contre les droits sur le blé, poussée avec une extrême vigueur, trouvait des auditeurs tout préparés, par suite des prix élevés des subsistances, de la mauvaise récolte, des bénéfices que la loi procure à quelques milliers de grands propriétaires, au détriment de la foule. Mais, comme le remarque le rapporteur Auer, de toutes parts on se plaint de l'insuffisance numérique des orateurs [2], et il ajoute qu'il est fort

1. Les *unions de métiers*, sous la direction de la démocratie socialiste, constituent sa plus grande force, son plus grand danger. Ces sortes de régiments tout organisés pour le combat des classes donnent aux ouvriers ainsi embrigadés le sentiment de leur puissance. C'est grâce aux *trades unions* que les ouvriers anglais ont fait de si grands progrès. Au congrès de Bruxelles, en 1891, on a tenté de donner une organisation internationale à cinq corps de métiers, sur le modèle des mineurs.

2. On se plaint également du manque de locaux pour les réunions, bien que les brasseurs et cabaretiers fournissent d'ordinaire leurs salles gratuitement. Le parti voudrait acheter des maisons.

malaisé de trouver des sujets capables. Sauf les discoureurs de profession, en petit nombre, que le parti paie, les autres, journalistes ou exerçant divers métiers, ne peuvent suffire, tant à cause de l'extrême fatigue, que du peu de loisir dont ils disposent. Les députés au Reichstag, surchargés de besogne n'agissent guère au dehors. Mais on commence à dresser dans les écoles socialistes des prédicants qui sachent s'exprimer dans les principaux dialectes de l'Allemagne.

La grande difficulté vient de l'agitation agraire, essentielle pour le parti[1]. Les conditions de propagande sont si différentes de celles de la ville, si variables d'un endroit à l'autre, que le comité, pour s'éclairer, avait demandé à tous les compagnons compétents des rapports sur la question ouvrière dans les campagnes. La commission chargée de classer les innombrables notes reçues sur ce sujet, n'a pas encore terminé son travail. — Le comité directeur recommande provisoirement de courtes feuilles volantes, d'un caractère tout à fait local, des brochures qui puissent frapper les imaginations et qui *s'abstiennent des théories* : on ne comprend pas la prose de Liebknecht, trop littéraire, au contraire le discours prononcé par Bebel au Reichstag, sur les *misères du soldat allemand*, touche plus le paysan que les plus belles dissertations. Quand on s'adresse au campagnard le ton juste est fort malaisé à trouver ; on a de plus à vaincre son hostilité, sa défiance naturelle à l'égard du citadin. Le rapport du comité constate que dans des villages les émissaires du parti ont été rudoyés, chassés à coups de fléau. C'est aux comités des provinces à s'inspirer des circonstances particulières pour diriger cette propagande ; le comité directeur fournira les fonds nécessaires.

1. Voir plus haut, p. 58 et suivantes.

Bien que les chefs se plaignent de ce que cette agitation n'ait pas donné de résultats tangibles, pourtant en Saxe, sur sept sièges obtenus par les socialistes aux élections partielles, six ont été attribués à des circonscriptions rurales. Là, il est vrai, la grande industrie est si répandue que les paysans se trouvent en contact continuel avec les ouvriers de fabrique. Ces élections au Landtag de Saxe, le 13 octobre, indiquent une vigoureuse croissance du parti. Six ans auparavant les socialistes comptaient 18 280 voix. Cette fois ils en ont obtenu 35 650, contre 35 250 données aux conservateurs, et 13 600. aux progressistes : par le nombre des suffrages, en Saxe comme dans tout l'Empire, ils dépassent les autres partis. Et ce succès offre encore cette particularité que la loi saxonne exige un cens assez élevé, qui exclut du scrutin, en ces temps de maigres salaires, le gros des ouvriers [1]. Les socialistes viennent encore de forcer la porte de la chambre badoise, et d'obtenir également un premier siège en Saxe-Meiningen. Ils pénètrent de plus en plus dans les assemblées municipales et les représentations des divers États.

A quoi attribuer ces progrès? Beaucoup moins aux utopies séductrices du programme socialiste, qu'à des abus réels, charges militaires, lourds impôts, crise alimentaire, faveurs de législation faites aux grands capitalistes, aux grands propriétaires, frais et complications de la protection du travail... La cause générale en est dans le grand mouvement d'émancipation de la classe ouvrière amené par le développement de

1. Les socialistes couvrent partout de signatures des pétitions aux chambres des divers États confédérés, afin qu'elles établissent le suffrage universel direct pour les Landtags et les élections communales, comme il existe déjà pour le Reichstag.

l'industrie, que l'on constate dans tous les pays civilisés, et qui est le phénomène le plus important de notre temps [1].

1. Entre autres adresses que les socialistes étrangers, à défaut de délégués, avaient envoyées au congrès d'Erfurt, les Espagnols disaient : « Nous voyons dans la démocratie socialiste d'Allemagne l'avant-garde du socialisme international. » — Le *Conseil national du parti ouvrier français* s'exprime avec la même emphase : « Vous nous avez donné Marx et Engels, ces deux grands théoriciens du socialisme scientifique; vous avez montré au prolétariat des deux mondes comment on combat l'oppression; vous leur montrerez aussi comment on met à profit la liberté reconquise, avec l'appui des ouvriers de tous les pays, qui sont décidés comme vous à obliger leurs gouvernements respectifs à maintenir la paix; vous êtes appelés à nous apprendre comment on triomphe dans le combat contre le capitalisme exploiteur ». La démocratie socialiste allemande est ainsi prise comme institutrice, et la supériorité de son organisation proposée pour modèle.

CHAPITRE IV

TROIS MOIS CHEZ LES OUVRIERS DE FABRIQUE [1]

Nous venons d'étudier l'agitation politique du parti démocrate socialiste : nous avons commenté les théories et les programmes qui nous renseignent sur les conceptions et les visées des chefs. — Mais quel est l'esprit des soldats? Quelles formes prennent ces idées dans la foule obscure des travailleurs? Doit-on les considérer comme l'expression directe de leurs besoins, la représentation exacte de leurs aspirations? Nous donnent-elles le reflet très net d'un sentiment général?

Un livre qui vient d'exciter en Allemagne un intérêt considérable, répond en partie à ces questions. Il est l'œuvre d'un jeune théologien protestant, M. Goehre, secrétaire du Congrès évangéliste socialiste de Berlin. Animé d'une vraie sympathie pour la classe ouvrière, doué du sens de justice et d'humanité, résolu à consacrer sa vie au service des ouvriers, M. Goehre s'est

1. *Drei Monate Fabrikarbeiter...* von Paul Goehre. Leipzig, 1891.

proposé d'abord de les connaître. Au lieu de se plonger dans l'étude de Marx, de s'absorber dans la lecture des journaux et des brochures socialistes, de feuilleter et de comparer des statistiques qui prêtent aux interprétations les plus diverses, il a voulu observer la vie populaire dans la réalité même. Soucieux de compléter son éducation de prédicateur, il s'est souvenu des vers de Wagner au commencement de Faust :

Ah ! lorsqu'on vit toujours relégué dans son cabinet,
Et qu'on ne voit guère le monde qu'aux jours de fête,
A peine encore et de loin, au travers d'une lunette,
Comment apprendre à le conduire par la persuasion ?

Afin de s'éclairer sur la vraie situation ouvrière, d'où est née la question sociale, il s'est décidé, comme le font les apôtres russes, à aller parmi les ouvriers; il a quitté son costume de pasteur, qui eût excité la défiance ou l'hostilité, pour revêtir le tablier de travail, se disant avec La Bruyère : *Je veux être peuple.* Il ne l'a été à vrai dire que pendant trois mois, l'expérience lui a pleinement suffi, il aurait eu peine à la supporter au delà. Mais il en a tiré un de ces livres trop rares qui ont été vécus avant d'avoir été écrits, qui contiennent non des raisonnements abstraits, mais des faits observés, *statement of facts*; et il nous donne une psychologie partielle de la classe ouvrière en Allemagne.

M. Goehre a donc enfermé dans sa garde-robe son habit noir de candidat en théologie, il a laissé croître en broussaille sa barbe et ses cheveux, passé un vieux pantalon, chaussé d'anciennes bottes du régiment, et armé d'un gros bâton, un sac usé en bandoulière, il a pris la route de Chemnitz, centre de la grande industrie saxonne, et foyer ardent de la démocratie socialiste. Là il a travaillé comme simple manœuvre dans une fabrique pendant trois mois de suite, n'ayant de rapports qu'avec les ouvriers, mangeant et buvant avec eux, et partageant leurs plaisirs le dimanche, du moins leurs plaisirs honnêtes. Il a dédié son livre à ses camarades de fabrique, qui le prenaient pour un des leurs.

Cette méthode d'étude, qui consiste à examiner de près et par expérience le détail des choses, est assurément excellente et vraiment scientifique; mais la base paraît bien étroite, si l'on veut y échafauder ensuite des considérations générales. Une grande fabrique peut sans doute servir de spécimen pour les autres; elle n'autorise pas à conclure pour toutes, car la condition des ouvriers diffère déjà sensiblement dans les petites usines, et bien plus encore dans les simples ateliers des villes ou des campagnes. L'expérience courageuse de M. Goehre ne serait concluante, que si elle eût été prolongée et variée; il aurait dû faire son tour d'Allemagne afin d'établir des comparaisons utiles. A condition toutefois de ne point trop généraliser, ce qu'il a observé n'en est pas moins fort instructif.

A peine arrivé à Chemnitz, notre théologien, en quête de travail, s'adresse d'abord à un agent de police qui lui indique d'un ton bourru le cabaret où se recrutent et s'embauchent les ouvriers de fabrique. L'endroit est si infect, que le néophyte est pris de nausées, sur le point de rebrousser chemin et de renoncer à sa tentative; il a fallu ainsi à M. Goehre une éducation nouvelle de l'odorat et aussi de l'oreille pour l'habituer aux cent jurons, imprécations et blasphèmes qu'il entendait chaque jour. Tout son livre devrait être traduit dans la langue de *l'Assommoir* et de *Germinal* afin de garder la couleur locale. La première question que lui adresse avec sympathie un apprenti tailleur qui se trouve là, c'est d'où il sort? peut-être de la maison centrale? La plus dure épreuve l'attend au dortoir de l'auberge, où il passe la nuit dans la puante atmosphère des haleines, sur un lit plein de vermine. N'ayant aucun métier spécial, il ne parvient à trouver du travail nulle part. Le bill Mac Kinley a porté atteinte à l'industrie allemande; au lieu de prendre des ouvriers on en congédie. En désespoir de cause, M. Goehre s'adresse au directeur d'une importante fabrique de machines, et sous le sceau du secret lui fait part de son projet. On l'engage comme simple manœuvre, il est employé à servir les autres ouvriers. Chaque soir, accablé d'une extrême fatigue, qui les premiers temps l'empêche de dormir, il note ce qu'il a vu et entendu.

I. — SITUATION MATÉRIELLE ET ÉCONOMIQUE DES OUVRIERS DE CHEMNITZ.

M. Goehre ne s'est pas livré, sur ce point capital, à une de ces enquêtes spéciales, comme celles qu'a poursuivies avec tant de patience et de méthode M. Le Play sur les ouvriers européens, notant avec soin les divers budgets de famille, les salaires, les dépenses. C'est surtout une étude de psychologie sociale qu'a entreprise M. Goehre : en sa qualité de théologien, il voit les choses sous un certain angle. Ce chapitre n'est donc pas un des plus importants, bien que l'auteur se rende compte de l'influence des conditions matérielles sur la vie morale, et qu'il les examine tout d'abord : loin qu'on puisse les considérer comme accessoires, elles sont prédominantes, essentielles.

Il ne constate pas de misère autour de lui. A voir les ouvriers le dimanche, surtout les jeunes gens, élégamment vêtus, on ne les distinguerait pas toujours de la classe bourgeoise. Parmi les 500 ouvriers qui travaillaient à la fabrique, quelques-uns même jouissaient d'un commencement d'aisance. Les salaires variaient de 15 à 50 francs par semaine. Un tourneur gagnait de 25 à 36 francs 50, le mécanicien principal touchait 39 francs. La moyenne des salaires était de 1000 à 1125 francs par an; malgré le prix relativement élevé des logements et des moyens de subsistance, une famille, pourvu qu'elle ne soit pas trop nombreuse, peut vivre dans ces conditions sans de trop lourds soucis de nourriture. Les ouvriers les moins payés reçoivent de 720 à 840 francs. Avec cela, un ouvrier seul se tire encore d'embarras; mais pour un homme marié et père de famille c'est la gêne, malgré des prodiges d'économie. M. Goehre recevait 25 centimes par heure, soit 2 fr. 75 pour la journée de onze heures. Il trouvait à se nourrir passablement à des pensions où le repas principal, composé de légumes, avec viande ou charcuterie, coûtait de 20 à 50 centimes. Ceux qui n'avaient pas 20 centimes tâchaient de manger à la dérobée en toute hâte, dans le désordre du départ, les restes au fond des écuelles. A Berlin, d'après M. Leixner [1], une foule d'employés de commerce, de fonctionnaires subalternes, et la plus grande partie des étudiants sont moins fortunés qu'un ouvrier ordinaire, avec ses 18 marks (22 fr. 40) par semaine [2]. Beaucoup d'ouvriers de Chemnitz suppléaient à leurs salaires, en exerçant le dimanche quelque petit métier: l'un faisait de la menuiserie, l'autre donnait des leçons de danse...

Le côté le plus défavorable de la vie ouvrière, et le mal est presque universel dans les grandes villes, c'est

1. *Soziale Briefe aus Berlin,* von Otto von Leixner. Berlin, 1891.

2. Un petit employé de la poste, par exemple, gagne environ 14 fr. 40, et il est obligé de se vêtir convenablement.

le logement [1] : il ne s'agit pas de la cherté seulement, bien que le terme soit la grande préoccupation de chaque ménage, mais de l'étroitesse et de l'insuffisance des pièces, eu égard au nombre de ceux qui les habitent. Pour diminuer le prix de la location, il n'est guère de famille qui ne prenne quelque pensionnaire, *Schlafbursch*, qui ne sous-loue non pas une chambre, mais un lit, une place même dans un lit. A Berlin ces lits se paient de 1 franc à 1 fr. 50 la semaine. Les ouvriers s'entassent dans des caves fétides, qui sont parfois en même temps des repaires de crime et de prostitution [2]. M. Goehre décrit des intérieurs de Chemnitz : ceux où régnaient l'ordre et la propreté étaient l'exception; dans d'autres, malades, vieillards, enfants, nouveaux mariés, hôtes de passage s'entassaient pêle-mêle dans la cuisine, dans le grenier, sur les lits ou sur le sopha : les uns dorment, tandis que les autres causent, fument et boivent une partie de la nuit. Inutile d'insister sur la promiscuité qu'amène cet état de choses, malgré les règlements de police qui interdisent à Chemnitz de prendre à la fois comme sous-locataires des personnes des deux sexes. Toute intimité, toute vie de famille, toute pudeur extérieure sont par là détruites. M. Goehre ne s'est pas senti la force de pousser l'expérience jusqu'à devenir *Schlaf-*

1. « Dans tous les pays civilisés de la chrétienté, des familles par centaines de mille sont contraintes d'habiter des logements où un propriétaire de bétail, qui comprendrait son intérêt, ne voudrait pas loger ses bêtes, des logements où la propreté corporelle, la moralité la plus élémentaire... ne seraient possibles que par miracle ou héroïsme de sainteté. » (V. A. Huber.)

2. A Hanovre on a construit tout un quartier de maisons d'ouvriers saines et claires. Il est question d'en édifier un semblable à Berlin, avec le concours du gouvernement; les fonds seraient pris sur l'excédent de la caisse des retraites pour la vieillesse et l'invalidité.

bursch; il a cherché une petite chambre indépendante où il pût écrire le soir, rédiger ses notes.

Il résulte de ces circonstances que, dans les larges cercles de la population industrielle des grandes villes, la forme traditionnelle de la famille n'existe déjà plus. Les heures de fabrique rendent impossible la communauté des repas du matin et de l'après-midi; et la nécessité de prendre des pensionnaires qui changent souvent, rompt absolument toute intimité de ménage.

Les socialistes ont tiré les dernières conséquences de cette sorte de communisme réel : ils l'ont érigé en système qui existe déjà pratiquement. L'idéal de la famille communiste de l'avenir est le résultat de la triste situation présente.

II. — LE TRAVAIL DANS LA FABRIQUE.

L'importante fabrique où travaille M. Goehre, la grande construction vitrée, avec le mouvement et le bruit des machines, l'animation qui règne partout, lui donnent au premier abord une impression grandiose : la noblesse du travail humain s'y reflète... pour le poète qui passe. Les prolétaires qui viennent y peiner chaque jour sont moins accessibles à ce sentiment littéraire.

Des hommes seuls y sont employés. Il n'y a qu'une douzaine de jeunes ouvriers et d'apprentis, entre treize et dix-sept ans [1].

Comme on construisait des machines, les métiers les plus différents étaient représentés, serruriers, tourneurs, menuisiers, etc. Le travail est long, difficile,

[1] On comptait, en 1890, 241 737 jeunes ouvriers adolescents, et employés dans les fabriques de l'empire. Depuis 1888, l'augmentation a été de 49 572.

compliqué. L'agencement des machines exigeant l'exacte concordance de toutes les parties, l'accord nécessaire dans le travail faisait naître chez les ouvriers un sentiment de solidarité très puissant, analogue à celui qu'ils ont de l'identité de leurs intérêts vis-à-vis du patron. Sauf pour quelques travaux particuliers, on échappait à cette monotonie d'occupation, à cet abrutissement physique et intellectuel que Karl Marx a décrit avec tant de complaisance dans *le Capital.* Les tâches les plus spécialisées, et par conséquent les moins attrayantes, étaient celle des peintres, recouvrant éternellement les machines de la même couleur grise, celle des selliers cousant sans relâche les mêmes courroies, enfin celle des polisseurs, qui polissaient, polissaient, trois cents jours par année.

La journée de travail durait onze heures, avec une seule heure de repos, de midi à une heure, et le matin après huit heures, 20 minutes pour le déjeuner. Le travail finissait le samedi à cinq heures, et commençait le lundi à sept heures. On était payé à l'heure ou à forfait [1], et le paiement avait lieu tous les quinze jours.

1. Les démocrates socialistes sont des adversaires du travail à forfait. L'imprimeur socialiste Werner, de Berlin, ex-éditeur de la *Tribune populaire,* le journal d'extrême gauche du parti, désireux de mettre d'accord les principes et la pratique, payait largement ses aides typographes non à forfait mais à la journée, et ils jouissaient dans son imprimerie de toutes les libertés que réclame la démocratie socialiste. Le résultat fut qu'on lui rendait pour son argent un travail dérisoire. A ses observations les aides-typographes répondaient en chantant à tue-tête la *Marseillaise des ouvriers* :

A bas la tyrannie!

Werner fut obligé de jeter par-dessus bord les principes socialistes du travail à la journée. Il congédia deux ouvriers qui

La discipline à la fabrique était assez rigoureuse. Les amendes s'élevaient de 25 centimes à 2 fr. 50. Dix minutes de retard se payaient 60 centimes. Il en coûtait 2 fr. 50, si on était surpris à boire de l'eau-de-vie et à fumer. Mais l'emploi des amendes était ignoré des ouvriers, ce qui les mécontentait. Elles servaient, disait-on, à donner des gratifications.

Les malades, remplacés temporairement, retrouvaient leur situation, une fois guéris.

La population ouvrière à Chemnitz est généralement stable. Les ouvriers viveurs qui aiment à changer sont généralement peu considérés. M. Goehre cite un compagnon qui avait quitté la fabrique le jour où sa femme accouchait d'un cinquième enfant. Ce jour même il avait pris un fiacre pour aller en partie de plaisir. On parlait de lui avec mépris.

Les bons ouvriers qui ont une spécialité, serruriers, tourneurs, trouvent aisément du travail, mais non les simples manœuvres, les ouvriers étrangers, exposés eux et leurs familles à l'horreur d'un chômage involontaire.

En fait d'organisation pour le bien-être des ouvriers, il y avait à la fabrique des secours organisés en cas d'accidents, une salle à leur disposition pour prendre leurs repas, et un magasin de vêtements de travail qu'on leur vendait à bon marché. Les bains manquaient, c'eût été le plus utile.

réclamèrent à l'Union des imprimeurs allemands : le syndicat leur donna tort.

Avec la meilleure volonté du monde, rien donc de plus malaisé à mettre en pratique que les principes socialistes. L'expérience serait meurtrière pour la plupart, et cela les juge. Le jour où un État socialiste érigerait ses rêves en lois, on verrait se produire, dans la classe même des ouvriers, des révolutions pour les abolir.

Ces journées de onze heures, au milieu du bruit, de la poussière, épuisent absolument la force de travail d'un homme. On causait pourtant à l'atelier avec animation, des loustics plaisantaient, les apprentis amoureux chantonnaient gaîment. Même pendant les dernières heures de la longue journée lassante, la bonne humeur, la jovialité ne disparaissaient pas tout à fait. C'était là le bon et frais génie qui aidait à supporter la lourde fatigue, jusqu'au signal de la cloche vers lequel chacun soupirait : « *Quand sera-t-il six heures, quand serons-nous à dimanche?* » Que de fois on entendait ce refrain!

Les contremaîtres étaient obéis, mais ils n'exerçaient aucune influence morale. Les simples manœuvres qui servaient les autres ouvriers, ne se laissaient pas rabrouer par ceux-ci. On constatait d'ailleurs, à première vue, parmi tous, beaucoup de camaraderie et d'égards. Comme M. Goehre était moins entraîné, on lui donnait moins à faire. Une demi-égalité, une demi-subordination, suivant les catégories d'ouvriers plus ou moins habiles, marquait les relations des ouvriers entre eux.

Entre le personnel du comptoir, les ingénieurs de la fabrique et les ouvriers il n'y avait d'autres rapports que ceux que nécessitaient les détails techniques pour la construction des machines, et le paiement des salaires.

III. — AGITATION DE LA DÉMOCRATIE SOCIALISTE.

Sortons maintenant de la fabrique, pour observer l'agitation socialiste parmi les ouvriers de la ville.

Chemnitz est un des sièges les plus anciens de la démocratie socialiste en Allemagne, et a toujours été représenté au Reichstag par les membres du parti les plus avancés. C'est là que peu de temps après la guerre le célèbre Most, un énergumène devenu depuis anarchiste fougueux, avait établi son quartier général. Il avait été élu député au Reichstag en 1874, en 1877, et avait échoué toutefois après les attentats contre l'empereur. En 1890, les électeurs de Chemnitz ont nommé Max Schippel, un des députés les plus avancés du parti. La progression des voix a été constante, 10 000 en 1881, plus de 15 000 en 1886, 34 642 en 1890; dans le quartier qu'habitait M. Goehre, le candidat socialiste avait obtenu 700 voix, et son adversaire 150 seulement.

L'agitation et la propagande sont merveilleusement organisées. Il y a d'abord les réunions de la semaine, celles des ouvriers des divers métiers, et les réunions publiques, pour les hommes et les femmes. Le nombre des auditeurs s'élève parfois à une centaine. Si un orateur de marque est annoncé, il y a foule. Les ouvriers qui dirigent le mouvement se trouvent en général dans de bonnes situations; les assistants paraissent assez proprement vêtus. Mais ces réunions forment seulement les cadres de l'agitation dans certaines parties de la ville et des faubourgs.

Le foyer de propagande, c'est l'*association électorale démocrate socialiste* de chaque quartier. Elle forme le centre de ralliement pour les élections au Reichstag et les élections communales, elle dispose des fonds, désigne ceux qui parleront dans les réunions. Elle continue à exercer une grande activité, une fois la période électorale terminée. Elle se compose des membres du parti les plus convaincus, de ceux qui ont la conscience la plus claire des buts poursuivis : c'est la haute école où se dressent les orateurs démocrates socialistes [1].

1. Le parti a fondé à Berlin et à Hambourg des écoles spéciales où l'on enseigne aux orateurs à exposer les doctrines du collectivisme.

Dans le faubourg où logeait M. Goehre, cette association comptait 120 membres, et prélevait une redevance mensuelle de 15 centimes. Aux réunions qui avaient lieu tous les quinze jours, les ouvriers se rendaient de huit heures à minuit, si fatigués qu'ils fussent du travail de la journée. Là on encourageait chacun à prendre la parole, sans qu'il eût à craindre qu'on se moquât de lui : on indiquait les moyens de répondre avec succès aux objections. Il y a des formules de discours socialistes apprises par cœur, comme des modèles de sermons pour les prédicateurs : certains orateurs vont répétant le même discours dans vingt endroits différents. Ils s'adressent à des cervelles confuses, à des esprits mal débrouillés; mais on rencontre aussi chez de simples ouvriers un sens critique très aiguisé; parfois même ils dépassent en capacité des bourgeois d'éducation moyenne. Ce qui est remarquable, ce sont les formes régulières, parlementaires, de ces assemblées, que l'on retrouve pareillement dans tous les congrès socialistes. Une boîte à bulletins renferme des questions, on les dépouille et on doit y répondre. Là aussi ont lieu les discussions entre membres du parti; on a soin de les éviter devant le gros public. Le fonctionnaire de police, toujours présent, est traité avec convenance, presque avec égards.

Ces réunions offrent un changement dans la vie monotone de l'ouvrier. Les assistants, la pipe à la bouche et devant le broc de bière, sous une lourde atmosphère de fumée épaisse, gardent le même sérieux que les fidèles au prêche. Comme à l'église on les entretient constamment dans le même cercle d'idées, les mêmes articles de foi socialiste. Ainsi naissent d'inébranlables convictions et le zèle de l'apostolat.

Outre l'*assemblée électorale*, il y a les *unions de*

corps de métiers [1] qui se réunissent régulièrement. Mais M. Goehre n'y put pénétrer.

On fréquente assidûment les cabarets, lieux de propagande très active. Presque tous les cabaretiers professent les principes démocrates socialistes par intérêt au moins autant que par conviction, car ils s'assurent de la sorte une clientèle fructueuse, bien que tirer profit du socialisme, d'une manière lucrative, soit sévèrement interdit aux membres du parti.

Les journaux [2] et les nombreuses brochures socialistes qu'on peut se procurer à Chemnitz dans trois librairies, et qu'on colporte également, ne manquent point de lecteurs. Les feuilles comiques illustrées, *le Vrai Jacob*, *les Lumières rouges*, publiées à Vienne, se vendent à un grand nombre d'exemplaires. M. Goehre se plaisait à leur humour qu'il qualifie de sain et de bon, et qui lui prouvait que le grand mouvement socialiste en Allemagne, si dangereux qu'il puisse être, n'a pas de visées sanguinaires, qu'il participe de la fraîcheur d'esprit du peuple.

Un moyen de gagner des adeptes non moins habile, consiste à organiser des fêtes le dimanche, dans la ville ou les environs, pour les femmes, les jeunes filles, les enfants des ouvriers. On gagne ainsi le cœur des mères. Ceux qui ne peuvent comprendre les déductions de Karl Marx, et ils sont nombreux, associent le socialisme révolutionnaire à l'idée fort simple et fort claire de

1. D'après une statistique d'un comité de Hambourg, il y aurait en Allemagne 300 000 ouvriers appartenant aux *associations de métiers* démocrates socialistes. Ces associations ont une extrême importance, ce sont des organisations régulières et permanentes, des cadres fixes où les ouvriers sont dressés au combat des classes.

2. On compte en Allemagne environ 130 journaux socialistes.

danse, de divertissement. Ces assemblées animées, joyeuses, où l'on va en foule [1], présentent le caractère des fêtes populaires. Le programme en est très varié, des sociétés chorales s'y font entendre; on y entonne les chants subversifs du *Liederbuch* ouvrier, dès que les gens de la police ont le dos tourné. On s'y promène à travers des musées drolatiques : voici un tonneau rempli de la sueur du peuple, un fusil d'insurgé de 1848, le gourdin avec lequel Caïn tua son frère Abel... M. Goehre a gardé de l'entrain de quelques-unes de ces fêtes, rarement troublées par les discussions, le meilleur souvenir.

A la fabrique même, il n'y avait pas de propagande ouverte. On y pouvait lire seulement dans les coins quelques inscriptions à la craie ou au crayon, que le directeur avait eu l'esprit de ne pas faire effacer : « *Électeurs, nommez tous Schippel!* » et encore : « *Vive la démocratie socialiste internationale!* » Mais on ne s'entretenait de ces questions qu'entre intimes.

M. Goehre ne tarda pas à remarquer qu'une partie des ouvriers subissait la domination indéfinissable de quelques personnalités caractéristiques. Une petite élite de meneurs forme le point de cristallisation autour duquel des milliers se groupent. Ce sont eux qui convoquent les réunions, dirigent les assemblées, organisent les fêtes. Ils ont pour aides de camp zélés les très jeunes ouvriers de dix-huit à vingt-deux ans; ils jouissent d'une autorité sans conteste, leurs camarades les traitent avec respect, avec crainte. Ainsi, à côté de la propagande régulière, organisée, il y a un prosélytisme volontaire, d'occasion, qui se pratique d'homme à homme, dans les conversations, par l'échange des

1. L'excédent des recettes qu'on perçoit à l'entrée est versé à la caisse socialiste.

pensées secrètes, et dont l'efficacité vient de la confiance qu'inspire celui qui vous parle.

Ces fanatiques exercent dans la fabrique une sorte de terrorisme occulte. La soumission des ouvriers à l'égard des meneurs est plus grande dans ce parti que dans tout autre. On se laisse influencer, intimider; ils donnent le mot d'ordre. Ce sont eux qui décident, par exemple, si l'on doit accepter ou refuser les heures de travail supplémentaires.

Cette agitation si multiple et si énergique ne détermine pas seulement les sentiments politiques et économiques des ouvriers, elle modifie profondément leur culture intellectuelle et leur caractère moral.

IV. — SENTIMENTS POLITIQUES ET SOCIAUX DES OUVRIERS.

Tous les ouvriers de Chemnitz et des environs, à peu d'exceptions près, sont aujourd'hui rattachés au parti de la démocratie socialiste [1]. Ils sont pénétrés de l'op-

1. « L'ouvrier prussien (et cela est également vrai de l'ouvrier saxon) passe forcément sept années à l'école et trois ans dans l'armée, avant de prendre un métier et de travailler à son profit. Il se marie de bonne heure, il a une masse d'enfants, la nécessité de peiner pour les entretenir tous sur un marché de travail où l'excès de concurrence fait baisser les salaires, l'oppresse. Il a d'abord une tendance de race à posséder une haute idée de lui-même et à critiquer les autres; il n'est que trop justifié dans son aversion profonde pour les patrons aristocratiques et en général les gens riches, qui en Allemagne sont beaucoup moins généreux et ont beaucoup moins d'égards pour la classe ouvrière que dans d'autres pays. Aussi est-il particulièrement accessible aux arguments et à l'attrait de la propagande socialiste. » (Harold Frederic, *The young Emperor William II of Germany*, Londres, 1891, p. 233.)
La bourgeoisie allemande a perdu toute influence sur la classe ouvrière, pour ne pas s'être occupée d'elle à temps.

position des intérêts des ouvriers et de ceux qui les emploient, remplis du désir de s'organiser en un quatrième état[1], afin de pouvoir s'émanciper. Ils suivent aveuglément les chefs et croient en eux comme à des Christs libérateurs : « On me l'a dit plus d'une fois en plein visage, écrit M. Goehre : *Ce que Jésus-Christ était jusqu'à présent, Bebel et Liebknecht le seront un jour.* » Les ouvriers de l'industrie sont si étroitement liés à leur parti, qu'aucune force régnante, aucune puissance intellectuelle ne peut présentement les en séparer. En un mot, la démocratie socialiste c'est le monde ouvrier. Tous sans exception, jeunes ou vieux, dans une situation favorable ou précaire, mariés ou non, plus ou moins cultivés ou intelligents, toutes les classes et les catégories de la fabrique lui appartiennent. « Tout est ici démocrate socialiste, disait-on à M. Goehre, même les machines. »

Assurément il en est peu qui soient clairement orientés vers les buts du parti. Les chefs et les meneurs, leurs amis et leurs élèves, c'est-à-dire 3 ou 4 p. 100 de l'ensemble, au plus, comprennent le fond d'idées, connaissent le programme du parti socialiste. Il y a parmi eux des idéalistes allemands, de ces enthousiastes, dont Bebel est le type supérieur. Quelques-uns aussi sont dévorés d'ambition. Mais ceux qui dans cet état-major songent à leur propre intérêt, à leur avantage égoïste, forment la minorité.

Il ne faut pas, d'après cela, se représenter les ouvriers comme une masse uniforme, mais comme

1. Les ouvriers des villes auront beau s'organiser en 4e état, il leur sera difficile, faute d'intérêts communs, de se confondre avec les paysans, et le jour où ceux-ci réclameraient la formation d'un 5e état, le 4e serait non moins annihilé par eux que la bourgeoisie par les ouvriers, et ceux-ci deviendraient à leur tour une caste privilégiée dans le corps social.

une pyramide : au sommet ceux qui dirigent le parti, à la base la grande masse qui n'est démocrate socialiste que parce qu'elle nomme les candidats ouvriers. Cette immense majorité n'a aucune idée nette, politique ou sociale. Sa science, quand elle croit en posséder, se compose de lambeaux d'articles lus dans les journaux, de phrases et de mots d'ordre retenus dans les discours des réunions publiques. D'autres enfin n'ont aucune conviction, pas l'ombre d'idées, ce sont des prolétaires brutaux et criards.

Un fait très digne de remarque, c'est que, parmi cette foule, chez ceux qui représentent la moyenne d'intelligence, ni le *communisme économique*, ni le *républicanisme démocratique*, fondements mêmes de la doctrine socialiste, ne sont très populaires. Ces ouvriers ont assez de bon sens pour comprendre que les belles prophéties de la société collectiviste ne se réaliseront jamais. Un ouvrier d'un esprit ouvert, socialiste exalté, disait textuellement à M. Goehre : « La façon dont Bebel veut arranger les choses dans l'avenir est impossible à produire. » Un autre lui disait encore : « Il faut qu'il y ait des riches et des pauvres, mais nous voulons un ordre meilleur et plus juste dans la famille et dans l'État[1]. » Un troisième se déclarait absolument opposé

1. Le *Journal des Mineurs* expose en ces termes le but que se propose l'*Alliance des mineurs allemands*, qui compte un nombre d'adhérents considérable : « En vérité nous ne voulons que le juste! nous ne voulons pas partager la propriété, mais que celui-là qui la mérite l'obtienne ». (Mais qui décidera de ce mérite, et qui distribuera la récompense?) — Ils ne veulent pas, disent-ils encore, que la plus grande partie du produit de leur labeur aille dans la poche des spéculateurs et des hauts barons de la houille; ils ne veulent pas que l'ouvrier paresseux obtienne autant que le plus laborieux, comme l'ont prétendu leurs adversaires... Ils veulent être traités comme des hommes, et non comme des parias. — Les ouvriers aspirent à la propriété privée bien plutôt qu'au communisme. « Les per-

à l'agitation du parti contre le travail des femmes et des enfants; son argument était que si l'homme gagne suffisamment, il ne permet ni à sa femme ni à ses enfants d'aller à la fabrique; s'il ne gagne pas assez, il faut bien que les siens travaillent. — Nombre d'ouvriers, au lieu de s'abandonner aux rêves d'avenir, exercent toute leur activité pratique dans les *unions de métiers*, organisent des caisses de secours selon le sens de la démocratie socialiste. Les questions qui les intéressent plus que la république communiste, sont celles qui touchent aux circonstances de la fabrique, à une foule de détails, par exemple le paiement des salaires tous les huit jours au lieu de tous les quinze jours, questions dont les patrons, d'après M. Goehre, ont le grand tort de ne pas s'occuper.

Les ouvriers allemands ne sont pas plus attachés au cosmopolitisme qu'au communisme, bien que l'internationalisme officiel forme un des articles du *credo* socialiste. A Chemnitz, comme partout, les ouvriers étrangers étaient vus d'un très mauvais œil. Une sourde hostilité régnait entre Allemands et Tchèques. Ces derniers étaient dédaignés pour leur grossièreté : on ne se commettait point avec eux; ils avaient leurs cabarets, leur salle de danse spéciale. Les ouvriers saxons témoignaient leur antipathie même aux Allemands de Bohême.

C'est un lieu commun chez les orateurs socialistes de déclamer contre le militarisme. M. Goehre n'a pas con-

spectives de la démocratie socialiste, remarque M. Schmoller, sont très faibles partout où, comme en Thuringe, 70 p. 100 des pères de famille sont propriétaires. Rien ne modère plus l'attitude politique de l'ouvrier que la petite propriété. En 1871, aucun des insurgés de la Commune ne possédait de livret de caisse d'épargne. » Qu'on essaie d'abolir la propriété privée, de nationaliser le sol là où il est divisé, et derrière chaque buisson et chaque haie, il y aura un paysan armé d'un fusil.

staté une aversion aussi marquée parmi les ouvriers. Dans les conversations de la fabrique ou de la brasserie, chacun se rappelait avec plaisir le temps du service, racontait avec intérêt des histoires de quartier, des épisodes des grandes manœuvres; on tirait vanité du brillant uniforme de son régiment; ceux qui avaient fait la campagne de 1870 en étaient fiers. D'autres se plaignaient des officiers, citaient des brochures écrites contre eux, mais ils invoquaient toujours des griefs personnels. Quelques enragés seulement déblatéraient contre les armées permanentes, en voulaient la dissolution. — Un grand nombre de jeunes gens quittent l'Allemagne et s'expatrient afin d'échapper, il est vrai, au service militaire [1]. Mais pour ceux qui l'ont accompli, c'est un épisode, un changement dans cette monotonie et ce vide du travail de fabrique auquel l'ouvrier se voit condamné pendant sa vie entière. En comparaison de la dureté de la lutte pour l'existence, il en vient à considérer avec un regret affectueux le temps où il était nourri, habillé, logé aux frais du gouvernement [2].

1. En 1890, 20 251 jeunes gens ont été condamnés par contumace, pour s'être soustraits au service militaire en émigrant sans autorisation. 15 178 sont sous le coup de poursuites. Ainsi 35 000 jeunes gens, presque un corps d'armée, ont fui, en une année, la caserne allemande.

2. Harold Frederic, *The young Emperor William II of Germany*, p. 234.

L'empereur attribue une grande importance au maintien et à la survivance de l'esprit militaire dans la vie civile. On encourage dans chaque village l'organisation de clubs composés d'anciens soldats (*Landwehrbezirksvereine*), où on lit les journaux, où vétérans et réservistes célèbrent les anniversaires des victoires. Mais ces associations ne réussissent que dans les petits centres; dans certaines villes, par exemple à Mayence, on y a renoncé, parce que tous les membres devenaient démocrates socialistes. On les exclut soigneusement de ces *Vereine*, quand on les connaît. La plus grande vigilance est

Bien qu'on ne parle du jeune empereur qu'avec circonspection, crainte d'être dénoncé et traduit en justice, M. Goehre considère que pour la grande majorité des ouvriers Guillaume II est une figure populaire très sympathique. La mémoire de Frédéric III, le doux Hohenzollern, est également chère aux petites gens ; ils regrettent qu'il n'ait pas régné, ils croient qu'il aurait eu souci d'eux plus que des autres classes. On prête de même à son fils les meilleurs sentiments et les meilleures intentions à l'égard de la classe ouvrière : la Conférence de Berlin lui a donné du prestige. Depuis l'abandon de la loi contre les socialistes, l'Allemagne a été beaucoup moins agitée par les grèves que les autres États, et c'est le seul pays où la démonstration du 1er mai n'a pas abouti à des conflits sanglants avec la police. Le ton des députés socialistes au Reichstag est aussi convenable dans la forme que celui des autres partis. « Nous ne sommes pas, disent les ouvriers, contre le gouvernement de l'empereur qui témoigne de l'intérêt à la question sociale, mais contre ses mauvais amis. » La revue socialiste la *Neue Zeit* parle favorablement de Guillaume II, mais, ajoute-t-elle, sa bonne volonté est destinée à se briser contre l'opposition des cercles bourgeois [1]. On ne saurait d'ailleurs

recommandée à ce sujet, en Prusse, en Bavière, à ceux qui président ces associations.

Les socialistes allemands, d'autre part, comptent beaucoup sur l'armée, qu'ils espèrent voir un jour composée en majorité de leurs adhérents, grâce au système du service obligatoire. Ils calculent qu'ils seront un jour en majorité au parlement, ils ont confiance qu'ils disposeront de l'armée, c'est-à-dire de la législation et de la force publique.

1. « Le rêve de Guillaume II de créer un absolutisme bienfaisant, une sorte de démocratie impériale, où chacun serait bon pour son prochain, où tous dormiraient sur les deux oreilles, bercés dans la sécurité que leur empereur veille pour eux, où la justice régnerait partout, où le bonheur serait la loi du pays,

trouver chez les ouvriers un loyalisme absolu fondé sur un respect servile. Ce sentiment n'existe plus dans la classe ouvrière, il est bien mort.

Le prince de Bismarck qui a toujours fait des intérêts capitalistes le pivot de sa politique, qui s'est toujours appuyé sur les grands propriétaires, les paysans, — est voué à l'exécration publique comme le grand ennemi des ouvriers, comme un traître. C'est lui qui a accablé d'impôts le pauvre monde. M. Goehre a entendu ce dialogue caractéristique : « Que fait Bismarck à Friedrichsruhe? — Il prépare peut-être un attentat contre l'empereur. En 1878, c'est lui qui a armé Hœdel et Nobiling, qui n'étaient pas démocrates socialistes, pour obtenir sa loi contre nous. »

Les ouvriers acceptent en principe le socialisme d'État, l'assurance ouvrière, mais ils en attendent des améliorations et des perfectionnements indéfinis.

La grande majorité ne songe nullement à une révolution sanglante. Ils veulent atteindre leurs buts prochains de réforme ouvrière paisiblement : ce sont les générations à venir qui achèveront l'émancipation du prolétariat. L'empereur s'est rendu compte que la loi contre les socialistes était inutile, tout marche avec ordre et tranquillité. « Il n'y aura de révolution, disent-ils, que si l'on opprime violemment notre cause; les grands souhaitent que nous nous soulevions pour nous écraser, nous ne leur ferons pas ce plaisir. Quand on est armé du bulletin de vote, il n'est pas besoin de faire la révolution à coups de fourche. » Une seule fois M. Goehre a entendu des paroles violentes. M. Leixner constate à Berlin l'existence de groupes

ce rêve n'est pas moins chimérique que les utopies socialistes. » (Harold Frederic, *The young Emperor William II of Germany*, p. 198.)

anarchistes; M. Goehre n'en a pas observé à Chemnitz. Les ouvriers qu'il fréquentait ne croyaient guère aux bruyantes prophéties d'un cataclysme prochain. Il ne nie pas toutefois le danger, si l'on négligeait d'accomplir, ou si seulement on retardait une réforme sociale profonde.

En réalité, malgré le zèle et l'ardeur du parti depuis vingt ans, et malgré le caractère rêveur, idéaliste des Allemands, les théoriciens n'ont pas réussi à faire accepter unanimement par les ouvriers leurs formules fantastiques, à inspirer à tous les mêmes idées et les mêmes vœux. Mais leur activité a été singulièrement destructive dans d'autres domaines.

V. — CULTURE ET CHRISTIANISME.

Le socialisme n'a pas seulement une portée politique et économique; il embrasse tout un cercle d'idées qui comprend une nouvelle conception de la vie du monde [1].

Les ouvriers se distinguent en différentes couches suivant leur origine et leur éducation première. On peut les ramener à trois groupes principaux : les jeunes gens qui viennent de la campagne, élevés à l'école primaire; les fils de petits employés, qui ont suivi la *Bürgerschule*, enfin les fils d'ouvriers des villes. Or, quelle que soit la part plus ou moins grande d'ins-

1. « La démocratie socialiste n'est pas un parti, elle est une conception du monde. Elle prétend organiser, modeler les ouvriers d'après cette conception; elle vise à remplacer Dieu et la religion, la famille et l'État, pour s'y substituer elle-même, avec la souveraineté sans bornes de la Société invisible (représentée par des mandataires élus) sur l'individu, ses efforts, ses pensées et ses actes. » (*Kœlnische Volkszeitung*, 17 octobre 1891, n° 285.)

truction religieuse qu'ils aient reçue, tous ces groupes distincts éprouvent dans la fabrique une transformation complète et uniforme. Ce qu'on leur a précédemment enseigné est détruit de fond en comble, et remplacé par une nouvelle éducation démocrate socialiste au moyen d'une littérature populaire créée par le parti depuis vingt ans, et plus importante que celle d'aucun autre pays.

C'est une littérature superficielle, mais à base *scientifique*, et non plus religieuse ou patriotique, qui vulgarise, dans des brochures à très bon marché, une science accommodée au service et aux intérêts de la démocratie socialiste. Elle donne au peuple liseur des formules, des chiffres, des raisonnements au-dessus de sa compréhension, mais c'est ce qu'il aime. Il y a chez les ouvriers les plus intelligents un besoin d'une culture meilleure et plus large, qui leur offre une compensation pour l'ennui et la monotonie de leur travail manuel, et ce goût de culture prouve bien qu'ils ne sont pas des hommes de destruction sauvage. Un ennemi déclaré de l'utopie communiste, M. Bamberger, dans un discours au Reichstag, louait chez les députés socialistes le talent, la force de travail, les connaissances acquises par ces hommes sortis des couches populaires, dont quelques-uns ont été obligés de consacrer la plus grande partie de leur vie au travail manuel, et souvent dans une condition précaire. — Ce besoin général de culture, d'après M. Goehre, se manifeste surtout par le grand mouvement international de la journée de huit heures, qui, selon lui, vient moins de la paresse ou de considérations économiques, que de l'aspiration ardente chez le peuple de fabrique à plus de lumière, de vérité et de science. — Mais nous ne pouvons partager entièrement sur ce point l'opinion de M. Goehre. Le désir très légitime de plus de loisir pour la culture intellectuelle n'est senti que par une bien peu nombreuse élite d'ouvriers. Elle n'est qu'un prétexte pour les autres, car on ne s'aperçoit pas qu'ils consacrent généralement à leur instruction le temps dont ils pourraient disposer, et ils en donnent plus au divertissement qu'à l'étude.

Afin de satisfaire ce besoin de culture plus ou moins répandu, les chefs de la démocratie socialiste ont popularisé les œuvres de Marx et de Lassalle, de Darwin et de Hœckel, de Büchner et de Moleschott, feuilleté Spinoza et Feuerbach, analysé Schopenhauer [1] et Hartmann, invoqué Strauss et M. Renan. Les ouvriers absorbent tout cela pêle-mêle, à tort et à travers : ils se figurent qu'il suffit de lire pour comprendre, de se mettre dans la tête certaines formules, pour résoudre tous les problèmes. Comme nombre d'esprits même cultivés, ils ne font naturellement aucune distinction entre les hypothèses et les vérités démontrées. M. Leixner, dans ses intéressantes *Lettres sociales de Berlin*, cite des ouvriers qui étudiaient non seulement

1. Schopenhauer avait horreur des doctrines de Moleschott et de Büchner, adoptées par les théoriciens socialistes, il les qualifie de « *plat matérialisme, sorti en rampant de l'œuf du basilic* ». Il professait de même l'aversion la plus profonde pour nos démagogues contemporains : « c'est aux seuls gouvernements qu'ils attribuent les misères colossales du monde; il leur semble que si les gouvernements faisaient leur devoir, le ciel existerait sur la terre, c'est-à-dire que tous les hommes pourraient sans peine et sans soucis se gorger, se soûler, se propager et crever...

« Quand bien même par le secours de l'État on pourrait remédier à l'injustice et à la misère au point que la terre devienne une sorte de pays de cocagne, les hommes en arriveraient à s'entrequereller par ennui, à se précipiter les uns sur les autres, ou bien l'excès de population amènerait la famine et celle-ci les détruirait. »

La philosophie de Schopenhauer serait fort déplacée dans une bibliothèque socialiste.

l'histoire, l'économie politique, mais la métaphysique. Ils suivaient des leçons sur Héraclite, sur Kant, que leur expliquaient des amateurs instruits. Un serrurier s'était construit tout un système philosophique et croyait avoir forgé la clef de l'univers. Voici le catalogue de la bibliothèque d'un ouvrier menuisier berlinois : Büchner, *Force et Matière*; Lassalle, *Système des droits acquis*; Bastiat, *Argent maudit*; — *la Religion naturelle et sexuelle*, traduit de l'anglais; *la Prostitution de Berlin*; deux volumes dépareillés du *Monte Cristo* d'Alexandre Dumas; un volume de l'*Histoire de la Révolution française* de Louis Blanc, et cinq romans de colportage, de la plus basse espèce [1].

Cette demi-culture sans discernement, sans critique, qui d'ailleurs n'est pas spéciale à la classe ouvrière, et où se retrouvent la confusion et le chaos des idées de notre temps, éveille les sentiments d'orgueil, l'esprit de négation. L'excès d'instruction superficielle, des-

1. Les auteurs dont les opuscules et les brochures se débitent le plus sont Lassalle, Engels, Marx, Liebknecht, Bebel, etc. La librairie du journal le *Vorwaerts* publie en outre une bibliothèque socialiste, où figurent les œuvres de Darwin, d'Ibsen, les poètes de la jeune Allemagne; la France est représentée par Paul Lafargue, le gendre de Karl Marx, Gabrielle Deville, Yves Guyot, Sigismond Lacroix. Le débit de ces brochures est très fructueux. (Voir plus haut, p. 156.)

Au congrès d'Erfurt une commission a été chargée d'organiser la publication d'une littérature socialiste à l'usage de la jeunesse, que l'on distribue aux écoliers. Une circulaire officielle toute récente adressée aux maîtres d'école leur prescrit de saisir ces brochures entre les mains des enfants. — « Nous devons, dit Bebel, faire comme le diable qui, quand il a le doigt, possède bientôt l'homme tout entier. »

Une société conservatrice vient de se fonder à Berlin, dans le but de répandre une littérature populaire qui servirait de contrepoison aux brochures socialistes. Mais pour la génération nouvelle, chez les fils d'ouvriers, le socialisme est déjà une tradition de famille, et aucune mesure ne saurait faire obstacle à cette propagande du foyer domestique.

cendue des universités, a contribué à remplir les classes laborieuses de mécontentement.

Le but et le résultat c'est d'opposer le monde naturel au monde moral et divin, de supprimer au nom de la science radicale la vieille culture qui plonge ses racines dans l'esprit du christianisme et de la Bible. La transformation religieuse n'est que le prélude des changements politiques et économiques. Grâce à cette union de la démocratie et de la science matérialiste, les théoriciens se flattent de renouveler la face de la société.

Les ouvriers respirent et vivent dans cette atmosphère intellectuelle. M. Goehre a recueilli de côté et d'autre des opinions caractéristiques exprimées d'une façon tantôt douce et polie, tantôt grossière et rude, selon l'interlocuteur, où ces idées apparaissent confuses dans des têtes novices et mal débrouillées.

De simples ouvriers de fabrique connaissaient Darwin, au moins de nom, la *lutte pour l'existence*, la *survivance du plus apte*, et avaient une vague idée de la théorie transformiste. Deux apprentis, tout en martelant un morceau de fer, discutaient si l'homme descend du singe.

Voici quelques propos épars :

« Ma foi est que la nature est Dieu. Ce n'est pas un être raisonnable, mais simplement la force. »

« La science est contre la Bible. »

« Jamais personne n'a vu le bon Dieu, remarquait un loustic... C'est peut-être une vieille femme acariâtre. »

« Le christianisme est une foi imaginaire. Il s'est produit au IVe siècle où la majorité le fit prévaloir... La Bible est un livre comme un autre. »

« J'aime mieux lire un livre le dimanche que d'aller à l'église, cela m'instruit plus. »

« Pourquoi Dieu ne fait-il plus de miracles? pourquoi permet-il tant de malheurs dans le monde? pourquoi les choses vont-elles si mal pour tant de braves gens? »

« Pourquoi les riches ne suivent-ils pas la doctrine du christianisme? S'ils ont une religion et si la religion est une vérité, que ne la mettent-ils en pratique? Mais la religion aujourd'hui n'est là que pour intimider et maintenir ce grand lourdaud de peuple. » — C'est une opinion générale parmi les ouvriers, que l'Église est une institution créée par la classe qui possède, pour dominer et asservir les classes inférieures.

Un autre était spiritualiste sans croire à la Bible; un père désolé de la mort de sa fille espérait la revoir dans un meilleur monde. A la fabrique où il travaillait M. Goehre n'a rencontré qu'un seul chrétien, et au début chacun le raillait.

Un troisième émettait une idée originale : « L'Église, disait-il, est une école d'abrutissement, une institution d'État bien calculée; il ne faut point malgré cela la détruire, mais la réformer du tout au tout : il faut qu'elle enseigne et prêche au peuple les sciences naturelles. »

Tel autre enfin résumait sa philosophie dans ce couplet :

> Rendez-nous la vie belle et bonne,
> Il n'y a rien après, on ne se voit plus!

Ce sont les antipodes du christianisme, et pourtant Jésus de Nazareth est respecté de tous. Les ouvriers ne croient nullement à la divinité que la théologie lui attribue, mais il reste pour eux le premier socialiste, le grand réformateur qui a essayé, mais en vain, avec des moyens religieux, de faire naître l'âge d'or.

D'après M. Goehre, ce n'est pas dans la défectueuse organisation politique et économique des masses que gît le danger de la démocratie socialiste, c'est dans cette influence matérialiste, dans cet anéantissement du christianisme traditionnel. L'ouvrier considère sa vie comme profondément triste : « Tous les jours se ressemblent; demain il faudra recommencer ce que nous avons fait la veille. Et nous devons encore nous estimer heureux de gagner quelque chose. » C'est le ton du désespoir complet. Or qui lui enseignera non pas le contentement, mais la résignation? Un pas de plus le conduit du désespoir à la révolte, et la révolution est là. « Le peuple n'y songe pas encore, mais il en est peut-être plus près qu'il ne le croit lui-même. » Jouffroy pensait de même que « l'instabilité des gouvernements contemporains, l'impatience des peuples modernes, la fragilité de toutes nos charpentes sociales et de toutes nos machines politiques, n'ont d'autre cause que la chute du christianisme et l'attente d'une religion nouvelle [1] ». — Mais la solidité de la foi est-elle donc une garantie de stabilité? Ne régnait-elle pas au moyen âge, et quelle époque a été plus troublée par les changements politiques et sociaux, les révolutions dynastiques, les formations et les démembrements d'États? La vraie cause, c'est que l'homme, sous quelque régime qu'il vive, avec ou sans croyances dogmatiques, ne se trouve jamais assez bien, il veut être mieux : comme le malade sur sa couche il cherche sans cesse une position moins douloureuse. On a beau lui faire espérer qu'il jouira plus tard de la suprême béatitude, on ne l'empêchera point d'aspirer en attendant aux biens de ce monde.

1. Taine, *Les philosophes classiques du XIX*e *siècle*, p. 216.

VI. — MŒURS ET MORALITÉ DES OUVRIERS.

Comme ils ont une philosophie matérialiste, les théoriciens du socialisme ont une morale utilitaire, infiniment plus claire pour l'observateur dans la pratique de chaque jour, et fort éloignée de l'idée du péché originel, de la chute, de la grâce, de la rédemption. Pour eux, ce qui constitue la moralité ce sont les mœurs régnantes, et l'opinion sur ces mœurs, déterminée par la couche sociale où chacun vit.

M. Goehre constate qu'il n'est pas vrai de dire que les démocrates socialistes avérés soient moralement les plus corrompus. Au contraire leurs théories donnent à ceux qui ont reçu une bonne éducation la conscience de la fraternité des hommes et des peuples, la foi en une mission politique et économique du quatrième état. Bebel est le type le plus élevé de ces sortes de caractères profondément honnêtes, bien doués, laborieux, mais ivres d'une demi-culture et des résultats de la science, et chez qui, par un assez fréquent contraste, les doctrines déterministes et matérialistes aboutissent à un idéalisme rêveur, aux promesses d'un avenir chimérique. D'ailleurs dans la classe ouvrière, comme dans toutes les autres classes, la variété de mœurs tient moins à la doctrine qu'au naturel de chacun. Il y a nombre de pères de famille, excellents ouvriers, laborieux, économes, d'une habileté héroïque à rogner sur toutes choses, bien que les doctrines de la démocratie socialiste soient peu favorables à l'épargne ; il y a des paresseux, des mauvais sujets, des dissipateurs. — Le vol, très fréquent dans les auberges où il ne fallait rien laisser traîner, était rare à la fabrique. Les ouvriers, quand ils pouvaient se soustraire à la surveillance, travaillaient seulement pour leur compte. Quelques-uns dérobaient des outils peu importants. Un camarade racontait à M. Goehre qu'il avait emporté chez lui une vis :

« C'est défendu, c'est un péché, lui objectai-je, pour l'amener sur ce sujet.

— Non, répondit-il, ce n'est pas un péché, on ne commet jamais un péché dans une aussi grande fabrique que celle-ci. Les propriétaires pèchent aussi envers nous. Ah! nous autres pauvres gens. »

Un ivrogne disait un jour au cabaret : « L'honnêteté m'a perdu, je n'ai pas voulu tromper comme les riches, les messieurs gras. »

La peste de l'alcoolisme était peu répandue chez les ouvriers de la fabrique, elle est rare chez les ouvriers sédentaires. M. Goehre comptait parmi ses camarades très peu de nez rouges. Un compagnon sujet à des attaques de *delirium tremens* n'inspirait aucune sympathie. Le règlement interdisait de vendre du schnaps dans l'intérieur de la fabrique [1]; on consommait surtout de la bière. Sobres pendant la semaine, les ouvriers comme tous les gens qui font abstinence forcée, se dédommagent les jours de marché et les jours de fête par des bombances et des beuveries quand leurs ressources le permettent.

Il n'était pas rare de rencontrer à Chemnitz, surtout parmi les jeunes apprentis, des viveurs comme on en trouve chez les fils de famille. Les ressources des villes et les occasions stimulent leurs désirs; eux aussi veulent s'amuser avant d'entrer dans la vie grise et mono-

1. Un projet de loi a été présenté au Reichstag pour la répression de l'ivresse. Dans le rapport officiel sur ce projet, l'ivrognerie est signalée comme « une calamité nationale ». — On objecte que la loi n'atteindra pas les buveurs d'habitude, que ceux-là seuls seront punis qui ne s'enivrent que par exception, et qui supportent moins la boisson que les autres.

tone qu'ils mèneront ensuite jusqu'à leur dernière heure. Tels qui gagnent de 40 à 50 francs tous les quinze jours, dépenseront en un seul dimanche 10 à 12 francs à boire, à fumer, à faire fête.

Il n'est pas de plus grand attrait que la salle de danse. M. Goehre a fréquenté à Chemnitz tous les établissements de ce genre, et le plus mal famé, la *Couronne impériale*, surnommé l'*os saignant*, à cause des mauvais coups qu'on y échange. C'est un établissement du plus bas étage, rendez-vous des ouvriers, des soldats de la garnison, des servantes, des filles de fabrique, des filles publiques et de leurs souteneurs. M. Goehre y fut provoqué de la façon la plus ordurière, et obligé de s'esquiver pour échapper à une mauvaise querelle. Le *Colosseum*, au contraire, dont le prix d'entrée s'élève à 60 centimes, est le bal public le plus élégant, où l'on rencontre le high life de l'aristocratie ouvrière, les demoiselles de magasin, les cocottes les plus huppées, et aussi des bourgeois, des avocats, des officiers en civil. Les ouvriers y viennent eux-mêmes si bien mis, qu'on ne les distingue qu'à l'absence du monocle; et à leurs mains plus épaisses. Personne ne porte de gants, et les dames, par un geste muet et expressif, offrent leur mouchoir à leur danseur, de crainte que la sueur des mains ne tache leur corsage.

Les salles de danse pullulent dans les faubourgs de Chemnitz. Dans toutes règne une gaîté de kermesse : on embrasse dans les coins de beaux visages riants et rouges d'animation et de plaisir, on presse de belles formes pleines et fortes. Vers minuit la musique cesse; la salle se vide, les lumières s'éteignent. Les couples, si le ciel est propice, se répandent dans la campagne, et les étoiles scintillantes éclairent les plus doux péchés ; ou bien on accompagne l'aimée en deçà, le plus souvent au delà de la porte de sa petite chambre, et l'on partage son étroite et dure couchette : c'est presque toujours la conclusion obligée. Le dimanche qui représente l'ennui pour la classe riche, est au contraire pour les classes laborieuses la bonne journée, celle où l'on danse avec sa maîtresse, où l'on oublie l'accablant labeur de la semaine, et les incertitudes du lendemain.

Il n'y a pas à Chemnitz, M. Goehre l'affirme, de jeune homme ou de jeune fille qui au delà de dix-sept ans soit encore chaste et vierge. M. Leixner abaisse encore cet âge chez les ouvrières de Berlin. Un des thèmes les plus rebattus dans les réunions publiques consiste à présenter les filles des prolétaires comme séduites par les bourgeois, sacrifiées au Moloch capitaliste. Or quiconque connaît les jeunes ouvrières berlinoises, peut affirmer que les trois quarts sont déjà corrompues par la vie de fabrique dès l'âge de quatorze ou quinze ans, souvent sans leur faute, et que leurs séducteurs, à peu d'exceptions près, sont de jeunes ouvriers de dix-sept à dix-huit ans. Rarement les liaisons durent plus d'une ou de deux années; si ces filles tombent dans la prostitution, l'ancien « fiancé » devient parfois le souteneur, l'Alphonse, le « Louis », comme on dit en Allemagne [1].

A Chemnitz chacun a sa maîtresse ou ses maîtresses, chacune a son amant. Ceux qui s'en tiennent aux prostituées qu'on paie sont peu considérés. Une jeune fille ne doit pas céder tout de suite à une première connaissance, elle doit d'abord se laisser faire la cour, un peu moins longtemps toutefois que les dames du monde, qui ont plus de vanité, de distractions et de

1. Leixner, *Soziale Briefe aus Berlin*, 1891. L'excès d'instruction tend à augmenter en Allemagne l'armée des prostituées. Les jeunes filles, au sortir de l'école, méprisent les travaux des champs, émigrent à la ville attirées par la fabrique ou la machine à coudre, et sont aussitôt débauchées.

loisirs. Quand par aventure elle devient grosse, son amant l'épouse d'ordinaire presque aussitôt, même s'il ne la connaît que depuis quelques semaines. Nombre de mariages ouvriers n'ont pas d'autre origine; le hasard en décide plus que le besoin de se créer un intérieur. Le mariage est même considéré d'ordinaire comme la plus grande bêtise qu'un homme puisse commettre. Pour beaucoup la femme n'a qu'un double but, satisfaire machinalement le penchant sexuel, et tenir le ménage. L'instinct l'emporte sur la réflexion, les enfants viennent en foule, c'est la gêne extrême; on aime pourtant ses petits, on se prive pour eux.

La modicité des salaires, la promiscuité des logements insuffisants, rendent la plupart du temps impossible à l'ouvrier, même avec la meilleure volonté, de réaliser « la famille chrétienne qu'on lui prêche si volontiers du haut de la chaire » : il faudrait pour cela qu'il fût un saint. Le père est absent tout le long du jour, la mère généralement absorbée par les soins d'intérieur, les enfants livrés à eux-mêmes font leur éducation dans la rue.

Les bons ménages sont rares. Comme toujours l'homme exige la fidélité, sans s'y astreindre lui-même. Mais ce qui distingue la classe ouvrière des autres classes, c'est que la femme y est estimée beaucoup plus bas et souvent battue. Quand la démocratie socialiste exhale des plaintes sur le sort de la femme, et revendique son émancipation, elle a devant les yeux la condition de la femme ouvrière et la misère du ménage ouvrier.

Dans les rapports des ouvriers entre eux, ce qui frappe à première vue, c'est la bonne camaraderie, l'accord qui règne dans le travail de fabrique, l'union à la salle de vote, un sentiment de solidarité plus puissant que dans toute autre classe, parce qu'on sent mieux l'identité des intérêts, et la nécessité de s'entr'aider. Mais en dehors des réunions et des votes politiques, les ouvriers, comme tous les autres hommes et à l'exemple de leurs chefs, sont divisés en groupes et en coteries, se jalousent, se raillent et se méfient les uns des autres. « N'écoutez pas un tel, disait-on souvent à M. Goehre, c'est un rapporteur. » « Il y a bien de la canaille dans cette boutique », grommelait un vieil ouvrier aigri. Il en est de la solidarité socialiste, dans la pratique journalière, comme de l'amour du prochain : certes l'on aime son prochain, pourvu toutefois qu'il reste à l'état abstrait et anonyme, car dès qu'il prend forme et figure, les sentiments « altruistes » changent de face; on se déchire à belles dents, et les amis mêmes passent pour le régal le plus délicat. — Le principe d'égalité dont le parti fait parade, n'est pas d'une application plus fréquente. L'ouvrier qui gagne 60 centimes de plus que son camarade se juge infiniment supérieur à lui. J.-J. Weiss avait bien raison de définir l'homme un animal aristocratique : les différentes couches sociales se déversent le dédain d'étage en étage; depuis le premier rang jusqu'au dernier c'est une cascade de mépris. Autant de traits de la nature humaine, et il y aurait plutôt lieu d'être surpris, s'ils ne se rencontraient pas parmi les ouvriers [1]. On aura beau modifier l'organisation sociale,

1. Les socialistes indépendants, écartés du parti depuis le congrès d'Erfurt, reprochent à ceux qui le dirigent, à Bebel, à Singer, à Liebknecht, « de flatter les ouvriers pour les mieux dominer, de saluer en eux le modèle de toutes les vertus, comme si l'immoralité n'existait que chez les bourgeois, comme si tous les ouvriers possédaient une culture scientifique, comme s'ils étaient capables de décider les questions les plus graves qui exigent de longues études... C'est pour ce motif, disent les

on ne changera point les hommes; cela pourtant serait l'essentiel.

L'union de la classe ouvrière lui vient de son éloignement, de sa défiance des autres classes, du sentiment d'un abîme qui l'en sépare, par-dessus tout de la haine objective des riches, qui, comme elle le croit, ne s'ennuient jamais, mangent, boivent, dorment à leur aise, ont de belles femmes, voyagent, se distraient de toutes les façons. Les oisifs surtout déconsidèrent la classe opulente : ils composent toute une catégorie de frelons sociaux, contre lesquels le socialisme proteste à bon droit. Mais beaucoup de riches travaillent, il en est quelques-uns qui consacrent leur temps à des œuvres d'art et de science. Les ouvriers n'ont pas pour ceux-là plus d'estime, car ils ne comprennent pas le travail sous sa plus haute forme, le labeur désintéressé de l'artiste et du savant. Ce qui compte pour eux, c'est ce qu'ils pratiquent, l'activité corporelle, le pénible effort musculaire; et cette conception se retrouve dans les théories économiques de la démocratie socialiste, elle est le fondement même du système de Karl Marx.

En résumé, M. Goehre a trouvé chez ses camarades de fabrique de mauvaises, mais aussi de bonnes et aimables qualités; il a rencontré de braves gens. La classe ouvrière n'est pas plus immorale que toutes les autres classes étant donnée la situation matérielle où elle se trouve, et les conditions de vie sont pour elle infiniment plus dures : point d'éducation, point de loisirs, des soucis pressants qui ne cessent ni ne changent.

La conclusion générale de M. Goehre, conforme à

jeunes socialistes (non sans quelque exagération), que nous nous sommes retirés du parti ». (Discours d'Auerbach du 8 novembre 1891.)

celle que nous avons précédemment exprimée nous-mêmes, c'est que la question ouvrière n'est plus seulement une question d'estomac et de salaires, comme elle l'était pour les chartistes anglais de 1840; aujourd'hui les ouvriers qui obtiennent une haute paye pensent comme les autres. Le peuple qui travaille à la fabrique ne croit pas seulement à la possibilité d'un meilleur ordre dans la production économique; il veut s'organiser en classe distincte, en imposer par sa force, être plus considéré, jouir d'une plus grande liberté et, s'il se peut, dominer à son tour les autres classes. Ces aspirations sont encore obscures et vagues, mais le mouvement s'accomplit par une poussée incessante, avec la force d'un élément naturel. On ne peut méconnaître à quel point est sérieuse cette agitation des profondeurs populaires. M. Leixner juge pareillement que la démocratie socialiste offre des analogies avec la foi religieuse : ce qui le prouve, c'est qu'elle compte à son service tant de fanatiques; ils obéissent aveuglément aux chefs, considèrent les formules d'idées fixes débitées dans les réunions publiques comme des articles de dogme, contre lesquels nulle raison, nul argument ne sauraient prévaloir. Ainsi envisagée la démocratie socialiste apparaît comme le premier grand mouvement qui se soit emparé du monde depuis la réforme; elle prétend se rattacher au mouvement intellectuel qui découle et découlera de plus en plus des progrès de la science contemporaine, et qui a tant d'importance, de grandeur, de certitude et d'avenir.

Il est non seulement impossible de refouler le courant, mais même de le ralentir. Il ira croissant, se répandra dans les campagnes à mesure que l'agriculture deviendra industrielle, comme elle y tend aujourd'hui. Les temps patriarcaux sont à jamais passés. L'ouvrier ne veut plus être protégé; il veut formuler lui-même son programme, ses prétentions, ses exigences. Tout ce qu'on peut espérer, c'est que, comme l'ouvrier anglais, il devienne plus pratique, à mesure qu'il deviendra plus capable et plus éclairé.

Cette conclusion de M. Goehre ressemblerait fort à un aveu d'impuissance, s'il n'avait la foi. Car il faut la foi pour croire qu'on pourra substituer un socialisme chrétien au socialisme incrédule, lorsqu'il a pénétré si avant. M. Goehre est persuadé qu'à force de zèle religieux, par une réforme de l'éducation, une organisation de nombreuses petites paroisses, on parviendra, non pas à détruire la démocratie sociale, mais à persuader aux ouvriers qu'on peut être à la fois chrétien et démocrate socialiste, à ôter à la doctrine sa moelle matérialiste, à faire triompher la vraie science sur la fausse science. En sa qualité de pasteur, M. Goehre propose un remède religieux. — Mais M. Leixner constate qu'à Berlin la *mission intérieure* protestante, comme aussi les sociétés catholiques de Saint-Vincent de Paul et de Saint-Boniface, malgré leur activité charitable, ont fait très peu de chose : on accepte les dons d'un air contrit, mais on rit sous cape des donateurs. Les querelles de sectes dans le protestantisme nuisent en outre à l'action religieuse : le catholicisme dont M. Goehre parle avec peu d'estime, est pourtant une plus forte digue contre le flot montant du socialisme démocratique, moins répandu dans l'Allemagne catholique que dans l'Allemagne protestante. Mais l'exemple de la Belgique montre bien qu'un pays catholique n'est pas pour cela mieux préservé : l'alliance de l'Église et du quatrième état ne semble pas près de s'y établir.

Malgré tout ce que peuvent inspirer de confiance, tout au moins de respect, le zèle et le courage de M. Goehre, et d'hommes appartenant à d'autres confessions, mais animés du même esprit, ce qui ressort de son livre sincère, c'est justement l'impossibilité de ramener les ouvriers des villes à la conception religieuse du christianisme, une fois qu'ils l'ont perdue, d'effacer cette demi-culture scientifique qui leur vient de leur activité même dans la fabrique. Le paysan isolé aux champs, dont la récolte dépend de l'incertitude et du caprice apparent des saisons, est plus porté à croire à l'action d'une providence arbitraire qui se laisse fléchir : l'ouvrier toujours devant sa machine, qui la voit se mouvoir selon le jeu immuable des forces naturelles, possède assez de raisonnement pour opposer la science au dogme. Le christianisme en tant que théologie est à jamais détruit en lui [1]. Il est détaché des traditions morales et religieuses comme des traditions politiques et sociales. Mais voici que ce positivisme matérialiste et « scientifique » n'efface en lui tous les vestiges du passé, que pour le livrer à l'utopie socialiste, au rêve insensé d'une société de l'avenir libre de toutes les calamités publiques et particulières inséparables de la nature humaine, où nul n'agira par intérêt personnel, où tous jouiront d'un bonheur égal. En sorte qu'il est bien vrai de dire que l'homme, quelle que soit son éducation, fût-elle même à demi scientifique, est au premier chef un être voué à l'illusion et à la chimère qui l'aident à supporter sa condition misérable.

1. M. Leixner, pour faire renaître le sens religieux dans le peuple, voudrait qu'on enseignât un christianisme qui n'attribuerait absolument aucune valeur au dogme, un christianisme selon l'esprit de l'évangile.

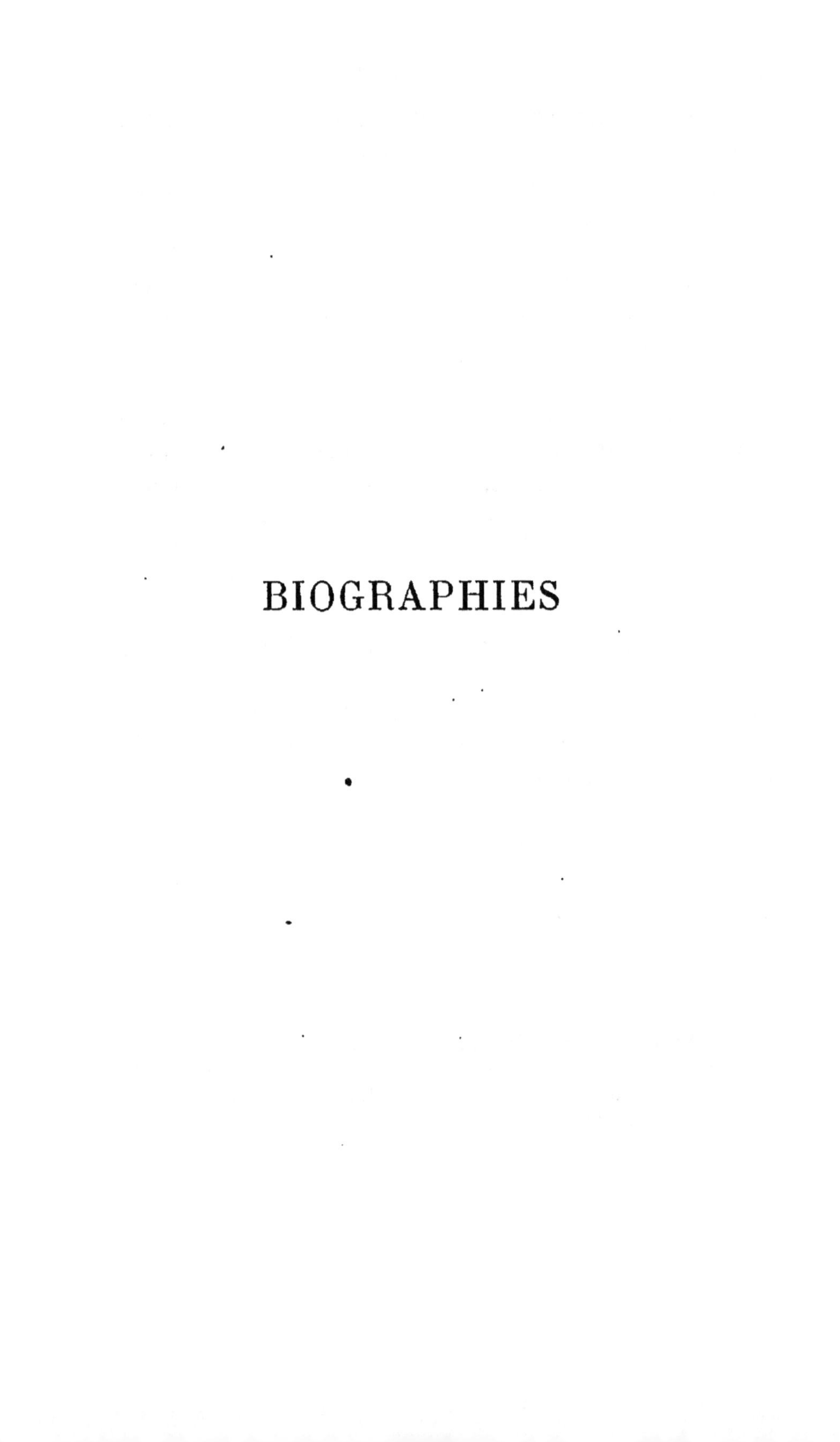

BIOGRAPHIES

KARL MARX [1]

Karl Marx est le chef intellectuel de la démocratie socialiste allemande qui vit dans le cercle de ses idées. Lassalle, comme théoricien, est aujourd'hui relégué dans l'ombre. Marx et Engels, au contraire, bien qu'ils n'aient que rarement pris une part directe à l'activité du parti dans leur pays, en sont restés l'âme; et leur influence s'étend bien au delà de l'Allemagne, sur le prolétariat universel. Nous avons rapproché le nom de Marx de celui de Rousseau; nous avons dit que son œuvre volumineuse *le Capital* exerçait en cette seconde moitié du siècle une influence analogue à celle du *Contrat social*, ce traité rationaliste de quelques pages qui a fait couler tant de sang et amoncelé tant de ruines. Mais ce qui met Marx et Lassalle hors de pair, ce qui leur assure une place à part dans le nombre des uto-

1. Il n'existe pas de biographie étendue de Karl Marx. On trouve des détails sur les débuts de Marx comme théoricien et agitateur dans l'étude d'Adler : *Die Geschichte der ersten sozialpolitischen Arbeiterbewegung in Deutschland*. Berlin, 1885. — Sur l'ensemble de sa vie et de son œuvre, M. Gross a écrit une courte et substantielle brochure : *Karl Marx, eine Studie*. Leipzig, 1885. — Voir aussi Dawson, *German Socialism*. Londres, 1888.

pistes en quête d'un monde meilleur, c'est que ces théoriciens abstraits et de profonde culture, dont on peut d'ailleurs contester l'originalité, ont été en même temps des organisateurs émérites; c'est que « la théorie est chez eux l'instrument qui leur servit à créer très effectivement un corps organisé pour vivre, non pas une école, ni même une secte, mais un véritable parti dans l'état social ». Leurs opinions ont trouvé une expression redoutable dans deux mouvements considérables de l'histoire récente : la démocratie socialiste allemande et l'Internationale, c'est-à-dire « la solidarité universelle des travailleurs, non pas seulement idéale, mais agissante et effective ». Marx a tenté de créer par là une force capable d'assujettir un jour le monde politique et de le transformer[1]. Comme tel il restera une figure historique.

I. — L'AGITATEUR ET L'ORGANISATEUR DU PROLÉTARIAT.

Lassalle, Marx et Engels, qui n'ont cessé de persuader aux travailleurs que l'affranchissement du prolétariat devait être l'œuvre de la classe ouvrière, qu'il fallait, avant tout, ôter au radicalisme bourgeois la direction des intérêts ouvriers, appartenaient eux-mêmes à la bourgeoisie, à la classe des oppresseurs.

Karl Marx est né à Trèves, le 5 mai 1818. Comme Lassalle, comme tant d'hommes distingués de ce temps, il était de pure race juive. Son arbre généalogique donne en ligne droite, jusqu'au XVIe siècle, une série ininterrompue de rabbins, dont plusieurs

1. *Le Socialisme allemand* (Berlin, 1889), préface à la traduction française des discours parlementaires du prince de Bismarck sur la question sociale.

laissèrent une réputation de théologiens savants. Le nom de famille, Mordechaï, fut supprimé par son grand-père. Son père, avocat au tribunal de Trèves, se fit baptiser, quand la ville passa de la domination française sous celle de la Prusse en 1814, pour ce motif, dit-on, qu'il aurait dû sans cela renoncer à une profession libérale, interdite aux gens de sa race. Tel fut également le motif de la conversion de Henri Heine. On a cherché dans cette religion forcée la cause de la violence des attaques de Karl Marx contre le christianisme. Disciple zélé de Hegel, Marx appartint dès le début à cette école révolutionnaire de la gauche hégélienne qui, en ces temps propices à l'exégèse, se proposait de purger la raison humaine de ses vieilles croyances. Dans un de ses premiers essais, qu'il écrivait en 1843, à 25 ans, il considère que la critique de la religion doit précéder toute autre critique. La religion est l'*opium du peuple*, il importe à son bonheur véritable qu'il la supprime comme bonheur illusoire. Il n'est pas d'ailleurs plus favorable au judaïsme qu'au christianisme : dans un second essai publié l'année suivante, il traite la question juive au point de vue de l'émancipation des juifs, de l'égalité des droits à leur accorder : « Quel est, demande Marx, le fondement temporel du judaïsme? c'est le besoin pratique, l'intérêt personnel. Quel est le culte temporel des juifs? le trafic usuraire. Quel est leur Dieu temporel? L'argent. » Le judaïsme lui apparaît en conséquence comme un élément antisocial; et sa conclusion ne manque point d'ironie : « L'émancipation sociale des juifs, c'est l'émancipation de la société du judaïsme. » La question alors soulevée était celle de l'émancipation, et non, comme aujourd'hui, celle de la persécution. Le parti socialiste n'a pas adopté ces opinions de jeunesse de Karl Marx; un de ses présidents actuels est un juif capitaliste, le député Singer. Ce sont des conservateurs chrétiens qui attisent aujourd'hui l'antisémitisme en Allemagne.

Marx débuta par l'étude du droit, aux universités d'Iéna et de Bonn, alors que son goût le portait vers l'histoire et la philosophie. Il songeait à suivre la carrière académique, et se préparait, en 1842, à se faire recevoir *docent* de philosophie. Mais parce qu'il jugea qu'il ne jouirait pas d'une pleine liberté de parole, comme professeur, et surtout parce que, depuis l'avènement au trône de Frédéric-Guillaume IV, en 1840, un souffle d'opposition plus fort et plus brûlant semblait traverser la Prusse, Marx devint journaliste, et se jeta dès le début dans le radicalisme extrême.

Il n'est pas aujourd'hui de ressource plus efficace, si l'on cherche à gagner une rapide influence. Plus d'un se proclame radical et socialiste pour la même raison que dans les royautés bien affermies on professe une foi royaliste exaltée : c'est le moyen de parvenir. En Prusse toutefois, où la vie et les partis parlementaires n'existaient point, le plus clair bénéfice que l'on pût retirer de telles opinions, c'étaient les tribunaux, la prison, l'exil. De brillantes perspectives d'avenir s'ouvraient devant Marx, soit dans le haut enseignement, soit comme fonctionnaire de l'État, s'il eût suivi les voies régulières. Les mobiles qui nous font agir sont difficiles à démêler et toujours complexes : l'ambition, l'intérêt, l'orgueil y ont leur part, et aussi la vocation obstinée, les convictions ardentes et généralement sincères dans la première jeunesse. Marx et Engels manifestent le tempérament révolutionnaire dès l'origine. Ils sont nés tels.

Les idées démocratiques de la Révolution française, en même temps que le Code civil, avaient pris racine sur les bords du Rhin, pendant qu'avait duré l'annexion. Le régime prussien, la morgue des Junkers y étaient exécrés autant qu'ils le sont aujourd'hui en Alsace. Karl Marx, rédacteur, puis directeur de la *Rheinische Zeitung* à Cologne, de 1842 à 1843, se posait en leader de la bourgeoisie radicale. C'est au cours d'une polémique avec la *Gazette universelle d'Augsbourg* sur les principes du communisme français qu'il se mit à étudier l'économie politique. Du radicalisme au socialisme la transition fut aisée.

Le gouvernement prussien supprima son journal en 1843. A la veille de commencer une vie errante, Marx faisait un mariage aristocratique; il épousait la fille du báron de Westphalen, conseiller de gouvernement à Trèves, la propre sœur d'un ministre du roi de Prusse, et dont la famille [1] était alliée aux ducs d'Argyll. Les jeunes gens se connaissaient dès l'enfance. Marx, selon la coutume allemande, s'était fiancé de bonne heure, à 17 ans, avant même d'entrer à l'Université, et il se mariait neuf ans après. Contrairement à Lassalle, célèbre par ses aventures et ses bonnes fortunes, il avait comme Proudhon le goût de la vie de famille [2], bien que la suppression de la famille bourgeoise fût un des articles de son programme.

A peine marié, le jeune couple se rendit en France, dans un exil volontaire, qui se changea bientôt en un exil forcé. Arnold Ruge avait appelé Marx à Paris, ce foyer d'idées nouvelles et d'agitation socialiste, et ils publièrent ensemble les *Annales franco-allemandes*, auxquelles collaborèrent Henri Heine, Bakounine, Herwegh, Feuerbach, Jean Jacoby. Marx y bafouait

1. D'après M. Paul Lafargue, gendre de Karl Marx.

2. Six enfants lui naquirent, dont trois moururent en bas âge, à Londres, où le ménage, au début, souffrit une grande gêne.

le patriotisme, ou plutôt le loyalisme des Allemands, cet attachement servile aux souverains qui les tyrannisaient, objet des satires sanglantes de Henri Heine; il espérait que la philosophie, telle que la comprenait la gauche hégélienne, dépouillée d'idéalisme, affranchie des conceptions spiritualistes et religieuses du temps passé, et fixant toute dévotion et tout enthousiasme sur l'humanité et les intérêts positifs de l'immense majorité sacrifiée aux privilèges de classes, qu'une telle philosophie athée, démocrate, socialiste, serait le point de départ de la révolution. Il cherchait dans le temps présent des analogies avec la Réforme. Comme autrefois l'Allemagne était servante de Rome, elle est aujourd'hui servante des gentillâtres ruraux de Prusse et d'Autriche: la théorie religieuse a permis à Luther de briser les chaînes, la théorie philosophique deviendra libératrice à son tour. Une fois que la philosophie critique se serait emparée des masses, Marx se flattait de les soulever, d'accomplir la révolution du prolétariat. — En même temps que Marx publiait dans les *Annales* la *Critique de la philosophie du droit* de Hegel, un autre écrivain, aussi jeune que lui, Frédéric Engels, occupé dans une maison de commerce à Manchester, collaborateur de journaux chartistes et du *Nouveau Monde* de Robert Owen, lecteur assidu de Hegel et de Feuerbach, mais qui joignait au sens philosophique de l'Allemagne l'esprit pratique de l'Angleterre, insérait, dans les mêmes *Annales*, l'*Esquisse d'une critique de l'économie nationale*, premier essai pour fonder le socialisme scientifique sur l'économie politique. Cet article fut l'occasion qui unit les deux jeunes gens d'une amitié indissoluble, rare parmi les politiques, les philosophes et les littérateurs. Dès ce moment Engels devint le collaborateur zélé de Marx, et fut toujours prêt à s'effacer, avec le plus noble esprit de sacrifice, devant la gloire de son ami. Hormis Marx, personne n'a exercé plus d'influence que Engels sur le parti socialiste en Allemagne et sur le socialisme international; et dans leur œuvre théorique aussi bien que dans leur agitation pratique, la part qui revient à chacun d'eux en particulier est malaisée à fixer.

Non moins importants que cette liaison avec Engels ont été les rapports de Marx et de Proudhon durant ce séjour à Paris. « Pendant de longues discussions qui se prolongeaient souvent dans la nuit, raconte Marx, j'infectais Proudhon, à son dommage, d'hégélianisme, qu'il ne pouvait étudier convenablement à cause de sa connaissance imparfaite de la langue allemande; ce que je commençai, M. Karl Grün le continua, après mon expulsion de Paris, et en sa qualité de professeur de philosophie, il avait sur moi cet avantage qu'il n'y entendait rien lui-même. » C'est en ces termes dédaigneux que Marx s'exprimait sur Proudhon dans le livre qu'il publiait contre lui en 1847, sous ce titre spirituel : *la Misère de la Philosophie, réponse à la Philosophie de la Misère de M. Proudhon*. Proudhon lui écrivait : « J'attends votre férule critique. » La férule ne fut pas de son goût, car elle mit fin à leur amitié pour toujours. C'est la scène de Gil Blas et de l'archevêque de Séville. Marx reprochait à Proudhon, non pas son socialisme, mais son ignorance de Hegel, sa demi-culture philosophique et son indécision pratique. Proudhon parlait avec la même aversion des théories communistes : « Retirez-vous de moi, communistes, vous me dégoûtez. » Les anarchistes que Marx répudiait, et qui ont invoqué les théories de Proudhon, ne nous semblent guère plus attrayants. Le socialiste français n'en a pas moins laissé sur l'esprit du théoricien allemand son empreinte marquée. Dans son ouvrage sur *le Collectivisme* (2e édition, p. 277), M. Paul Leroy-Beaulieu cite un passage du *Système des contradictions économiques*, qui établit, un quart de siècle avant Marx, la théorie de l'augmentation du capital par la *plus-value* dérobée au travail de l'ouvrier, thème sur lequel Marx a glosé d'une manière infinie, sans citer Proudhon, et qui est la pierre angulaire de tout son système.

Marx ne s'occupait pas seulement à Paris de travaux théoriques. Il y était mêlé à des organisations politiques, que le gouvernement prussien surveillait; M. Guizot, à la demande d'Alexandre de Humboldt, l'expulsa en 1845. Il se rendit avec sa famille à Bruxelles, où Engels vint le rejoindre : là ils se consacrèrent à la propagande revolutionnaire avec une activité fébrile. Les idées de Marx s'étaient transformées; les deux amis prirent congé définitif de la philosophie de Hegel, de l'idéologie allemande, dans un livre qu'ils publièrent en commun : *la Sainte Famille, ou critique de la critique critiquante contre Bruno Bauer et consorts* ». satire de l'idéalisme que Marx veut remplacer par le réalisme historique. Sur les ruines de cette philosophie dont ils ne retenaient que l'idée d'évolution, ils établissaient les bases du matérialisme évolutionniste. Ils virent clairement qu'il ne s'agissait pas de créer des plans et des systèmes utopiques, mais d'étudier les transformations économiques et sociales, en cours de s'accomplir. L'histoire leur apparaissait comme un combat de classes, pour arriver à la domination économique et à l'exploitation des faibles; et le socialisme comme le produit nécessaire du développement industriel. Le socialisme historique et « scientifique » de Marx se distingue par là des autres écoles. — Il en diffère par la théorie et aussi par la tactique. En même temps qu'ils cherchaient à fixer la doctrine, Marx et Engels songeaient à organiser pratiquement le parti socialiste; ils fondaient à Bruxelles l'*Association des ouvriers allemands*, avec la *Deutsche Brüsseler Zeitung* pour organe. En 1847, leur autorité était déjà telle, que l'*Alliance des communistes*, fondée en 1836 à Paris, et composée surtout d'émigrants et d'ouvriers allemands, leur envoyait des délégués, pour leur demander d'en faire partie, en promettant de se conformer à leurs vues. Marx et Engels transformèrent cette société; ils lui ôtèrent tout caractère de conspiration, ils en firent une société de propagande communiste internationale. Ils partaient de ce principe, qu'une agitation qui se sert de tous les moyens d'action publique qu'offre l'État moderne pour exciter le mécontentement et l'antagonisme des classes, promet de plus grands résultats que les conspirations secrètes, les attentats contre les personnages politiques et les insurrections locales. L'essentiel est d'ébranler la foi du peuple dans la justice de l'ordre social établi, de lui donner conscience de l'évolution économique de la société, et de l'avènement *nécessaire* du prolétariat, appelé à supplanter la bourgeoisie comme celle-ci a supplanté la noblesse. Quand l'esprit révolutionnaire se sera emparé de l'opinion, cette reine du monde, l'État actuel s'écroulera à la moindre poussée. Ils sont bien loin de dédaigner l'emploi de la force et de la violence, mais ils ne veulent pas qu'il soit prématuré, intempestif [1]. — Voilà dans sa pureté la méthode marxiste, toujours appliquée, comme on l'a vu, par le parti socialiste en Allemagne, et qui répudie absolument les procédés anarchistes. — Enfin Marx et Engels imprimèrent plus profondément à l'*Alliance des communistes* le caractère international. Ce fut là comme une première ébauche de l'*Association inter-*

1. Mehring, *Die Deutsche Sozialdemokratie*. Brême, 1879.

nationale des travailleurs qu'ils contribuèrent à fonder plus tard. Le siège de l'autorité centrale de l'*Alliance* avait été transporté à Londres, où, à la suite d'un congrès qu'on y tint en 1847, Marx et Engels furent chargés de rédiger le manifeste publié à la veille de la révolution de Février, qui fut traduit dans les principales langues et répandu dans tous les pays.

Nous donnons plus loin une analyse de ce document très important, par lequel Marx se posait, à vingt-neuf ans, en chef d'un parti prolétaire de grand style, qui n'existait, à vrai dire, que sur le papier; ce manifeste s'adressait au début à de petites associations secrètes de quinze à vingt membres. Des millions d'ouvriers répondent aujourd'hui à son appel : « *Prolétaires, unissez-vous!* »

La révolution de Février, qui éclatait quelques mois après, semblait justifier les prévisions de Marx. Expulsé de Bruxelles le 3 mars, il retournait à Paris où le gouvernement provisoire, par l'intermédiaire de Flocon, l'invitait à revenir. Mais dès que le mouvement révolutionnaire eut gagné l'Allemagne, nous retrouvons Marx à Cologne, où il fondait avec Engels et Freiligrath la *Neue Rheinische Zeitung* : ce journal, le plus influent de ces années de révolution, avait pour programme *la République allemande, une et indivisible, le rétablissement de la Pologne, la guerre avec la Russie*, guerre sainte que prêchent encore les chefs du parti socialiste en Allemagne. C'était le seul journal allemand qui soutînt l'opposition irréconciliable des intérêts des ouvriers avec ceux des autres partis et des autres classes de la société moderne, comme aussi des dynasties Habsbourg ou Hohenzollern. La démocratie bourgeoise ne semblait pas à ses rédacteurs moins haïssable que l'aristocratie réactionnaire. « Il n'y a qu'un moyen, écrivait Marx, d'abréger les douleurs sanglantes de la naissance de la société nouvelle : le terrorisme. » Ils approuvèrent et encouragèrent les soulèvements de Dresde et de la province du Rhin auxquels Engels prit une part active. Dès 1849 le journal fut supprimé.

Expulsé de Prusse, puis de Paris, à la suite de la démonstration du 13 juin 1849, à laquelle il ne fut pas étranger, Marx allait se fixer définitivement à Londres. Après 1850, la défaite du parti républicain entraînait l'élement socialiste dans sa chute. Les combats économiques furent ajournés, les masses prolétaires retombèrent dans leur repos habituel. L'*Alliance des Communistes* s'était divisée, le procès de Cologne y mit fin (12 novembre 1852) ; Marx la ressuscitera douze ans plus tard, en fondant l'Internationale. Pour le moment il renonçait à l'agitation pratique, s'enfermait dans la bibliothèque du British Museum, et se plongeait dans les études économiques d'où sortira *le Capital.*

Il vivait à Londres entouré de quelques fidèles, Liebknecht, Wolf, le tailleur Eccarius, et en querelle avec d'autres émigrés révolutionnaires, dont il raillait les espérances chimériques, publiant des livres et des brochures politiques qui n'eurent aucun retentissement. *Le 18 Brumaire de Louis Bonaparte*, âpre satire du coup d'État, inspirée par les mêmes sentiments que l'invective de Victor Hugo contre *Napoléon le Petit*, parut en 1852 dans une revue américaine [1]. Républicains, légitimistes, démocrates, orléanistes ne sont pas épargnés. Cette philippique se termine par une prédiction : « Si le manteau impérial tombe enfin sur les épaules de Louis Bonaparte, la statue d'airain de Napoléon sera précipitée du haut de la colonne Vendôme. » Dès 1841, Henri Heine avait annoncé ce

1. Une édition en a été publiée en 1869, à Hambourg.

renversement avec plus de précision encore, « dans le cas où les communistes viendraient au pouvoir »; on ne saurait être meilleur prophète. Correspondant de la *New-York Tribune*, de 1851 jusqu'à la guerre de sécession, Marx critiquait la politique européenne, en ennemi juré de Napoléon III et de la Russie. Il montrait la même intransigeance à l'égard de la politique prussienne dans une brochure qu'il publiait lors de la guerre d'Italie en 1859, cette même guerre que Lassalle saluait comme annonciatrice de l'unité italienne et de l'unité allemande sous l'hégémonie des Hohenzollern, dont il invoquait le pouvoir sauveur. La *Critique de l'économie politique* paraissait la même année. Lassalle y a puisé les armes principales de sa polémique, sans toujours citer l'auteur, qui l'a dédaigneusement accusé de plagiat [1]. Marx a refondu ce dernier ouvrage dans le premier volume du *Capital* (1867), son œuvre essentielle qu'il a laissée inachevée [2].

Mais l'acte qui devait donner à Marx son universelle notoriété a été la création de l'*Internationale*. L'agitation avait commencé à renaître en Angleterre dans les cercles ouvriers lors de la crise industrielle provoquée par la guerre d'Amérique. L'aristocratie anglaise était favorable aux propriétaires d'esclaves, tandis que le parti ouvrier soutenait la cause de l'affranchissement de l'esclavage. Le soulèvement des Polonais excitait de même en Europe les sympathies de la classe populaire. L'Exposition universelle de

1. Ce qui distingue profondément Marx de Lassalle, c'est que Lassalle croit à l'État, fait appel à l'État; Marx et Engels prétendent que dans la société socialiste on pourra se passer de l'État, mais ils ne nous disent pas comment.

2. Le 2e volume a été publié en 1885 par Engels, et rédigé par lui d'après les notes de Marx. Il reste encore un 3e volume à paraître.

Londres, où se rencontrèrent les délégués ouvriers de différents pays, fit naître de nouveau l'idée de réunir les prolétaires sans distinction de croyances, de couleur ou de nationalité, en leur montrant la solidarité et l'identité de leurs intérêts. Cette idée prit corps au meeting de *Saint-Martin's Hall*, le 28 septembre 1864. Marx retrouvait enfin l'occasion souhaitée de sortir de son inaction, de son obscurité et de sa retraite, de reprendre ses anciens plans, de reconstituer sur de vastes proportions la défunte *Alliance des Communistes.* Il s'agissait, comme le disait Engels, de rendre sensible aux yeux des ouvriers, des bourgeois et des gouvernements, par l'existence même de l'association, le caractère international du mouvement socialiste, et d'effrayer les ennemis du prolétariat. Il y eut opposition dès le début entre Marx et Mazzini; ce fut Marx qui l'emporta et qui fut chargé de rédiger le manifeste inaugural. Bien qu'il n'ait jamais été président du conseil général de l'Internationale, mais simple secrétaire correspondant pour l'Allemagne, Marx la domina par son ascendant intellectuel; il a été en réalité l'âme, le chef effectif de cette société inquiétante. Fondée pour discuter et favoriser les droits du travail, l'Internationale ne tarda pas à tourner au socialisme destructeur.

Nous n'avons pas à retracer ici l'histoire de la grandeur et de la décadence de l'Internationale [1]. Il suffira d'en rappeler les dates principales. En 1866, au Congrès de Genève, les délégués décident qu'il faut poursuivre partout la réduction de la journée de travail à huit heures, restreindre à un minimum le travail des enfants, et s'occuper de leur instruction. En 1869, les exigences deviennent moins modérées, le Congrès demande l'abo-

1. Voir Laveleye, *le Socialisme contemporain.* Paris, Alcan.

lition de la propriété privée du sol, la suppression du droit successoral. Le comité dirigeant proteste contre la guerre de 1866 et de 1870, contre l'annexion de l'Alsace-Lorraine, contre la politique des nationalités. En 1871, après la Commune, première tentative pratique d'appliquer les principes communistes, mais qui fut indépendante de l'Internationale, car les membres de l'association n'y étaient pas en majorité, une adresse fut envoyée à tous les partisans, sur la guerre civile en France [1]. Marx, chargé de la rédiger, accablait Thiers et Bonaparte et le gouvernement de la Défense nationale qu'il accusait de trahison ; il revendiquait la plus étroite solidarité de principes avec la Commune, justifiait tous ses actes, jusqu'à l'exécution des 64 otages, dont il rendait le gouvernement de Versailles responsable. La Commune a purifié Paris de la corruption impériale. Elle annonce une société nouvelle dont les fédérés ont été les martyrs. — Cette adresse acheva de discréditer l'Internationale dans l'opinion européenne.

Cependant la division ne tardait pas à s'introduire au sein du comité, par la rivalité de Marx et de Bakounine, son ennemi mortel. Ce nihiliste fanatique ne reconnaissait aucune autorité, celle d'un juif allemand moins que toute autre. Il avait fondé de son côté à Genève l'*Alliance de la démocratie socialiste*, prêchant l'insurrection [2] et les complots, afin d'épouvanter le monde par des crimes sans but et sans plan. Cette méthode anarchiste est aux antipodes de la doctrine de Marx, qui poursuit avant tout la propagande des idées. L'exclusion de Bakounine et des

1. *Der Bürgerkrieg in Frankreich.* Nouvelle édition, Leipzig, 1873.

2. Le soulèvement du sud de l'Espagne en 1873 à Barcelone, Séville, Cadix et Carthagène, a été l'œuvre de Bakounine.

anarchistes du Congrès de La Haye en 1872, affaiblit l'Internationale, que la police traquait d'autre part dans les différents pays où l'association s'était répandue. Marx, en proposant de transporter à New-York le siège de son conseil général, en hâta la dissolution. Elle avait duré neuf années.

On a exagéré l'action de l'Internationale; sa vaste organisation en fédérations, sections, groupes, qui s'étendait de la Hongrie jusqu'à San Francisco, était fort lâche, ses ressources plus qu'insuffisantes, à peu près nulles. En Allemagne particulièrement elle comptait fort peu d'adhérents; son importance lui venait du fait même d'exister; elle a encouragé le prolétariat, en lui donnant le pressentiment de la force qu'il serait susceptible d'acquérir un jour, s'il parvenait à s'unir et à s'organiser régulièrement; elle a alarmé l'opinion en suscitant des visions de bouleversement universel. Les idées de Marx subsistent dans tous les pays civilisés. En Allemagne, par l'union de Gotha (1875) et au congrès d'Erfurt (1891), les partisans de Marx ont fini par l'emporter sur ceux de Lassalle, et de même en Angleterre, les marxistes ont fait des progrès au dernier Congrès des *trades unions*. L'Internationale s'est spontanément reformée par la démonstration du 1er mai, décidée lors de l'Exposition de 1889, au Congrès marxiste de Paris, et elle a donné de nouveau le branle à l'armée du prolétariat; cette reprise reposait non plus sur la tête d'un seul homme génial, mais sur le sentiment clair et général des ouvriers des deux mondes. Au congrès de Bruxelles en 1891, les anarchistes ont été exclus comme dix-neuf ans auparavant du Congrès de La Haye, et trois millions et demi d'ouvriers étaient représentés; Bebel a pu dire non sans quelque exagération : « la parole de « Marx est accomplie, les prolétaires de tous pays sont

« unis [1]. » Le parti ouvrier international a beau n'avoir plus d'organisation centralisée, il vit, il agit d'après les mêmes principes, et constitue par là un danger pour l'existence de la société et de l'État modernes. Marx qui a prévu que ce mouvement unitaire sortirait nécessairement du développement industriel, et qui l'a préparé en cherchant à discipliner les masses prolétaires, acquiert une importance que n'égale celle d'aucun autre socialiste en ce siècle.

II. — LE THÉORICIEN.

Quelle est maintenant la théorie par laquelle Marx s'est flatté d'unir en un faisceau les forces du prolétariat? Les points essentiels de sa doctrine sont contenus dans le *Manifeste de 1847*, l'*Adresse inaugurale de l'Internationale* (1864), et enfin le 1er volume du *Capital* (1867).

Le *Manifeste de 1847* [2], après quarante ans de révolutions économiques et techniques, est le document qui expose encore aujourd'hui le mieux les vues, les tendances, les revendications et les buts du parti socialiste. Il résume brièvement la théorie fondamentale exposée dans *le Capital*. Il offre un singulier mélange de vastes perspectives historiques et de déclamations démagogiques.

1. Les doctrines marxistes ne dominent toutefois qu'en Allemagne, en Suisse et en Autriche-Hongrie. L'anarchisme a des partisans dans les pays slaves et latins. L'esprit pratique des ouvriers anglais les distingue de toutes les autres nations, et il semble que l'Angleterre, comme le dit M. Filon, soit appelée à passer à la démocratie par le sommeil du chloroforme, et sans le secours du forceps révolutionnaire qu'invoquait Marx.

2. *Das kommunistische Manifest*. — 5e édition. Berlin, 1891. Verlag des *Vorwaerts*.

Les idées fondamentales du *Manifeste* reposent sur la conception matérialiste de l'histoire. Avant Marx, Saint-Simon, Fourier, Louis Blanc avaient démontré que la politique dépend de l'économie politique, et que l'opposition et le combat des classes dominent toute l'histoire. Homme libre et esclave, patricien et plébéien, baron et serf, oppresseur et opprimé ont toujours été en opposition l'un avec l'autre, tantôt ouvertement, tantôt secrètement; en un mot le rapport entre pauvres et riches est le seul élément révolutionnaire du monde. Ce combat a amené la transformation de la société, il s'est terminé par la disparition commune des classes combattantes, remplacées par de nouvelles classes hostiles. — Notre époque, celle de la bourgeoisie, se distingue des autres époques en ce qu'elle a simplifié le combat des classes. Il n'y a plus aujourd'hui en réalité que deux camps, ceux qui possèdent d'un côté, les prolétaires de l'autre.

La bourgeoisie a commencé à se former grâce à l'essor de la navigation et du commerce, résultant de la découverte de la route des Indes, grâce à la formation des grandes villes qui ont hâté la fin de la féodalité. L'essor de la production par la vapeur et les machines, la grande industrie, l'extension du marché ont amené des changements sans précédents, accumulé le capital entre les mains de la bourgeoisie; sa puissance est le résultat d'un long développement, d'une série de révolutions économiques et politiques, de la formation des grands États, du régime représentatif qu'elle a organisé à son profit.

Cette classe, autrefois opprimée, est devenue à son tour oppressive, elle a joué dans l'histoire un rôle très révolutionnaire. Partout où elle est arrivée à la domination, elle a détruit les rapports patriarcaux, idylliques. Le lien féodal compliqué qui rattachait l'homme à son supérieur naturel, elle l'a impitoyablement brisé ; elle n'a laissé subsister d'autre union d'homme à homme que l'intérêt nu, le paiement comptant, sans cœur. Elle a transformé le médecin, le juriste, le prêtre, le poète, l'homme de science, en ses ouvriers salariés. Elle a arraché aux relations de famille le voile d'un sentimentalisme touchant, elle les a ramenées à de simples questions d'argent. A l'enthousiasme religieux, chevaleresque, elle a fait succéder le froid calcul de l'égoïsme, supprimé la dignité personnelle en traitant le travail comme une simple marchandise; en place de libertés bien acquises et garanties, elle a proclamé la liberté du commerce sans conscience; à une exploitation enveloppée dans les illusions politiques et religieuses, elle a substitué une exploitation ouverte, impudente, sèche, immédiate.

En s'enrichissant, en supprimant de plus en plus l'éparpillement de la propriété, en faisant disparaître les petits métiers, en étendant la production et le marché, elle a amené la surproduction et les crises, l'anarchie économique, et forgé elle-même l'instrument de sa ruine.

Le prolétariat qui détruira la bourgeoisie s'est développé en même temps qu'elle. Les anciennes classes moyennes, les petits patrons, marchands, manœuvres, paysans, tombent dans le prolétariat, soit par suite de la concurrence, soit parce que les nouveaux modes de production déprécient leur habileté. Le cours de l'évolution sociale séculaire a amené l'exclusion graduelle de la terre et du capital, pour la classe qui produit. L'ouvrier est devenu une simple marchandise, le prix de son travail est soumis à la concurrence et aux oscillations du marché. Il appartient à la machine; et les perfectionnements techniques permettent de remplacer son travail par celui des femmes et des enfants. Le prolétaire n'a pas de propriété. Obligé de vendre le travail de sa femme et de ses enfants, il devient comme un marchand d'esclaves; ses rapports de famille n'ont aucune analogie avec ceux de la famille bourgeoise. Sous le joug du capital et du travail industriel, il a perdu son caractère national. — Mais la croissance constante du capital a pour conséquence la croissance du prolétariat. Cette augmentation des richesses de la bourgeoisie est le gage assuré de sa ruine. Elle centralise les masses en même temps qu'elle les unit contre elle. Par la concentration des fabriques, par les associations, les ouvriers finiront par s'organiser en classe distincte, par suite en parti politique qui creusera à la bourgeoisie son tombeau. Sa chute mettra entre les mains des prolétaires les instruments de production, supprimera l'opposition et l'oppression des classes...

Le manifeste traite ensuite des rapports des prolétaires et des communistes, dont le rôle est de défendre, dans les combats nationaux, les intérêts généraux du prolétariat, indépendants de la nationalité. Leurs exigences (à peu près les mêmes que celles que contiendront le programme de Gotha et le programme d'Erfurt) sont les suivantes :

Suppression de la propriété privée qui n'existe, pour le petit nombre, qu'à condition de ne pas exister pour la foule. La société actuelle, en général, ne connaît plus de propriété gagnée par le travail; en conséquence suppression du capital et du salariat.

Suppression de la famille, car la famille bourgeoise repose sur le capital et l'acquisition privée. Le mariage bourgeois n'est d'ailleurs qu'une polygamie déguisée. Non contents de ce que les filles et les femmes des prolétaires soient à leur disposition, les bourgeois, sans parler de la prostitution publique, trouvent leur principal plaisir à séduire réciproquement leurs femmes légitimes.

Suppression de la nationalité. L'ouvrier salarié n'a pas de patrie. La liberté du commerce et les rapports industriels abaissent toutes les frontières.

Afin de réaliser ces buts, le prolétariat doit s'emparer tout d'abord de la puissance politique. Il s'en servira pour arracher peu à peu tout capital des mains de la bourgeoisie ; il devra exproprier les propriétaires du sol, établir des impôts progressifs très forts, supprimer l'héritage, confisquer les biens des émigrés et des rebelles, centraliser le crédit et les moyens de transport entre les mains de l'État, augmenter les fabriques, défricher méthodiquement les terrains incultes, établir le travail obligatoire, organiser des armées industrielles pour l'agriculture ; donner à tous les enfants l'éducation publique et gratuite ; supprimer le travail des enfants sous sa forme actuelle, etc... réaliser en un mot un état « où le libre développement de chacun soit la condition du libre développement de tous ».

Marx passe ensuite en revue les autres systèmes socialistes ; il répudie le socialisme français et ses contrefaçons allemandes : Saint-Simon, Fourier, Owen, sont les seuls qui trouvent grâce devant lui. Il parle avec dédain de ce qu'il appelle le socialisme réactionnaire, des efforts de la bourgeoisie pour remédier par des institutions de bienfaisance et de philanthropie aux maux de la classe ouvrière, afin d'assurer sa propre sécurité.

Il traite enfin de la situation des communistes à l'égard des différents partis d'opposition. Ils devront toujours se mettre du côté des extrêmes.

Le manifeste se termine par un appel à un combat de classes impitoyable :

« Que les classes dominantes tremblent à l'idée d'une « révolution communiste. Les prolétaires n'ont à y « perdre que leurs chaînes, ils ont un monde à y ga- « gner. *Prolétaires de tous les pays, unissez-vous!* »

Ce ton démagogique, cette déclaration ouverte que le but ne peut être atteint que par le renversement violent de tout l'ordre social existant, contrastent avec la modération relative des autres manifestes, surtout avec les pages de la préface du *Capital*, où Marx déclare qu'il ne s'attaque pas aux personnes : c'est qu'en 1847 une révolution bourgeoise, prélude d'une révolution prolétaire, lui semblait imminente en Allemagne. Engels, dans l'introduction qu'il a écrite pour les éditions du manifeste communiste publiées en 1883, déclare que ce qui a vieilli dans cette profession de foi officielle du parti ouvrier, ce qui est hors d'usage, ce sont les mesures révolutionnaires proposées.

Le manifeste inaugural de l'*Internationale*, rédigé par Marx en 1864, ne s'occupe que de pure propagande, il ne touche pas à la question religieuse; les idées fondamentales sont les mêmes que celles du manifeste communiste :

En Angleterre, comme l'a reconnu Gladstone[1], l'industrie et le commerce, l'exportation ont prodigieusement enrichi le pays, et les ouvriers meurent de faim; le capital seul a su accaparer tout profit. De cette évolution ploutocratique les ouvriers n'ont retiré d'autres avantages que le bill de dix heures et l'organisation des fabriques coopératives. Pour étendre leurs franchises, ils doivent tenter d'obtenir la puissance politique; ils ont la majorité s'ils s'unissent.

L'émancipation de la classe ouvrière doit être con-

1. Une longue polémique s'est engagée entre M. Brentano et Karl Marx sur l'exactitude de la citation d'un discours de Gladstone.

quise par la classe ouvrière. Elle ne combat pas afin d'obtenir de nouveaux privilèges de classe, mais pour l'anéantissement de toute domination d'une classe sur l'autre.

La soumission économique de l'ouvrier au propriétaire des instruments de travail, c'est-à-dire des sources de vie, est cause de la servitude sous toutes ses formes, misère sociale, étiolement intellectuel, dépendance politique. L'émancipation économique de la classe ouvrière est par suite le grand but auquel tout mouvement politique doit servir de moyen. Toutes les tentatives vers ce but ont échoué jusqu'à présent par le manque d'union parmi les différentes branches de travail de chaque pays, et parmi les classes ouvrières des différentes nations. L'émancipation des ouvriers est un problème non local mais social, elle concerne tous les pays où existe la société moderne; elle ne peut être résolue que par l'action méthodique de tous ces pays... *Prolétaires, unissez-vous*. C'est la nouvelle devise, l'adjuration pratique substituée à l'ancienne formule sentimentale « *Liberté*, *Égalité*, *Fraternité* ». C'est un appel non à la raison et au sentiment, mais aux intérêts.

Enfin Marx a établi sa doctrine dans son livre *le Capital*, destiné à donner aux utopies socialistes une base scientifique, et où il expose les rapports économiques du prolétariat et de la bourgeoisie. L'auteur a pris comme exemple l'Angleterre; le mouvement industriel y est plus développé que partout ailleurs. Il avait eu dans cette étude pour précurseur Engels, qui, à ses débuts, avait publié, d'après les documents officiels, une enquête sur la situation des ouvriers dans les fabriques anglaises. Marx se mit à approfondir ces questions avec un zèle infatigable, son livre est un enchaînement méthodique des théories indiquées dans sa réponse à Proudhon (1847) et sa *Critique de l'économie politique* (1859), qui étaient passées inaperçues. Traduit dans les principales langues[1], et vulgarisé par des adaptations élémentaires, *le Capital* est pourtant un de ces ouvrages dont on parle beaucoup, mais qu'on lit peu. La célébrité européenne de l'auteur lui est venue beaucoup plus de la part prépondérante qu'il a prise à la fondation de l'Internationale que de ce qu'il est, comme le proclament emphatiquement ses adeptes, « le théoricien irréfutable du socialisme scientifique... comparable, dans sa découverte des lois du mouvement de la société capitaliste, à l'œuvre immortelle de la découverte du mouvement des astres par Kepler et Newton[2]. » La partie théorique et abstraite du livre où l'auteur emploie la dialectique hégélienne est d'une lecture malaisée, et la résumer brièvement offre plus de difficultés encore; l'analyse qu'en a donnée M. de Sybel est la plus claire et la plus rapide[3].

Marx part de certaines formules et de certains axiomes, considérés généralement comme vrais, et contre lesquels on n'est pas en défiance, car il les emprunte à l'économie politique classique. Mais si vous lui accordez ses prémisses, il vous enserre dans les mailles de sa déduction, et vous ne pourrez échapper aux conséquences redoutables qu'il en tire.

Le premier volume traite du *mode de production du capital*. L'auteur s'occupe d'abord du problème fondamental de l'économie politique, la théorie de la valeur. — Toute marchandise a deux sortes de valeur, une *valeur*

1. Nous avons sous les yeux la traduction publiée à la *Librairie du Progrès*.
2. Paul Lafargue.
3. *Die Lehren des heutigen Sozialismus und Communismus*, von Heinrich von Sybel. Bonn, 1872. Nous résumons l'argumentation de M. de Sybel.

d'usage, par l'utilité qu'elle offre à la satisfaction des besoins de l'homme, et une *valeur d'échange*, selon son importance pour l'échange avec d'autres marchandises. — Ces deux valeurs sont inégales. La valeur d'*usage* de cent livres de pain est toujours la même, cela représente toujours la même quantité de nourriture; la valeur d'*échange* varie, suivant la récolte, les facilités de transport, la main-d'œuvre et les procédés perfectionnés de fabrication du pain. Comme objet d'*usage*, chaque marchandise a un caractère propre, suivant le besoin qu'elle sert; comme valeur d'*échange*, elle a un caractère commun, qui apparaît seulement en différentes quantités selon la marchandise. Ainsi, comme valeur d'*usage*, une paire de bottes ne peut remplacer ni cent, ni mille beefsteaks; mais un certain nombre de beefsteaks représente la valeur d'*échange* d'une paire de bottes. Il y a donc une qualité commune à toutes les marchandises, et cette qualité, c'est la quantité de travail nécessaire pour les créer.

Là où il n'y a aucun travail, comme par exemple dans la jouissance de l'eau et de l'air, il peut y avoir utilité, mais il n'y a aucune valeur d'échange. La marchandise est déterminée exclusivement par la somme de travail humain qu'elle contient. L'activité d'un tailleur diffère de celle d'un tisserand; mais si pour un habit il faut en moyenne tant d'heures de travail nécessaires également pour tisser dix aunes de toile, les deux marchandises ont une même valeur d'échange, un même prix sur le marché. C'est la théorie que Rodbertus a empruntée à Adam Smith et à Ricardo, que Marx et Lassalle empruntent à leur tour à Rodbertus : « toutes les richesses ne doivent être considérées économiquement que comme des produits du travail et ne coûtant que du travail. » La source unique de la valeur c'est le travail, qui en est aussi la commune mesure. Tout produit ne vaut que par le travail qu'on a mis en lui; c'est le travailleur seul qui lui donne sa valeur. A qui donc appartient en droit cette valeur? évidemment à celui qui l'a créée, à l'ouvrier. Comment dès lors le fabricant s'en empare-t-il?

Cette théorie de Marx, remarque M. de Sybel, est généralement vraie pour le *vendeur*, qui fixe le prix d'après ses peines et ses dépenses. Mais la détermination du prix ne vient pas seulement de l'offre, mais aussi de la demande. L'acheteur mesure le prix à ses propres besoins et à l'attrait que la marchandise a pour lui. Il faut en hiver plus de charbon qu'en été, le charbon monte, et pourtant le travail du mineur est resté le même. En réalité c'est non le travail seul, comme le veut Marx, mais l'adaptation opportune du travail à un but, qui est source et mesure de la valeur. C'est uniquement le but qui donne à la force morte du travail son âme de valeur sociale.

Il y a deux côtés dans l'échange, d'abord le *quantum* de force humaine nécessaire à créer la marchandise, et d'autre part le *quantum* de force humaine que l'on espère tirer de la marchandise. Le prix varie d'un minimum à un maximum. Ce n'est qu'en admettant pour un instant que l'offre et la demande, le travail et le besoin sont fixés en une égale proportion que l'on sera d'accord avec Marx, quand il prétend prouver que la valeur d'une marchandise est exactement égale à la valeur de ses moyens de production, et par suite à la valeur du travail qui l'a créée.

Nous touchons ici au nœud même de la question.

Quiconque s'occupe de créer des marchandises et de les vendre veut en tirer profit, non pas en ce sens qu'il s'efforce de tromper celui qui achète, mais en ce sens qu'il veut créer une véritable *plus-value* pour sa fabrication. Si la valeur de la marchandise terminée n'est autre chose que la valeur de ses instruments de travail, et du travail qui l'a créée, il n'y a aucune *plus-value*, et par suite aucun gain. Mais cette *plus-value*, ce gain existent, puisque nous voyons chaque jour, dans notre industrie, la richesse nationale augmenter indéfiniment. D'où vient donc cette *plus-value*?

Marx[1] répond : elle est le résultat du travail, qui produit une plus grande valeur d'échange qu'il ne coûte lui-même, sans quoi il n'y aurait aucun profit. Mais ce qui est pour l'ouvrier indépendant, travaillant pour son propre compte, source nouvelle de valeur, se transforme en vol et en meurtre, pour l'ouvrier au service d'autrui.

Et c'est là le point d'attaque de Marx contre le capitaliste. Il ne travaille pas, il vit du travail étranger. Il emploie des ouvriers dont il paie la force de travail comme valeur d'échange au prix du marché. Ce prix se détermine d'après la même loi que toute autre marchandise, d'après la dépense de temps et de force nécessaires à l'établir. Donc la valeur de la journée d'ouvrier est le prix de ce qu'il lui faut pour vivre et entretenir sa famille. Pour produire les denrées nécessaires à l'existence d'un ouvrier, cinq à six heures sont nécessaires. Les autres heures de travail de l'ouvrier produisent une *plus-value* au profit de celui qui l'emploie. La valeur d'échange du travail musculaire est moindre que sa valeur d'usage, les frais de production du travail moindres que les services du travail. Le fabricant gagne le *surplus*, qui n'est que du travail non payé par lui, et dont il bénéficie aux dépens de l'ouvrier. Il ne lui paie en réalité que six heures quand il en travaille douze; il exploite l'ouvrier et répète

1. Comme nous l'avons indiqué p. 208, cette théorie de la *plus-value* a été empruntée par Marx à Proudhon.

chaque jour ce gain, sur chaque ouvrier. La nécessité, par suite de la concurrence, de produire le plus abondamment et le plus économiquement possible, le perfectionnement des machines, l'accroissement de la division du travail, rendent l'habileté spéciale de l'ouvrier sans valeur, le travail plus répugnant, permettent de n'employer que des femmes et des enfants, et augmentent encore le profit du capital, dans la proportion où le salaire baisse. Le capitaliste accumule des millions, pendant que les ouvriers meurent de faim, réunis en armée de réserve industrielle sans travail[1]. — La concurrence a en outre pour résultat que tel capitaliste, qui ne fait travailler ses ouvriers que dix heures, ne peut subsister si son voisin, plus dur, les emploie 14 heures[2]. De là pour l'ouvrier l'importance de la lutte pour la journée de travail normale, qui n'est que la lutte pour qu'il puisse satisfaire ses besoins intellectuels et sociaux. En résumé : « le capital, dit Marx, c'est du travail mort, qui, comme un vampire, ne s'anime qu'en suçant du travail vivant, et plus il en suce, plus il vit. » La classe ouvrière seule crée toutes les valeurs, et toutes ces valeurs, fruit du travail social, appartiennent aux entrepreneurs, possesseurs des matières premières, des machines, des avances qui permettent d'acheter la force de travail de la classe ouvrière. — Ces maux et ces souffrances des masses exploitées constituent, d'après Marx, un phénomène inséparable de la croissance du capital productif, ils sont le résultat fatal de l'évolution du capital et de la grande industrie. On ne peut en faire

1. *Lohnarbeit und Kapital*, von Karl Marx. Hottingen, Zürich, 1884.

2. « Les lois forcées de la concurrence, dit Marx, font du capitaliste lui-même l'esclave du capital; ou s'il ne se soumet pas à ces lois, elles l'obligent à disparaître. »

un grief au fabricant. Quand la force de travail humain, qui donne aux marchandises leur valeur d'échange, devient elle-même marchandise, salaire, tout est dit : l'ouvrier est condamné à la misère.

Autrefois, sous le régime de la petite industrie, l'ouvrier était propriétaire de ses instruments de travail, les apprentis salariés ne travaillaient que pour devenir patrons à leur tour. Mais le cours de l'évolution sociale pendant des siècles a exclu graduellement la classe laborieuse de la possession du sol et des instruments de travail, au profit des capitalistes. — Pour qu'il y ait accumulation de capital, il faut qu'il y ait eu capital à l'origine. Comment s'est-il formé historiquement? Marx, dans cette partie de son livre pleine de faits, prenant pour exemple l'Angleterre, y étudie la transition de la société féodale à la société capitaliste. A partir du XVIe siècle, les grands propriétaires anglais, pour transformer leurs terres en bois et en pâturages, chassèrent leurs fermiers qui vinrent en foule dans les villes, s'offrir comme manœuvres aux capitalistes. Ceux-ci avaient acquis leur capital soit par la confiscation des biens d'Église, entre les mains des spéculateurs ou des favoris, soit par le commerce des Indes, par l'exploitation violente des colonies. A la fin du XVIIIe siècle, la révolution immense causée par l'invention des machines, les perfectionnements techniques, tendent à réduire le nombre des travailleurs. Marx prétend prouver que toute amélioration, qui augmente la force de production du travail, tourne au seul avantage des capitalistes.

Quels remèdes à de si grands maux? Avec la grande industrie on ne peut revenir au système patriarcal d'autrefois. Il n'y a, d'après Marx, d'autre moyen que de mettre tous les instruments de travail, le sol, les matières premières entre les mains de la communauté, qui dès lors travaillera pour elle-même, c'est-à-dire pour le bien général, il s'agit en un mot de supprimer la propriété privée.

Cette transformation s'opérera nécessairement, non par décret, mais par la force des choses, selon une loi d'évolution, sans qu'il soit possible de l'empêcher. En effet, lorsque par le mode de production les capitalistes sont arrivés à dominer, un autre phénomène se produit, une autre expropriation, celle des capitalistes entre eux. Le grand capital opprime les petits capitaux, ruine la petite industrie et finit par les absorber, les accumuler entre les mains de quelques-uns. La société tend à se diviser en deux classes, quelques millionnaires d'une part, et une masse énorme de prolétaires de l'autre. « La centralisation des moyens de production et le travail rendu collectif arriveront à un point où leur enveloppe capitaliste ne pourra les contenir : il faudra qu'elle éclate. L'heure de la propriété privée capitaliste sonnera. *Les expropriateurs seront expropriés.* »

— La théorie de Marx, telle qu'elle vient d'être exposée brièvement, repose en partie sur de prétendus axiomes : « le travail est la source et la mesure de la valeur » ;... « l'entrepreneur ne paye que cinq à six heures à l'ouvrier lorsqu'il l'emploie douze heures. » Cela est-il démontré? Est-ce donc uniquement par l'exploitation de ses ouvriers que le fabricant s'enrichit? demande M. de Sybel, n'est-il donc que le surveillant du travail? Supposez, et l'hypothèse n'a rien d'invraisemblable, un directeur d'usine, qui voit approcher sur le marché une période de hausse pour les marchandises qu'il fabrique. Il s'assure de bons ouvriers, double leur salaire, et réalise un gain important, en exploitant non les bras de ses ouvriers, mais les *conjonctures.* Son gain légitime est le résultat de son travail de tête, de son esprit d'entreprise, de son habileté, de sa décision[1].

Celui-là seul donne au travail sa valeur qui sait lui imprimer le cachet de l'adaptation à un but, et qui découvre le moyen de le réaliser. Il faut remonter aux origines du travail, pour attribuer toute la valeur au travail manuel, musculaire. Dans notre industrie compliquée, l'entrepreneur capitaliste a créé le but de sa fabrique, étudié la production, les machines et leur perfectionnement. Il choisit ses ouvriers, attache un ingénieur à son service; il n'en est pas moins le créateur du but et par suite de la valeur qui en résulte. Les ouvriers sont ses instruments animés, ils ignorent souvent la fin à laquelle ils concourent. Le chauffeur qui entretient l'eau et le charbon dans la machine ne crée pas plus la valeur que l'aiguille et les ciseaux ne créent l'habit. « Marx fait de l'instrument le créateur, et du créateur un parasite », et c'est sur cette erreur fondamentale que repose tout son système.

— On ne peut guère contester à Marx que le pillage des Indes, la destruction des petites fermes en Angleterre et en Irlande n'aient été une des sources de la puissance capitaliste de la Grande-Bretagne. Mais cela

1. Le gain prélevé par l'entrepreneur sur chaque ouvrier est souvent minime; mais répété indéfiniment, il permet à la fabrique de prospérer. Une élévation de salaire, même très faible, en supprimant cette plus-value, peut obliger à suspendre cette industrie.

L'ouvrier n'a-t-il pas lieu de préférer le paiement régulier de son salaire à une participation aux chances lointaines et incertaines de l'entreprise, aux gains, mais aussi très souvent aux pertes? Jusqu'à ce que l'entreprise soit achevée il n'aurait rien pour vivre.

L'entreprise a exigé des avances que seul le capital peut faire : l'intérêt que le capitaliste retire est un équivalent pour les risques qu'il court, pour le retard de jouissance qu'il aurait pu tirer de son argent.

n'est pas universel ; et si l'on supprime la prescription, pourquoi ne pas remonter encore plus haut dans le passé? La propriété ne peut-elle d'ailleurs renouveler ses titres par le travail? Dans les pays nouveaux n'y a-t-il pas des terres régulièrement concédées? Le capital n'est-il pas aussi le résultat du travail et de l'épargne?

Attribuer, dans la théorie de la formation du capital, un rôle prépondérant à la fraude et à la violence, est un procédé de sectaire en quête d'arguments sophistiques, non de penseur et de savant, préoccupé de la seule recherche de la vérité. En fait, il y a trois éléments à considérer au sujet de la production des richesses : une somme de labeur nécessaire pour obtenir des matières premières, les façonner et les transporter; une somme d'intelligence pour diriger au mieux le travail; enfin des qualités d'ordre et d'économie, pour empêcher les produits d'être consommés à mesure, et leur permettre de s'accumuler sous forme de capital disponible. Malgré leur tendance à se séparer ou à s'opposer, ces trois causes d'action doivent concourir. Marx est aveugle en ne voulant voir que la première, et injuste en refusant aux deux autres leur droit à partager le fruit du travail commun.

La main de l'artisan, bornée à l'exécution, n'est qu'un outil. L'agent véritablement producteur c'est l'intelligence qui combine, organise et dirige, sans rien fournir comme coopération musculaire; l'ingénieur travaille dans son cabinet autant que l'ouvrier dans l'atelier; et comme pour arriver à la position qu'il occupe il a dû étudier quinze ans sans salaire, il est juste, quoiqu'il soit bourgeois, que sa rémunération soit supérieure à celle des ouvriers, car son savoir et ses aptitudes importent plus que leur activité manuelle.

Marx ne tient aucun compte des droits de l'épargne.

La richesse est aussi en partie un produit de l'épargne [1]. Si les grandes fortunes improvisées font exception, la plupart des petites se fondent sur l'ordre et l'économie, comme on le voit par l'exemple des paysans et celui des ouvriers, qui passent des rangs du prolétariat dans ceux de la petite bourgeoisie. Prenez deux ouvriers dans les mêmes conditions de milieu, de famille et de salaire; supposez l'un rangé, actif, économe, supprimant toute dépense superflue; l'autre dissipateur, ami du plaisir et imprévoyant : le premier deviendra contremaître, peut-être patron, et finira par se constituer un capital; le second restera prolétaire. Pour Marx, le premier n'est plus qu'un odieux bourgeois, l'autre demeure l'objet de toute sa sollicitude.

Que des ouvriers puissent épargner, les milliards versés dans les caisses d'épargne le prouvent assez. Qu'ils aient intérêt à le faire, une fois la propriété abolie, on ne le voit pas. La théorie de Marx pousserait au gaspillage universel des produits au jour le jour, et empêcherait absolument cette accumulation de capitaux qui est une des grandes forces de la civilisation. Jamais l'État ne pourrait être chargé de ce soin, car très habile à consommer et à détruire le capital, il est impropre à le produire, fait tout à grands frais et ne peut supporter la concurrence de l'industrie privée.

— Est-ce à dire que tout soit pour le mieux dans le meilleur des mondes? que l'ouvrier ne soit jamais exploité? Qui oserait le soutenir? Les deux tiers du livre de Marx sont composés d'extraits authentiques des enquêtes et protocoles parlementaires, des rapports officiels des inspecteurs de fabrique dans toutes les parties du Royaume-Uni, et l'on croirait, en les lisant,

1. M. Courcelle-Seneuil s'est attaché à démontrer que l'épargne elle-même peut être assimilée à un travail.

parcourir les cercles de l'Enfer de Dante, « enfants au-dessous de dix ans qui, par centaines et par milliers, restent debout quinze heures de suite à servir les machines, hommes et femmes rampant demi-nus dans les noires galeries des mines, ateliers étouffants, empestés, métiers mortels, sombres repaires de la misère et de la faim, chambres fétides où vivent entassées des familles sans distinction d'âge ni de sexe, nourriture bien inférieure à celle des casernes, maladies, consomptions... », tant de destinées lamentables comme en raconte le *Chant de la chemise* de Hood, à jamais assujetties, ne pouvant rien amasser, sans un espoir, sans un rayon, tant de vies broyées, qui sont comme l'horrible envers de cette Angleterre si fière de son luxe et de ses richesses!

Mais, notez ce fait, l'enquête de Marx a été conduite *avant* qu'aient été votées et appliquées en Angleterre les lois protectrices du travail. Et comme contraste à ce sombre tableau il faudrait dresser celui des *trades unions*, de ces associations d'ouvriers si prospères, assez fortes pour traiter avec les capitalistes de puissance à puissance, que la législation anglaise, de 1824 à 1859, a pour ainsi dire constituées, en écartant les mesures restrictives du droit de réunion. Marx ne leur était guère favorable, et pour cause. Il les a même, à certain moment, dénoncées comme traîtresses [1]. Ne fournissent-elles pas la meilleure preuve que les ouvriers peuvent améliorer leur situation, et résister au capital sans le secours du communisme?

L'œuvre de Marx respire à chaque ligne la haine de

1. Au Congrès de Bruxelles en 1891, les *trades unions* anglaises étaient en partie représentées, et Engels considérait le fait comme une victoire pour le marxisme. Mais elles ne sont pas définitivement rangées du côté des doctrines marxistes du *combat des classes* et de la *suppression du salariat*.

la bourgeoisie en laquelle il ne veut voir qu'une classe égoïste et rapace; son agitation et sa théorie ont cela de favorable qu'elles obligeront à tenir de plus en plus compte des intérêts de l'ouvrier.

— Marx présente le collectivisme comme le résultat nécessaire de l'évolution de l'avenir, comme le fruit du capitalisme, du mammonisme et de la grande industrie de plus en plus concentrée. Mais c'est être bien hardi que de se poser ainsi en prophète. « L'erreur de Marx et de Lassalle, lorsqu'ils croient qu'on peut prévoir d'après le passé la courbe de l'évolution de l'avenir, provient de la philosophie hégélienne qui entreprend d'établir un parallélisme, une identité entre le développement des idées dans la pensée pure, et les manifestatious de la nature et les événements de l'histoire, d'après la formule de Hegel : *L'être et la pensée sont identiques*[1]. » Marx qui a combattu l'idéalisme hégélien en a pourtant conservé cette illusion. — Il est bien plus vrai de dire avec M. G. Monod : « Les sociétés renferment virtuellement en elles des formes d'évolution inconnues et inattendues, qui ne se peuvent juger par le passé, car elles sont déterminées par des conjonctures nouvelles. » L'organisation économique et sociale dépend des développements, des découvertes imprévues de la science. L'électricité par exemple, cette force aisément divisible, transportable, ne pourrait-elle pas un jour faire passer, en une certaine mesure, les avantages de la grande industrie à la petite industrie plus favorable à la vie de famille, restreindre par là ou supprimer la concentration d'ouvriers, le travail acharné, ininterrompu qu'exige la vapeur?

En admettant même que Marx ait vu juste, il est

1. *Rapport de Lothar Bucher au prince de Bismarck sur ses entretiens avec Lassalle.*

impossible de fixer la durée de cette transition à la société communiste, que Marx annonçait pour la fin du siècle après une guerre à mort avec la Russie, et que Engels fixait dernièrement pour l'Allemagne à l'année 1898. « Le visionnaire, le fanatique, dit excellemment Lessing dans son *Éducation du genre humain*, jette souvent des regards très justes vers l'avenir, mais il ne peut attendre. Il souhaite cet avenir plus accéléré et souhaite que ce soit lui qui l'accélère. La nature met des milliers d'années à accomplir ce qui doit (d'après lui) se réaliser à l'instant de sa propre existence. »

On chercherait vainement dans l'œuvre de Marx un plan, une organisation exacte de l'État de l'avenir. Engels et lui se sont prudemment et anxieusement abstenus de prêter à leur tour le flanc à la critique. Ils indiquent les *tendances* vers la société future, mais non les *formes* de cette société. Le manifeste contient, comme nous l'avons dit, de vagues indications à ce sujet. Le capital appartiendra à la communauté, il sera employé d'une manière productive au profit de tous; la production sera réglée; l'opposition entre la classe dominante et la classe dominée cessera. Ce système exigerait toutefois l'intervention, l'absolutisme de l'État à un degré intolérable : ce serait la camisole de force appliquée à la société. Tous les rêves de domination universelle qui ont pu hanter les conquérants et les despotes, les Alexandre, les César, les Napoléon, l'ambition du Pape de régner sur la terre entière, en supposant que ces rêves grandioses aient pu se réaliser, ne seraient rien en comparaison de la réglementation totale et jusque dans le moindre détail à laquelle Marx et les communistes prétendent soumettre tous les pays et tous les hommes. Marx fait, il est vrai, une distinction entre la Société et l'État. Les socialistes ne veulent s'emparer de l'État que pour abolir sa tyrannie. Mais c'est jouer sur les mots, car le communisme ne se pourrait imposer et maintenir que par l'extrême contrainte[1]. — Marx et Engels supposent enfin que le combat pour l'existence peut cesser, qu'il n'y a pas de *lois naturelles immuables*, des faits généraux et constants de la nature humaine, tels que la concurrence[2], régissant le développement économique des sociétés; il n'y a d'après eux que des phases mobiles, transitoires. Et ils nous font l'effet de médecins, en possession d'une panacée, qui s'appuieraient sur les progrès de l'hygiène, sur le prolongement de la vie humaine et le développement futur de la science physiologique et de l'art de guérir, pour prétendre un jour soustraire l'homme aux lois inéluctables de la vie et de la mort.

III. — L'HOMME[3].

Quelques traits du caractère de Marx aideront à comprendre son œuvre et compléteront cette rapide étude.

C'était un homme de volonté froide, tenace et calculatrice, au service de grandes passions et de grandes haines. Il manquait d'enthousiasme, et n'avait rien de l'apôtre humanitaire prêchant un monde meilleur. Il songe tout d'abord à désorganiser et à dissoudre la société telle qu'elle existe; il s'était placé contre elle, dès le début, en opposition absolue, avec un sentiment d'indignation et de révolte. Il n'a que sarcasmes à l'adresse de toutes les institutions et de toutes les

1. Hans Blum, *Die Lügen unserer Sozialdemokratie*, p. 187. Weimar, 1891.

2. Voir Molinari, *Notions fondamentales d'économie politique et programme économique*. Paris, Guillaumin, 1891.

3. *Karl Marx, persönliche Erinnerungen* von Paul Lafargue. *Neue Zeit*, n°s 1 et 2, 1890-1891. — *Friedrich Engels, zu seinem siebzigsten Geburtstage. Neue Zeit*, n° 8, 1890-1891.

croyances. Il est de la famille des *Verneinenden*, des négateurs qui troublent et agitent le monde et l'empêchent de s'endormir dans la sécurité, l'indifférence et la mollesse, — de ces esprits dont Gœthe a donné l'expression poétique dans Méphistophélès, que le Seigneur envoie dans le monde afin de secouer l'inertie de ses créatures : « Il excite et agit, et il doit en sa qualité de diable être créateur. — Il est une partie de cette force qui veut toujours le mal et crée le bien. »

La philosophie de Hegel lui avait inspiré la critique universelle, l'orgueil inflexible de la pensée pure. Il répétait souvent cet aphorisme hautain du maître : « Même la pensée criminelle d'un scélérat est plus grandiose et plus sublime que les merveilles du ciel. » C'est une transposition hardie du mot de Pascal : « L'homme n'est qu'un roseau, le plus faible de la nature, mais c'est un roseau pensant... Toute notre dignité consiste donc en la pensée. » Mais Pascal n'ajoutait point : « criminelle ».

Marx prétendait faire de la science sinon la servante, l'auxiliaire de la révolution prolétaire : il voulait du moins que les savants prissent part ardente à la vie publique. « La science, disait Marx, ne doit pas être un plaisir égoïste; ceux qui sont assez heureux pour se vouer à des buts scientifiques, doivent aussi être les premiers à mettre leurs connaissances au service de l'humanité. » — « Travailler pour le monde » était une de ses maximes favorites.

Sa culture était profonde et variée. Outre son érudition économique, fruit d'un labeur immense, il avait le goût des mathématiques qui répondaient à la nature logique et déductive de son esprit. Les secours que d'autres cherchent dans la religion et la philosophie, il les trouvait dans la quiétude algébrique. « L'algèbre seule, raconte son gendre, M. Lafargue, pouvait consoler les moments les plus tristes de sa vie agitée. Pendant la maladie de sa femme, en proie au souci de la perdre, il écrivit un traité sur le calcul infinitésimal, afin de se transporter loin des réalités douloureuses, dans les régions sereines de l'abstraction transcendante. »

Il goûtait les poètes : il avait rimé dans sa jeunesse, il promettaît à ses filles de composer une tragédie des Gracques. Presque toutes les langues européennes, comme aussi celles de l'antiquité classique, lui étaient familières; il lisait Eschyle, Gogol et Pouchkine dans le texte original. Henri Heine, Gœthe, Shakespeare, Dante et Burns étaient ses livres de chevet. Dans son ouvrage *le Capital*, les grises théories, ainsi que les peintures de la vie ouvrière en Angleterre, sont émaillées de citations, qui donnent une teinte littéraire à l'économie politique, la *science lugubre, the dismal science*, comme l'appelle Carlyle.

Grand amateur de romans, il goûtait particulièrement Fielding, Paul de Kock, Alexandre Dumas et Walter Scott. Il mettait Balzac hors de pair, et se proposait, une fois qu'il aurait terminé *le Capital*, d'écrire une critique de la *Comédie humaine*. « Balzac, selon lui, n'était pas seulement l'historien le plus fidèle de la société de son temps, mais de plus le créateur de figures prophétiques, encore à l'état embryonnaire sous Louis-Philippe, qui se sont développées sous le second empire », journalistes, députés, gens de Bourse, tous brasseurs d'affaires; et quelle admirable incarnation de la ploutocratie et du mammonisme que le baron de Nucingen!... Marx considère toute l'histoire comme une suite de combats de classes, où les intérêts économiques, si négligés des historiens, tiennent le premier rang : Balzac a été de même le premier dans le roman qui ait osé donner aux affaires d'argent et d'intérêt, à côté de la peinture des sentiments, autant de place et d'importance que dans la vie réelle; qui ait osé décrire les appétits, les querelles, conflits et intrigues que les contrats et les héritages suscitent entre les individus et les familles. — Marx partageait en outre la profonde aversion de Balzac pour la bourgeoisie capitaliste. Il goûtait infiniment *Don Quichotte* parce qu'il y voyait l'épopée de la chevalerie mourante dont les sublimes vertus passent pour de ridicules folies dans le monde bourgeois qui commence à s'élever sur les ruines de la féodalité. Marx lui-même est vénéré par ses fervents adeptes comme le chevalier cuirassé du socialisme et du combat des classes. Et peut-être aussi n'y a-t-il pas moins de chimères fumeuses dans tant d'écrits socialistes que dans les romans de chevalerie du temps passé. Leur lecture n'est pas sans danger pour les cerveaux faibles.

Le publiciste russe Anienkof [1], qui connut Marx en 1847, lorsqu'il avait vingt-neuf ans, nous le peint tel qu'on le voit dans ses portraits : noire chevelure, mains velues, barbe épaisse, teint olivâtre, tout accusait son origine juive. « Il n'avait dans les manières rien des formes sociales polies, mais de l'orgueil et une teinte de mépris. Sa voix claire et métallique était merveilleusement en harmonie avec ses jugements radicaux sur les hommes et sur les choses. Il parlait avec un ton impératif et ne souffrait aucune contradiction. Il avait en même temps le sentiment de sa mission, il se jugeait fait pour dominer les esprits et leur prescrire des lois. Il était en un mot l'incarnation d'un dictateur démocrate. » Le style de Marx, ses

1. Nous empruntons les deux citations d'Anienkof et de Techow à Adler, *Die Geschichte der ersten sozialpolitischen Arbeiterbewegung in Deutschland*. Berlin, 1885.

réfutations dédaigneuses, ses rudesses tranchantes, donnent de lui la même impression.

Trois années après Anienkof, en 1850, l'ex-officier prussien von Techow, réfugié à Londres, présentait de même, dans une de ses lettres, Marx et Engels comme des natures impérieuses, dictatoriales, ne tolérant aucune autorité à côté de la leur, des hommes purement intellectuels, inaccessibles au sentiment. Il raconte en ces termes une visite qu'il fit à Marx dans sa villa confortable des environs de Londres : « Nous bûmes d'abord du claret, puis du champagne. Après le vin rouge, il était complètement gris. Cela était à souhait, car il devint plus communicatif qu'il n'aurait été sans cela. J'ai été frappé non seulement de sa rare supériorité intellectuelle, mais de sa personnalité importante; s'il avait autant de cœur que d'esprit, autant d'amour que de haine, je serais allé au feu pour lui. Mais je suis persuadé que l'ambition personnelle la plus dangereuse a tout dévoré en lui. Il se moque des fous qui prient d'après son catéchisme des prolétaires, comme il se moque des communistes à la Willich et des bourgeois. Les seuls qu'il estime sont les aristocrates, les purs, et ceux qui le sont en pleine conscience. Pour les chasser du pouvoir, il a besoin d'une force qu'il ne trouve que dans le prolétariat. Aussi y a-t-il adapté son système. » Après un jugement si défavorable, et de la part d'un partisan, défaveur que peuvent expliquer du reste les rivalités qui divisaient les Allemands réfugiés à Londres, citons cette opinion d'un adversaire déclaré des doctrines marxistes, M. Maurice Block. « Marx lui a laissé, dit-il, le souvenir d'un homme aussi instruit qu'agréable », qu'il classe parmi les esprits les plus éminents [1].

1. Maurice Block, *les Théoriciens du socialisme en Allemagne.*

Le gendre de Karl Marx, M. Paul Lafargue, le socialiste français, nous décrit enfin dans le charme idyllique de la vie de famille, du *home* apaisé, au sein d'une modeste et tranquille retraite, l'agitateur des deux continents, l'ébranleur du vieux monde. Cette peinture respire le calme des petits tableaux où les maîtres hollandais ont su nous rendre sensible la douceur de la vie intime. Marx vivait là entre sa femme et ses trois filles [1], dans l'aisance acquise grâce à sa collaboration aux journaux américains. Il passe ses journées dans son cabinet de travail, qu'il ne quitte guère depuis le matin jusqu'à trois heures de la nuit. Mme Marx copie ses manuscrits. Hélène Demuth, la fidèle servante, ménagère et majordome, une seconde mère pour les enfants et qui avait adopté toute la famille, vaquait aux soins du ménage et se reposait le soir en jouant aux échecs avec sa maîtresse. Le dimanche on arrache Marx à ses livres, on se promène dans la campagne, on s'arrête sur le pas d'une auberge de village pour se rafraîchir d'un verre de bière au gingembre. Des révolutionnaires de tous les pays, parfois de simples ouvriers en costume de travail, venaient s'asseoir à la table de famille; Mme Marx, fille d'un baron allemand, et apparentée aux ducs d'Argyll, les recevait avec la même politesse que s'ils avaient été des princes du sang. C'était fête, quand Engels arrivait de Manchester, où il était occupé à se créer dans l'industrie une fortune indépendante « qui lui permît de se vouer entièrement à la défense du prolétariat », et aussi de mener la vie agréable d'un bourgeois capitaliste; sa passion pour le sport peu démocratique de la chasse au renard causait une inquiétude à Marx, qui craignait

1. Les trois filles de Marx ont épousé des socialistes anglais et français, M. Aveling, M. Longuet, M. Lafargue.

toujours que son ami ne fît quelque mauvaise chute de cheval.

M. Lafargue nous introduit jusque dans le sanctuaire, il nous entr'ouvre la bibliothèque dont les fenêtres donnent sur les grands arbres de Maitland Park. Voici les livres épars et écornés, chargés de notes, la place usée du tapis à l'endroit où Marx marchait de long en large tout en méditant, le sopha de cuir où il reposait, voici enfin la petite table « de trois pieds de long et de deux pieds de large » où a été écrit *le Capital*, la Bible du prolétariat, le livre appelé à changer la face du monde, à avancer, au milieu des guerres civiles sanglantes, le règne de la justice sur la terre [1].

Un évangéliste ne décrirait pas avec plus de piété et de minutie la cellule de Luther à la Wartbourg. — Ces souvenirs de M. Lafargue ont soulevé toutefois en Allemagne les protestations de certains socialistes. Ils ont crié au fétichisme, à la superstition des grands hommes, que la vraie doctrine démocratique répudie. Si prépondérante que soit d'ailleurs la théorie de Marx, ce dialecticien négatif, à l'ironie glaciale, qui agissait sur ses disciples du fond de sa retraite, n'a jamais obtenu, particulièrement à Berlin, la popularité de Lassalle, dont la vie romanesque et l'éloquence généreuse séduisaient et entraînaient les foules.

Des opinions si contradictoires sur le fondateur de l'Internationale justifient ces vers de Schiller que l'on a pris pour épigraphe à sa biographie :

> Troublée par la faveur et la haine des partis,
> Son image flotte incertaine dans l'histoire.

1. Marx est mort à Londres le 14 mars 1883, dans sa soixante-septième année. — Mme Marx l'avait précédé de deux années dans la tombe. « Elle mourut, dit M. Lafargue, comme elle avait vécu, confessant sa foi communiste et matérialiste, et elle repose au cimetière de Highgate, dans la division des réprouvés (*unconsecrated ground*). »

FERDINAND LASSALLE[1]

I. — UN APÔTRE DU SOCIALISME.

L'apparition bruyante du socialisme restera un des caractères historiques de notre époque, et, s'il faut en croire les prophéties, c'est l'Allemagne qui est appelée à devenir la terre classique de la guerre sociale, le champ d'expérience pour ces doctrines [2]. L'un des premiers apôtres du socialisme allemand, Lassalle, est curieux à étudier à plusieurs titres, pour la connaissance d'un temps et l'observation d'un caractère. Ses vues sur la politique étrangère, sur l'unité intérieure, ses appels à la force, son socialisme d'État offrent de telles analogies avec l'œuvre du chancelier de fer, que les admirateurs de Lassalle ont attribué à ce dernier le mérite de l'avoir inspirée. Personnage de transition, il aide à comprendre comment l'Allemagne métaphysique de Hegel est devenue l'Allemagne positive de Bismarck.

Henri Heine avait connu à Paris, en 1846, Lassalle,

1. G. Brandès, *Ferdinand Lassalle*. Berlin, 1881.
2. *Deutschland und der Socialismus*, von L. Bamberger, 1878.

encore étudiant et plus jeune que lui d'une vingtaine d'années; il le recommandait en ces termes chaleureux à Varnhagen d'Ense :

« Mon ami M. Lassalle, qui vous porte cette lettre, est un jeune homme doué des qualités d'esprit les plus distinguées. A l'érudition la plus solide, au savoir le plus étendu, à la pénétration la plus remarquable que j'aie jamais rencontrée, au don d'exposition le plus riche, il joint une énergie de volonté et une habileté pratique qui m'étonnent, et, si sa sympathie pour moi ne s'affaiblit pas, j'attends de lui la plus vive assistance. »

Et Henri Heine voit en lui le représentant de la nouvelle génération, réaliste et avide de jouissances, tout opposée à celle des romantiques :

« M. Lassalle est tout entier un fils de ces temps nouveaux qui ne veulent rien savoir de ce renoncement et de cette modération plus ou moins hypocrites, dans lesquels nous avons sottement consumé nos jours. Cette génération veut jouir et se faire sa place dans le visible; nous, les vieux, nous nous inclinions humblement devant l'invisible, nous nous nourrissions à la dérobée d'ombres de baisers et de parfums de fleurs bleues, nous renoncions et nous pleurnichions, et peut-être nous étions plus heureux que ces durs gladiateurs qui vont si orgueilleusement au-devant d'un combat mortel. »

La vie et la mort même de Lassalle ne sont que le commentaire de ces lignes de Henri Heine. « En comparaison avec vous, lui écrivait encore Heine, dont on connaît la divine impudence, — je ne suis qu'une mouche modeste. » La devise de Danton : « De l'audace, encore de l'audace et toujours de l'audace », était aussi celle de Lassalle. Son biographe, M. Brandès, rattache ce trait de caractère à la race; il en constate la fréquence parmi les Israélites contemporains, et le justifie comme une revanche de l'humiliation imposée pendant des siècles. Mais au gré de Lassalle, ses coreligionnaires, les juifs allemands, courbaient encore trop l'échine; il les dédaignait, il les fuyait :

« Je n'aime pas les juifs, écrivait-il à l'une de ses confidentes... Ces hommes ont pris par les siècles passés dans l'esclavage les qualités des esclaves, et c'est pour cela que je leur suis extrêmement défavorable. »

M. Brandès définit assez bien son héros, en un français familier et expressif, à défaut d'équivalent dans la langue allemande — un grand oseur, et un grand poseur.

Fils de commerçants de Breslau et né dans cette ville en 1825, Ferdinand Lassalle avait d'abord songé à se tourner vers le négoce contre le gré de ses parents. Mais il renonça bien vite à devenir un courtaud de boutique, fréquenta l'Université et y étudia la philosophie. De naissance obscure et de fortune médiocre, il était prêt à se jeter daus les partis extrêmes, à prêcher la révolte contre une société où il ne tenait pas dès le début le rang et la situation dus à la supériorité de son talent, à l'avidité de ses ambitions et à l'excellence de son cœur [1]. En 1846, il faisait, à Berlin, la

1. Voir le journal de Lassalle adolescent, publié par Paul Lindau, revue *Nord und Sud*, avril à juin 1890. L'homme futur s'annonce tout entier dans l'orgueil, la vanité, la révolte indomptable de l'écolier : « Ce sont les défauts de Lassalle enfant « qui ont été plus tard les meilleurs artisans de son succès. Sa « violence sauvage, son imperturbable confiance en lui-même, « son ardeur à haïr lui ont peut-être plus servi que sa grande « intelligence et la sincérité de ses convictions pour maîtriser « et entraîner les foules. C'est à croire que l'emploi de tribun « populaire est de ceux où les défauts servent encore plus que « les qualités. » (Arvède Barine, *Journal de Ferdinand Lassalle*, *Revue Bleue* du 18 juillet 1891.)

rencontre, décisive pour son avenir, de la comtesse Hatzfeldt, qui plaidait en divorce contre son mari, coupable envers elle de violences barbares. Lassalle, bien qu'il n'eût jamais étudié le droit, prit en main la défense de la comtesse; au bout de deux années, il embrouillait les avocats les plus retors, fondait sa réputation d'orateur, plaidait procès sur procès devant plus de trente tribunaux, devenait même jurisconsulte, et publiait plus tard ses théories juridiques dans son *Système des Droits acquis* [1].

« Je m'élevais, dit-il, jeune juif impuissant, contre les pouvoirs les plus formidables, moi seul contre tout le monde, contre le pouvoir du rang et de l'aristocratie entière, contre l'influence d'une richesse sans bornes, contre le gouvernement et les fonctionnaires de tout ordre, qui sont toujours les alliés naturels du rang et de la fortune, et contre les préjugés de toute sorte. »

Et comme ses adversaires interprétaient malignement cette fougue au service d'une femme qui commençait à prendre de l'âge, mais encore belle, il s'élevait avec éloquence contre ces hommes qui ne peuvent admettre le désintéressement au seul âge qui le comporte, la jeunesse. Expliquant un jour, à une amie qu'il rêvait d'épouser, l'intimité de sa vie commune avec la comtesse, il disait l'aimer « d'un amour de fils, de fidèle compagnon d'armes... d'un amour philosophique » :

1. Lassalle conteste le droit d'héritage sans l'attaquer formellement, il conteste le droit d'indemnité dans certains cas, par exemple aux propriétaires d'esclaves, si l'État abolit l'esclavage, et comme conséquence tacite, au simple propriétaire, si la propriété venait à être légalement supprimée, ce qui du reste, d'après lui, ne se produira qu'après une évolution historique assez lointaine.

« Cela veut dire que je l'aime comme le plus beau type de l'humanité souffrante, comme le Christ crucifié devant mes yeux, pour le péché des hommes, et que je suis parvenu à arracher à la croix par la force de ma volonté. »

Or cette crucifiée se fardait, fumait des cigares de la Havane, et s'occupait d'économie politique.

Le procès dura huit années. Les plaidoiries à effet, les épisodes de roman qui s'y mêlèrent, le vol d'une cassette supposée pleine de documents et où Lassalle fut impliqué, tinrent en haleine l'Allemagne entière. De guerre lasse, le comte Hatzfeldt finit par venir à composition : cette ténacité de son défenseur valut à la comtesse, menacée de la perte de tous ses biens, la restitution d'une fortune princière. Lassalle reçut d'elle une pension bien méritée, qui assurait son indépendance, mais ôtait à son dévouement toute couleur de donquichottisme.

L'affaire eut pour lui d'autres suites non moins favorables; il devenait célèbre et populaire. Dans cette lutte à outrance contre l'oppression, il avait fait de la cause d'une seule opprimée la cause de tous; la presse démocratique avait répondu à son appel, et le parti, dans la province rhénane, le reconnaissait hautement pour un de ses chefs. Quand la comtesse et lui arrivaient à Dusseldorf, la foule dételait les chevaux. Des condamnations politiques consacrèrent son prestige. Lors de la révolution de 1848, il s'était jeté dans une émeute provoquée pour refuser les impôts, au temps où Karl Marx proclamait la république universelle. Au milieu du bruit et de la flamme des passions populaires, Lassalle se trouvait dans son élément. Il en sortait « lardé d'autant de poursuites criminelles que la cuirasse d'un combattant l'est de flèches, au fort de la mêlée. » Cet Alcibiade de carrefour comparaissait devant ses juges en habit noir et en cravate blanche, et se rendait en prison avec la même désinvolture que s'il se fût agi d'aller à un bal.

Une renommée d'homme d'action ne suffisait pas à ses hautes visées; il voulut faire ses preuves dans la philosophie spéculative et donner sa solution de l'énigme du monde. La métaphysique, aujourd'hui si discréditée en Allemagne, y était encore, vers 1850, en vogue et en honneur. Hegel, mort en 1831, jouissait d'une royauté posthume; sous le manteau de ses doctrines, une partie de son école, dite Gauche hégélienne, se livrait à une propagande politique et antireligieuse très avancée. Il s'agissait donc, pour Lassalle, de gagner ses éperons de chevalier hégélien. Dans ce but, il entreprenait une étude approfondie du philosophe grec Héraclite, surnommé l'Obscur, dont il ne reste que des fragments et des formules d'idées qui ressemblent à des éclairs dans la nuit. Lassalle se fit fort de rendre la pensée de ce philosophe aussi claire que du cristal de roche, et il prouva que le bonhomme Héraclite, qui vivait à Ephèse vers l'an 500 avant Jésus-Christ, était un hégélien sans le savoir, et que ce profond esprit offrait des traits de ressemblance avec Ferdinand Lassalle. C'est Héraclite qui le premier a formulé la théorie de l'évolution : tout change, tout s'écoule, tout est dans un mouvement perpétuel, tout devient, « on n'entre pas deux fois dans le même fleuve ». Il a constaté, avant Hegel, l'identité des contradictoires, de l'être et du non-être : tout étant instable, tout est vrai et faux, tout est bien et mal, rien n'est bien ni mal; et, avant Darwin, le combat pour l'existence : l'état naturel des choses, c'est la lutte éternelle, et de cette lutte naît l'harmonie, *rerum concordia discors*. Cette doctrine du devenir absolu, qui chasse le repos et l'immobilité du monde, était faite pour plaire à Lassalle, agitateur agité. — Il ne goûtait pas moins la politique d'Héraclite. Après avoir exercé le souverain pouvoir, ce sage s'était voué à une retraite de misanthrope, où il se nourrissait d'herbes et de racines, et professait le plus profond mépris pour la vile multitude. Lassalle aussi, tout en préférant à la vie solitaire, aux herbes et aux racines, les petits soupers que présidait la comtesse Hatzfeldt, joignait au dédain trascendantal de la foule la passion de la gloire que l'on obtient de cette foule imbécile. Il s'excusait toutefois de mépriser les hommes, en protestant de son profond amour pour l'humanité, et rêvait la dictature de l'homme de génie exercée pour le bien de tous.

Les deux volumes sur Héraclite, parus en 1857, posèrent Lassalle dans le monde savant de Berlin, et lui concilièrent l'amitié de deux hommes considérables, Alexandre de Humboldt et Bœckh, qui avait le goût des natures excentriques, et trouvait d'ailleurs tout le monde plus divertissant que les philologues, ses confrères. Les deux naïfs savants se laissèrent captiver par ce roué; il les émerveillait par son érudition, son jacobinisme et ses goûts mondains; il se servait d'eux pour éblouir les femmes. Il écrivait à l'une d'elles : « Je forçai, par la publication de mon *Héraclite*, nos plus grands savants, les Humboldt et les Bœckh, de m'accepter les bras ouverts *comme un de leurs pareils.* » Il transformait habilement l'amitié en égalité.

Orateur et philosophe, Lassalle faisait l'année suivante ses preuves comme poète, il publiait un drame historique, *Franz de Sickingen*, qui n'a jamais été joué. Il déposait sa fausse barbe de philosophe grec, et endossait la cuirasse d'Ulrich de Hutten, pamphlétaire de grand chemin, dont la plume était aussi redoutée que l'épée. Là encore il donnait aux intérêts du présent les costumes du passé, cherchait des analogies entre le XVIe et le XIXe siècle, entre Luther et David Strauss, entre la guerre des paysans et la révolution de 1848, qui avait soulevé pour la seconde fois, à trois siècles de distance, la question sociale. « Ce que nous voulons, fait-il dire à Franz de Sickingen, c'est une Allemagne unitaire et puissante, la rupture avec Rome, un grand empire gouverné par un empereur évangélique. » Le biographe de Lassalle cite encore de ce drame une invocation à la *force*, au *fer* et au *sang*. Ces mots fer, airain, Lassalle les employait à tout propos : c'est là une analogie frappante avec le chancelier de fer, qui a fait également abus de fer et de sang, au propre et au figuré. Las des tentatives avortées de 1848 pour restaurer l'empire, découragés par la confusion et l'apathie du corps germanique, les hommes de cette génération invoquaient le glaive pour dénouer ces nœuds compliqués et secouer cette torpeur.

Qu'on ne s'étonne pas de cette concordance entre Lassalle et Bismarck : certaines idées, à chaque époque, flottent dans l'air, jusqu'à ce que vienne l'homme de génie qui leur donne corps, armure et épée. C'est ainsi qu'au moment de la guerre d'Italie, en 1859, Lassalle, dans une brochure, traçait à la Prusse sa voie, repoussait toute alliance avec l'Autriche, demandait qu'elle fût chassée de la Confédération allemande, annonçait que la France allait annexer la Savoie, que l'Italie achèverait son unité malgré Napoléon, et que l'unité de l'Italie amènerait celle de l'Allemagne. La Prusse était destinée à l'accomplir : si la Prusse comprenait sa mission, la démocratie elle-même porterait son drapeau. Ce sont les démagogues les plus fougueux qui, les premiers, ont prêché que l'Allemagne devait devenir prussienne. Lassalle prévoyait que l'unification de l'Allemagne ouvrirait les voies au socialisme; il pressentait la force du courant et préparait ses rames et ses voiles. Et cette force est devenue telle que le ministre tout-puissant s'y est laissé entraîner. Par le socialisme d'État le prince de Bismarck se rattache à Lassalle, qui lui-même remonte à Hegel.

Le socialisme allemand, comme aussi le communisme français avec Proudhon, le nihilisme russe avec Bakounine, a des points de contact avec l'hégélianisme qui ruine la tradition chrétienne, lui substitue l'idée d'évolution dans le sens de progrès continu et considère toute l'histoire comme un devenir ascendant de l' « idée absolue », en sorte que les partis les plus avancés en constituent la dernière incarnation. — Éclairé par la théorie évolutionniste de Hegel, Lassalle distingue trois phases dans le développement de la classe ouvrière : la période féodale, où cette classe ne jouissait d'aucune liberté, — le règne du capital et de la classe moyenne, où l'ouvrier est libre mais isolé, — enfin l'âge nouveau, où les ouvriers libres s'unissent par la solidarité et le principe d'association; et la prédication de Lassalle aux ouvriers se résume en ces mots : « Associez-vous. »

Pour bien comprendre les tendances du socialisme lassallien, il faut se représenter le caractère de l'apôtre. Il y a contradiction, au moins apparente, entre l'homme et la doctrine. « L'amour de la démocratie, a dit Montesquieu, est celui de l'égalité. L'amour de la démocratie est encore celui de la frugalité. Chacun, devant y avoir le même bonheur et les mêmes avantages, y doit goûter les mêmes plaisirs et former les mêmes espérances, chose que l'on ne peut attendre que de la frugalité générale. » Lassalle était, au contraire, de la race de ces démocrates fastueux et viveurs, que l'on pourrait appeler les histrions de la démocratie. Son élégance était celle d'un dandy berlinois, avec une pointe d'exagération et de mauvais goût ; il se promenait en bottes vernies dans les faubourgs populaires, et habitait la rue la plus élégante de la capitale :

« Sa demeure, écrit la jeune dame russe qui a publié ses lettres d'amour, était un mélange du confort le plus raffiné avec l'érudition la plus sévère... Derrière son cabinet de travail se trouvait une pièce ornée dans le goût oriental, avec divans turcs bas, recouverts de précieuses étoffes de soie, des étagères, des petites tables, des tabourets, etc. Le principal salon était orné de tapis de prix, de lourdes tentures de velours, des meubles les plus luxueux, d'une foule de grandes glaces, de bronzes, d'énormes vases japonais et chinois. Ce salon ne me plut pas, les couleurs en étaient trop criardes, il était trop disposé pour l'effet. »

Les petits soupers qu'il donnait étaient renommés pour la cave et la cuisine autant que pour l'esprit. Le même homme qui, dans des salles noires et gluantes, excitait à la guerre sociale des ouvriers hâves, passait des nuits à valser ou à flirter dans les salons, au milieu des fleurs, des diamants et des épaules nues, et obtenait près des femmes du monde des succès tels que les pianistes, un Liszt ou un Chopin, en ont seuls connu de semblables. Heine a dit de Lassalle qu'il était le Messie du XIXe siècle, et l'on a plus d'une fois assimilé la propagande révolutionnaire de notre temps à celle des premiers chrétiens [1]. Bien que les origines du christia-

1. M. Renan rapproche les prophètes d'Israël des socialistes révolutionnaires de notre temps : « L'israélite Lassalle, écrit à ce sujet M. B. Varagnac, en semant dans la conscience du peuple allemand les germes du socialisme futur, en se faisant l'obstiné champion des humbles et des opprimés..., n'a fait

nisme se perdent dans la brume dorée de la légende, nous avons peine à nous figurer les apôtres sous les traits de jacobins flirteurs et valseurs, et à oublier que la religion du Christ est née de l'horreur d'un siècle corrompu, ennemi de Dieu. Comme à nous tous, profanes, le siècle plaisait à Lassalle par sa corruption même, dont il aimait à jouir [1]. Ce qu'il y a seulement de sincère dans la sympathie de Lassalle pour les misérables, c'est qu'il ne peut imaginer sans effroi ces vies grossières et les durs grabats, lui qui repose sur les coussins de soie les plus moelleux. Il n'a pas du moins l'hypocrisie de prêcher aux ouvriers l'abstinence et la résignation; loin de là, il leur fait honte de leur « maudite frugalité », comme si les alouettes pouvaient nous tomber toutes rôties. Dans ses discours et dans ses brochures, il s'élève avec ironie, avec violence, contre ceux qui exigent de l'ouvrier l'épargne, le *self help*; contre Schulze-Delitsch, le fondateur des Banques populaires, si bienfaisantes pour les artisans de la petite industrie. Il trouve ridicule de parler d'épargne à des gens qui ont les poches vides, et compare la lutte de l'ouvrier contre le capital à l'homme qui n'aurait que ses dents et ses ongles pour se défendre contre l'artillerie moderne la plus perfectionnée. C'est à l'État qu'il appartient d'émanciper la classe ouvrière de la tyrannie du capital [2]. Les gouver-

que reprendre le rôle de ses orageux devanciers, les prophètes d'Israël. » (*Le socialisme des prophètes d'Israël. Revue Bleue* du 12 septembre 1891.)

1. « Pour un, aujourd'hui, qui sacrifierait tout au bien « public, il en est des milliers et des milliers qui ne connais- « sent que leurs jouissances et leur vanité. »

2. « L'État est devenu Dieu », disait Lassalle, un idéal qui remplace la religion et l'art. La société civile se met sous la protection de l'État, et les socialistes comptent arriver à leur but par l'État.

nements de l'Europe ont dépensé des sommes incalculables dans des guerres dynastiques, ou pour apaiser la vanité des maîtresses royales, et ils refusent d'avancer quelques millions pour résoudre le plus grand problème des temps modernes. D'après lui, un emprunt d'une centaine de millions de thalers aurait suffi pour assurer provisoirement l'application d'un système national d'Associations coopératives de production.

Mais Lassalle était moins un théoricien qu'un orateur et un organisateur émérite. Dans ses discours enflammés il cherchait à donner au parti ouvrier conscience de sa force, et, en 1863, au milieu des difficultés de tout genre, il fondait l'*Association générale des travailleurs allemands*. Il demandait le suffrage universel direct par lequel les ouvriers finiraient par contraindre l'État à améliorer leur situation. Il prévoyait que ce mode de suffrage, si favorable aux éléments qui par nature tendent à une étroite solidarité, unirait et disciplinerait les forces populaires, mettrait une armée sur pied. M. de Bismarck s'empara de cette idée pour réaliser l'unité allemande, et, par une ironie des choses, il aura peut-être plus travaillé pour le socialisme que pour le roi de Prusse.

Karl Marx et Lassalle ont été les initiateurs et les prophètes du socialisme allemand : ils appartiennent à la même race, et c'est du judaïsme qu'est sortie la réaction la plus violente contre l'organisation économique contemporaine, où les juifs jouent un rôle si important. Marx est supérieur comme théoricien, il a accusé Lassalle de l'avoir pillé sans le citer. Le socialisme de Marx est fédératif, international; il vise à la république universelle, à l'abolition générale de la propriété. Lassalle est, au contraire, un patriote : il considérait qu'une monarchie impériale, dans l'Allemagne unifiée, si elle s'exerçait au profit de la classe la plus nombreuse et la plus pauvre, serait plus profitable à la cause populaire que la république fédérative. Il ne répugnait pas à certaines alliances, même avec le clergé catholique, et se vantait de la haute approbation du baron de Ketteler, évêque de Mayence, qu'il proclamait un saint. Le socialisme d'État est dû peut-être en partie à l'inspiration de Lassalle. M. de Bismarck s'est toujours étudié à tenir sous sa main les forces politiques, sans préjugé contre les théories. Lassalle lui offrit son concours et ne fut pas rebuté; mais le prince ne se compromit jamais avec lui. Leur sympathie était faite d'un goût commun pour la dictature, surtout d'une haine commune contre « cette misérable bourgeoisie libérale », à laquelle Lassalle préférait même le droit divin. En souvenir de leurs relations, M. de Bismarck a fait du tribun un spirituel éloge — après décès :

« Lassalle avait un sentiment national et monarchique très marqué; son idée, qu'il cherchait à réaliser, c'était l'empire allemand, et nous avions là un point de contact. C'était un ambitieux de grand style, et il n'était pas encore bien fixé si l'empire allemand devait s'établir avec une dynastie Hohenzollern ou une dynastie Lassalle; mais son esprit était absolument monarchique... C'était un homme énergique et très intelligent, dont la conversation était instructive au plus haut point; nos entretiens duraient des heures, et je regrettais toujours lorsqu'ils se terminaient. »

Et le prince ajoutait avec humour qu'il se serait fort accommodé d'un pareil voisin de campagne.

Vers 1863, Lassalle se trouvait à l'apogée de sa fortune politique : philosophe, poète, juriste, tribun, chef de parti, goûté des savants, des évêques, des ministres, des gens du monde, adoré des femmes, idolâtré de la foule, il recueillait les louanges les plus délicates et les plus flatteuses, les applaudissements les plus grossiers et les plus bruyants. Les voyages qu'il fit en 1863 et 1864 au pays du Rhin, où il avait vécu dix années, exilé de Berlin, et où il avait tenu, grâce à la comtesse Hatzfeldt, bourse ouverte aux travailleurs, furent ceux d'un César de la démocratie. Ses discours exaltaient ses partisans et ses adversaires à ce point « qu'ils s'enfonçaient leurs couteaux dans le ventre », comme il l'écrivait, non sans orgueil, à une amie. Des escortes de dix mille ouvriers le suivaient sous les arcs de triomphe ornés de drapeaux, des musiques venaient lui donner l'aubade, une vingtaine de voitures, remplies de couronnes, lui faisaient cortège, et les acclamations éclataient frénétiques, lorsqu'il s'écriait : « Travailleurs, peuple, savants, évêques, roi de Prusse, nous les avons tous obligés à rendre témoignage de la vérité de nos principes. »

Mais cette brillante mise en scène masquait bien des difficultés, des contrariétés soucieuses. Déchiré par les rivalités, les jalousies, mal pourvu d'argent, le parti démocratique s'organisait avec lenteur. Les luttes, l'excès de travail, les plaisirs, les procès, la prison avaient épuisé Lassalle. A trente-neuf ans, il ressentait une vague inquiétude, s'effrayait de cet âge critique de la quarantième année ; de sombres pressentiments le hantaient. En prévision d'une mort prochaine, il faisait appel à un vengeur :

Exoriare aliquis nostris ex ossibus ultor.

Trois mois après, il n'était plus qu'un cadavre.

Il reste à raconter par quelles singulières souffrances, par quelle mort tragique et romanesque Lassalle expia ses succès.

II. — SOUFFRANCES ET MORT DE LASSALLE [1].

Sainte-Beuve, ce maître en psychologie, s'était fait un questionnaire auquel il soumettait chaque personnage, et dont l'un des points essentiels était : *Comment se comporte-t-il sur l'article : Femmes?* L'article « femmes » est long chez Lassalle. Quand l'apôtre socialiste avait serré les mains calleuses des prolétaires, il lavait les siennes avec soin pour presser des tailles élégantes dans les boudoirs parfumés.

Une dame russe a publié en 1878 quelques lettres d'amour [2] que Lassalle lui écrivait en français, avec une certaine gaucherie qui n'est pas sans grâce :

> « Ah! si je vous écrivais en allemand, chaque mot serait un être individuel, animé, vivifié par cette chaleur d'âme que je leur communiquerais! Ce seraient autant de petits oiseaux, d'un chant touchant, aux ailes dorées.... qui s'envoleraient d'eux-mêmes et s'abaisseraient devant vous pour vous baiser les mains et les pieds. »

Au milieu d'effusions pleines de tendresse pour sa « belle rose », sa « fleur veloutée », il emploie des images excessives : « Je mangerais mes propres entrailles », qui tiennent sans doute à des habitudes de tribun véhément et pathétique; le lyrisme en est démodé. Mais ce qui est admirable dans ces lettres, c'est l'absence d'ironie sur soi-même et l'imperturbable confiance nécessaire aux hommes d'action.

Lassalle avait rencontré aux eaux d'Aix-la-Chapelle la jeune fille russe qu'il ne désigne que sous le doux

1. *Lassalle's Leiden*, Berlin, 1887.
2. *Une page d'amour de Ferdinand Lassalle*. Leipzig, 1878. — *Les amours de Ferdinand Lassalle*, par G. Valbert. *Revue des Deux Mondes* du 1er octobre 1859.

nom de Sophia Adrianowna. Il avait alors trente-cinq ans, elle en avait vingt-cinq. Aux premiers regards échangés, au premier tour de valse, aux premières mélodies de Glinka, l'idylle commence. De plus en plus épris, Lassalle propose à la « fleur veloutée » de l'épouser. En quelques pages ardentes, il lui expose sa vie, son œuvre, ses combats, ses triomphes, ses amitiés illustres, « la crainte et l'admiration » qu'il inspire même à ses ennemis. Il lui fait confidence des femmes qu'il a aimées, ou plutôt qui l'ont aimé. Sa liaison avec la comtesse Hatzfeldt n'est qu'une communauté de luttes pour la cause des classes souffrantes... Mais il faut écouter cette confession :

« Deux fois seulement je parlai d'amour à des jeunes filles qui m'aimaient bien, et qui me donnèrent le désir de les posséder, et cependant je débutai dans les deux cas avec la déclaration que je ne les épouserais jamais. Sauf ces deux exceptions, je m'en suis tenu aux femmes mariées, dont j'étais, vous l'avez dit, l'enfant gâté, et dont quelques-unes m'aimaient bien fortement... Aucune à laquelle je n'aie avoué à sa demande, avec ma franchise ordinaire, que je ne l'épouserais pas du tout. Et malgré cela, et peut-être à cause de cela, on m'a bien aimé! Je voulais prendre, mais ne pas me donner. »

Et ce qu'il cherche encore, pour rehausser l'amour, c'est le plaisir des risques, le danger toujours présent. La cour qu'il fait aux femmes est en quelque sorte une gymnastique de sa volonté : « Il faut que l'amour d'une femme soit un feu dévorant, augmenté par tous les obstacles, un ouragan invincible. » Enfin, dernier trait de fatuité digne d'un Lauzun, il exige que les femmes s'offrent à lui : « Homme extrêmement fier... je ne prendrais jamais une femme par assaut... Il faut qu'une femme m'aime librement, volontairement et tout entièrement; il faut qu'elle se donne à moi pour que je la prenne. » Il fait un tableau orageux de l'avenir réservé à celle qui l'épousera; il est juif, en lutte contre la société, elle devra partager sa rude destinée. Sans doute il se flatte de tenter par là une imagination romanesque. Il se pose en Titan, et demande un amour à sa taille, « gigantesque ». Mais Sophia, attirée vers lui surtout par les sympathies politiques, s'aperçut qu'il y avait en tout ceci plus de vanité que de cœur, et ce grand feu de paille n'aboutit qu'à allumer sur l'autel de l'amitié une petite lampe qui ne tarda pas à s'éteindre.

Peu de temps après, Lassalle rencontrait dans un salon de Berlin Mlle de Dönniges. Là encore se dressaient des obstacles à vaincre et la vanité était en jeu. M. de Dönniges tenait un haut rang à la cour de Bavière, et il y avait peu de vraisemblance qu'il consentît à s'allier avec un juif socialiste, terreur des propriétaires, toujours en guerre avec les autorités. Malgré les différences de fortune et de caste, ce qui rapprochait les amants, c'était un même goût de cabotinage et de haute bohême, un même caractère aventureux et théâtral.

Mlle de Dönniges, pour expliquer son rôle dans la catastrophe qui termina la vie de Lassalle, a écrit un petit volume de Mémoires qui ont le mérite de la brièveté et un air de sincérité. C'est la femme cosmopolite et polyglotte. Elevée à Munich, où son père réunissait auprès du roi Maximilien un cercle de poètes et d'hommes distingués, elle y avait commencé son éducation sentimentale. Elle la continuait au milieu de la société de Nice, pendant que M. de Dönniges était chargé d'affaires en Italie. Là, amazone intrépide, « reine de toutes les folies », elle avait perdu « la juste mesure pour distinguer, d'après la règle allemande, le moral et l'immoral ». Elle s'adonnait à Berlin à un autre genre de sport, suivait les cours scientifiques, fréquentait les bibliothèques, les ateliers, les concerts, le théâtre, vers lequel une vocation l'entraînait. Un certain boïard de Valachie, Janko, prince Rakowitza, noir et jaloux comme Othello, aspirant fiancé, lui servait de page : « L'intelligence, dit-elle de lui, n'était pas le côté brillant, mais il avait un cœur d'or. »

Lorsque Lassalle et Hélène de Dönniges se rencontrèrent à une soirée, ils justifièrent le mot de Shakespeare : « Qui a jamais aimé, s'il n'a pas aimé au premier regard? » D'après le portrait du peintre Lembach, reproduit à la première page de ce volume, Mlle de Dönniges avait une admirable chevelure, de beaux traits, le regard fier, le long col de cygne, qui donne tant de grâce et de noblesse. Elle admirait en Lassalle « un profil de César romain, des yeux étincelants ». Aux premiers mots échangés, il la tutoyait, et, lorsqu'elle quitta le salon, la prenant dans ses bras, il la porta jusqu'au bas de l'escalier. Ils formaient un si beau couple, que la maîtresse de maison eût trouvé tout naturel qu'ils ne se quittassent jamais plus. Comme ils ne voyaient pas le même monde, ils ne se retrouvèrent que l'année suivante, à un bal donné par les juristes. Une volupté pleine d'angoisse révéla la présence de Lassalle à Hélène; elle subissait une influence magnétique; ses yeux d'aigle la fascinaient, l'hypnotisaient. Au milieu de tous ces avocats sautants et valsants, ils échangeaient des paroles fatales :

— Que ferais-tu si tu étais ma femme, et qu'on me condamnât à mort, et que tu me visses monter sur l'échafaud?

— J'attendrais que l'on ait coupé ta tête si fière, afin que les yeux de mon aigle vissent jusqu'à la fin ce qu'il aimait, puis je prendrais le poison.

Il l'appelait Brunehilde, du nom de l'héroïne des *Niebelungen*, avec laquelle il faut combattre, si l'on veut gagner son amour, mais celui qui est vaincu a la tête tranchée; et il s'était décerné à lui-même le nom de Siegfried, le héros qui triomphe de la reine et l'épouse, et qu'un traître, ensuite, assassine lâchement. Quand ils seraient mariés, si les socialistes le proclamaient César, il la ferait entrer en triomphe à Berlin « traînée par six chevaux blancs ». A force d'éloquence, pensait-il, et de séduction, il obtiendrait le consentement de Mme de Dönniges, à moins que cette dame ne fût bête, car les dieux mêmes combattent en vain contre la bêtise. Mais aux premières ouvertures d'Hélène sa noble famille jeta les hauts cris : on se hâta de la fiancer à son page valaque Janko.

Les années 1863 et 1864 ont été, comme nous l'avons vu, les plus glorieuses dans la vie de Lassalle, les plus absorbées aussi par les embarras de toute sorte, brochures, discours, procès, correspondance considérable, tracas sans fin que lui donnait la présidence de l'Association générale des travailleurs allemands. Son voyage triomphal sur les bords du Rhin avait achevé de l'épuiser; et avant de subir encore six mois de prison, il était allé, en juin 1864, remettre et raffermir, au Rigi-Kaltbad, ses nerfs ébranlés, lorsqu'il y rencontra à l'improviste Hélène qui voyageait avec des amis. Ils tombèrent dans les bras l'un de l'autre, comme si le monde ne pouvait plus les séparer, songèrent à un enlèvement, à une fuite au pays d'Égypte. Ce projet écarté, il fut décidé qu'Hélène irait à Genève signifier aux siens, qui s'y trouvaient, l'inébranlable résolution d'épouser Lassalle. En attendant, ils passèrent quelques jours à Berne. Le tribun lisait à l'infante sa tragédie, ses brochures contre les économistes, et aussi *la Physiologie du mariage* de Balzac, qu'ils se proposaient de discuter, après l'épreuve de deux années de vie commune.

L'expérience leur en fut refusée. La jeune fille se heurta à des résistances invincibles. M. de Dönniges considérait Lassalle comme un personnage suspect, un agent provocateur de Bismarck. On séquestra Hélène. Désespérée, elle écrit à Lassalle, et, trompant un soir la surveillance de ses gardiens, elle noue un chapeau en toute hâte, jette un manteau sur ses épaules, se munit d'argent, s'arme d'un poignard, court à l'hôtel où Lassalle vient d'arriver, se précipite dans sa chambre, et lui dit : « Fais de moi ce que tu veux, je suis maintenant ta femme, ta chose ! »

A ce moment décisif, soit excès d'amour, soit détresse momentanée, Lassalle ne fut plus Lassalle, il fut moins qu'un homme. L'épisode, s'il faut en croire la légende, ne se pourrait conter qu'en latin ; c'est le sujet d'une élégie des *Amours* d'Ovide :

In se ipsum, quod sibi apud amicam defuerit...

Ce qui est certain c'est que le Titan se comporta comme un simple bourgeois : il fut moral et prudhommesque. Il mit sa vanité plébéienne à vaincre l'obstination de M. de Dönniges, à obtenir la jeune fille non d'elle-même seulement, mais de cette famille aristocratique qui avait le front de le dédaigner. Il n'enleva pas la belle qui l'en suppliait, et la ramena sagement à sa famille, se flattant peut-être de l'obtenir, après cette fuite compromettante, en récompense de sa conduite chevaleresque. Mais il essuya un nouveau refus et l'on fit bonne garde autour d'Hélène.

Le désespoir de Lassalle rendu à lui-même fut sans bornes. Il vit la sottise qu'il venait de commettre. Irritée par l'obstacle, sa passion devient effrénée. Les lettres qu'il écrit à son ami Holthoff éclatent comme des sanglots entrecoupés d'accès de fureur :

« Je souffre chaque heure mille morts, mille fois plus que Prométhée... Je m'enfonce dans le flanc les épines du reproche avec une cruauté satanique... Tous les serpents de Laocoon mordent mes entrailles... Aucun lion ne s'est autant fouaillé les flancs que je me les déchire dans mes reproches... Je hurle après Hélène, comme une lionne à qui on a volé ses petits... Moi, homme d'airain, je me tords sous les larmes comme un ver de terre...

« O cher! vous ne pouvez vous figurer quelles preuves d'amour elle m'a données... J'ai eu pendant huit jours l'oiseau dans mes mains... Si je l'avais encore pour deux heures dans mes bras, en un clin d'œil je serais à Caprera, où le chapelain de Garibaldi, même sans qu'il soit besoin de papiers, m'unirait à elle, séance tenante... Quel imbécile je suis! »

L'amour-propre blessé saigne cruellement; l'homme de volonté inflexible doute de lui, de son pouvoir. Il lui importe pourtant de ne pas perdre « ce fier contentement de soi, cette unité intérieure qui fait le bouclier de sa vie ». Il reprend possession de lui-même :

« Une tranquillité de fer, et une absence de douleur, tel est mon état depuis hier. Insensible envers moi-même, je ne suis plus qu'un corps glacé, raidi dans la volonté. Je jouerai cette partie jusqu'à la fin, avec le sang-froid d'un joueur d'échecs. Je me suis donné ma parole d'honneur que, le jour où Hélène sera perdue pour moi, je me tirerai une balle dans la tête. »

Il semble poussé moins par sa volonté réfléchie que par une impulsion démoniaque qui le mène à sa perte :

« Je ne sais qu'une chose : il faut que je possède Hélène. Réunions d'ouvriers, politique, science, prison, tout pâlit en moi à la pensée de conquérir Hélène. Il faut que je l'aie, coûte que coûte, dussé-je pour cela commettre un crime. »

Et il organise à Genève une police autour de la maison où Hélène est séquestrée. Il envoie à ses amis télégrammes sur télégrammes, fait appel au dévouement de la comtesse Hatzfeldt, secrètement jalouse, qui brouille les cartes en traîtresse. Il conjure Bœckh d'intervenir auprès de M. de Dönniges, supplie Richard Wagner de lui concilier le roi de Bavière, propose à l'évêque de Mayence, Mgr Ketteler, son collègue en socialisme, de se convertir pour rendre l'union plus aisée. Tout fut en vain. Tandis que son amour grandissait à la hauteur des obstacles qui se dressaient devant lui, celui de la jeune fille baissait dans la même mesure. Ce qu'elle avait aimé chez Lassalle, c'était *l'ami Satan*, comme elle l'appelait, non l'amoureux timide et le bourgeois correct. Elle finit par lui écrire la lettre de renonciation la plus froide, lui disant qu'elle avait juré fidélité à son fiancé; et comme il n'en pouvait croire ses yeux, et s'imaginait qu'on avait dicté cette lettre, Hélène, en présence des amis de Lassalle, déclarait rompus les engagements qui la liaient à lui.

Remuer ciel et terre, mettre en mouvement l'Église et l'État pour une femme qui finalement ne veut pas de vous, couvrait Lassalle d'un ridicule effroyable. Nature toute de vanité et de parade, il pensait avec La Rochefoucauld que le ridicule déshonore plus que le déshonneur. Il s'agissait maintenant de relever par un dénouement tragique cette lamentable comédie, où le roué Siegfried commençait à se douter qu'il avait agi, vis-à-vis de Brunehilde, en simple naïf : « Je mourrai par la trahison sans bornes, l'inconstance inouïe d'une femme que j'aime sans mesure. » Il n'hésitait pas à faire le sacrifice de sa vie : « elle a été assez grande, courageuse, hardie, brave, éclatante, et je ne souffrirai plus. »

Il était par système adversaire du duel. Injurié un jour à Berlin, il s'était contenté de bâtonner l'insulteur, et l'un de ses adeptes lui avait offert à cette occasion la canne de Robespierre, avec la prise de la Bastille gravée sur le pommeau. Mais ses principes fléchirent devant sa vengeance. Oubliant même les manières chevaleresques qui faisaient partie de sa toilette, il écrivit à M. de Dönniges que sa fille n'était qu'une *fille, eine verworfene Dirne*. Quant au fiancé valaque, s'il refusait de se battre, il se proposait de le tuer dans la rue comme un chien. Une rencontre au pistolet eut lieu dans les environs de Genève. Mortellement atteint, Lassalle expirait quelques jours après.

Mlle de Dönniges raconte dans ses Mémoires qu'elle avait considéré ce duel comme le moyen le plus sûr d'échapper à sa famille, et de rejoindre son ami : « Je calculai, si Janko est tué et qu'on le rapporte, il y aura alors un grand tumulte, personne ne fait attention; je cours près de Lassalle, et je suis avec lui pour toujours. » Elle épousait, peu de mois après, le meurtrier; bientôt veuve, elle finit par monter sur les planches. On voyait encore à Berlin, il y a quelques années, sur une scène de cinquième ordre, jouant les travestis qu'on appelle en Allemagne *Hosenrollen*, rôles à culottes, et plaisant surtout dans un costume de hussard, la femme aux formes opulentes pour laquelle ce nouveau jacobin, « voué à une sainte cause », ce métaphysicien subtil, ce diplomate avisé, ce puissant politique, s'était fait tuer. Un homme se juge par les femmes qu'il a aimées ou qui l'ont aimé. Les amours de Lassalle lui font peu d'honneur.

Cette fin, absurde en soi, termine logiquement une vie vouée à l'effet; elle est dans l'harmonie d'un caractère qui a inspiré les romanciers, M. Spielhagen, dans *in Reih und Glied*, M. Meredith. Il y a chez Lassalle les traits mêlés de divers héros de roman, le paria révolté de Hugo, le dandy positif et roué de Balzac, le socialiste humanitaire et déclamateur de George Sand. Pendant sa vie, il passait pour un apôtre; après sa mort, on le vénéra comme un martyr. Les ouvriers chantaient :

> A Breslau un cimetière,
> Un mort dans un tombeau;
> Là sommeille celui
> Qui nous a donné des épées.

Lassalle n'était pas un génie, mais c'était un homme génial, habile à s'emparer de certaines aspirations de son temps, à les propager, et surtout à organiser, à discipliner un parti. Ses livres offrent peut-être plus de brillante surface que de fond; sa pompeuse éloquence semble apprêtée, récitée devant un miroir. Ambitieux avec audace, habileté, esprit de suite, c'était surtout un homme de volonté. La plupart manquent leur vie par incapacité de vouloir. Lassalle a ruiné la sienne par excès contraire, par une énergie affolée.

On ne saurait juger équitablement son caractère moral qu'en le comparant à d'autres hommes de son temps et de mêmes tendances. Un Proudhon, par exemple, avec son amour de la famille et ses convictions austères, aurait eu le droit de blâmer sévèrement, chez Lassalle, le luxe et l'effémination des mœurs. Son goût aussi de notoriété et de réclame contraste avec ces dévouements obscurs et anonymes, si fréquents parmi les révolutionnaires russes et les socialistes allemands. Mais Lassalle n'est point un sectaire : bien qu'il ait, à certains moments, prêché la guerre sociale, il se sépare par un abîme d'un Most qui mettrait le monde à feu et à sang. Envisageons le personnage sous son meilleur aspect; il a plaidé avec chaleur une noble cause d'amélioration et d'avenir, de réparation et de justice pour ceux qui souffrent et travaillent. Il paraît plus aisé toutefois de poser la question sociale que de la résoudre; et il n'est pas bien sûr que le socialisme d'État, « ce grand ennemi de la liberté » [1], offre une panacée.

Lorsque Lassalle mourut à trente-neuf ans, on constata qu'il était menacé d'une phtisie du larynx. Il semblait donc marqué pour la mort; il avait terminé son œuvre et joué son rôle. Après lui, son parti, dissous, s'est fondu avec le socialisme révolutionnaire et cosmopolite de Karl Marx, tandis que M. de Bismarck reprenait en partie le programme lassallien. Comme son ami et légataire universel, Lothar Bucher, Lassalle serait-il allé échouer dans la haute bureaucratie au service du chancelier? On a peine à le croire. Une balle en ce cas valait mieux pour sa renommée que le titre de conseiller privé.

Il conviendrait enfin de marquer le caractère de la génération à laquelle appartient Lassalle, comme l'a fait M. Brandès, son biographe trop enthousiaste à notre sens. Il semble qu'il y ait à certains moments de grands courants qui passent dans l'air et sur les peuples : trois de ces courants ont traversé successivement l'Allemagne, depuis le commencement du siècle. Ce fut, d'abord, le romantisme de 1800 à 1830 environ, dont Mme de Staël nous a signalé les débuts purement littéraires. Devenue politique à la suite des guerres de l'empire, cette école, par dégoût du présent,

1. Léon Say, *le Socialisme d'État*, conclusion.

a vécu des souvenirs du passé et des pressentiments de l'avenir. Elle avait découvert l'empire allemand du moyen âge et rêvait de le reconstituer un jour. — Puis vint « la Jeune Allemagne » de 1830 à 1848, ardente à réagir contre ces tendances féodales. Un personnage littéraire marque la transition entre les deux écoles : c'est Henri Heine, le plus achevé des poètes romantiques, qui détruit l'esprit du romantisme par son ironie, et n'en garde que l'enveloppe. Avec tout son groupe, hégéliens de gauche, poètes, orateurs, romanciers, Ruge, Gutzkow, Herwegh, Freiligrath, Moritz Hartmann, Kinkel, il combat pour le libéralisme et l'émancipation. Mais ce sont des idéologues, sans talent d'organisation, et le manque d'esprit pratique chez les hommes de ce temps se révèle dans la confusion et l'avortement de 1848 pour fonder l'empire. — Enfin, la période d'action commence avec les contemporains de Lassalle : ils s'aperçoivent qu'une cause a besoin d'une armée, que le droit n'est rien sans la force. Ils exaltent la science et ses applications, font peu de cas de l'idéologie. C'est à cette génération de durs combattants que le prince de Bismarck a achevé de donner sa brutale empreinte. C'est d'elle que datera l'avènement en Allemagne de la démocratie et du socialisme.

MICHEL BAKOUNINE[1]

LA PHILOSOPHIE ALLEMANDE ET LE NIHILISME RUSSE

Lassalle et Bakounine représentent deux extrêmes, deux courants opposés dans le socialisme contemporain, où les disciples de Marx, de beaucoup les plus nombreux et les mieux organisés, tiennent une sorte de juste milieu, si humiliant qu'il soit pour des révolutionnaires de se trouver dans cette posture bourgeoise. — Lassalle est l'inventeur du socialisme le plus modéré, du *socialisme d'État*, que les gouvernements tendent à accepter en principe, et à pratiquer. Bakounine, au contraire, le prophète et l'apôtre du nihilisme russe, par défiance et haine de l'État, s'est fait l'apologiste de l'anarchisme.

On ne trouvera pas, chez le socialiste russe, la valeur intellectuelle, la force de dialectique d'un Marx ou d'un Lassalle, bien qu'il procède comme eux de Hegel; ses partisans ont beau rappeler chaque année

1. *Russland vor und nach dem Kriege* (Leipzig, 1879), *Michael Bakunin und der Radicalismus.*

leur existence à l'Europe et à l'Amérique par les bombes et la dynamite, ils ne forment qu'une secte infime et impuissante. Mais cette étude ne serait pas complète, si nous négligions de consacrer en terminant quelques pages à ce singulier personnage, qui est bien lui aussi l'expression d'une société en travail et en souffrance.

I. — BAKOUNINE HÉGÉLIEN.

Michel Bakounine naquit en 1814. Il était gentilhomme comme la plupart des chefs du radicalisme russe, descendant d'une vieille race de boïards, fils d'un riche propriétaire qui le mit entre les mains de précepteurs français et lui donna l'éducation à la mode. Ses études terminées, il entrait à l'École d'artillerie de Saint-Pétersbourg. Les premières empreintes des idées régnantes qu'il reçut dans cette école de cadets exercèrent sur son esprit et sur sa destinée une influence décisive.

Dans ce petit monde se reflétaient toutes les contradictions, tous les contrastes qui agitaient alors la Russie. Les jeunes nobles, les jeunes officiers s'enflammaient au souffle libéral dont Alexandre Ier avait été touché, et qu'avait encore fortifié le séjour de l'armée d'occupation en France. La seconde moitié du règne d'Alexandre ne tint pas, comme on sait, les promesses de la première, et à peine ce prince venait-il de descendre dans la tombe, qu'éclatait, le 14 décembre 1825, une révolte de quelques régiments de la garde contre le gouvernement absolutiste, révolte qui fut écrasée avec une rigueur implacable et suivie de la plus violente réaction; les écoles militaires, soumises à une discipline de fer, avaient surtout à souffrir. Le résultat est aisé à prévoir : une silencieuse obéissance, une morne et rigide uniformité exaltaient ces têtes de vingt ans. On ne se consolait que par le mépris secret, la négation mentale de l'ordre établi; on vénérait à l'égal des martyrs de la foi les insurgés de Décembre, martyrs de la liberté; les uns étaient morts sur le gibet, les autres traînaient des jours sans espoir dans les neiges de la Sibérie; mais leurs noms, leurs poésies, leurs légendes, transmis d'une génération de cadets à l'autre, vibraient sur toutes les lèvres, et faisaient battre tous les cœurs.

Bakounine sortait d'une de ces écoles lorsqu'il subit les examens qui devaient lui assurer l'entrée dans l'artillerie de la garde, et la résidence de Saint-Pétersbourg. Son rang, sa fortune allaient lui ouvrir toutes les portes; mais, soit que son père eût voulu le punir de quelque résistance, soit que lui-même eût laissé percer à l'École un esprit frondeur, il se vit exilé de la garde et obligé de passer les belles années de sa jeunesse dans une garnison perdue en quelque coin de l'immense empire.

Il quittait la capitale sous le coup de cette disgrâce. Réduit à la société de ses camarades et aux maigres plaisirs d'un village sans ressources, il se laissa vite envahir par une misanthropie découragée, cessa toute conversation et se mit à rêvasser des journées entières, étendu sur son lit, en robe de chambre et en pantoufles, comme le héros de *Crime et Châtiment*. A quoi rêvait le lieutenant Bakounine [1]? Dans la première

1. Les biographes de Bakounine, ne sont d'accord ni sur son rôle, ni sur son caractère. D'après M. de Laveleye (*le Socialisme contemporain*), Bakounine séjournait dans les provinces polonaises avec sa batterie, et c'est le spectacle de la compression à outrance à laquelle cette malheureuse nation était soumise qui fit pénétrer dans son cœur la haine du despotisme.

fleur et le premier printemps de la vie, il faisait sans doute le bilan de ses espérances et de ses déceptions. D'une part sa fantaisie lui peignait toutes les splendeurs de la cour, les fêtes, les spectacles, les belles et nobles dames parées, les amours glorieuses, tous ces enivrements où les ardeurs juvéniles se dissipent en fumée : c'étaient les illusions d'hier, tandis qu'il était là, dans cette misérable chambre, en ce triste village, avec ses compagnons, toujours les mêmes, n'ayant pour se distraire que les joies de la bouteille et les grâces d'épaisses maritornes. Cette réalité journalière pouvait durer toujours. Indolent et apathique dans son service, bien qu'il fût doué d'un tempérament plein d'énergie, il poussa la négligence au point qu'on lui laissa le choix entre une promesse de s'amender ou sa démission. Bakounine quitta volontairement l'armée, et à vingt-deux ans, ne sachant que faire, il s'en vint à Moscou.

C'était un singulier monde que celui qui, sous le règne de Nicolas, peuplait les cercles de Moscou, la ville sainte, « la petite mère Moskwa, aux blanches pierres, aux mille coupoles », fonctionnaires sans place, officiers sans emploi, courtisans exilés de la cour, oisifs las des bains d'Allemagne et des déesses du Palais-Royal. On y vivait plus librement qu'à Pétersbourg, la société s'y montrait plus tolérante, la police moins tracassière. Herzen et Tourguénef nous ont décrit l'existence que l'on menait alors dans ces cercles, les heures lentes et fanées, les prétentieux bavardages, les habitudes désœuvrées, les questions indiscrètes. « Dans un tel milieu, écrit Tourguénef, personne ne garde au fond de son cœur une place pure et intacte, car le premier venu a le droit de fourrer ses doigts malpropres dans le coin le plus silencieux de votre âme. » Figurez-vous les habitudes d'estaminet au quartier Latin.

Bakounine était membre de l'un de ces cercles où, suivant la grande mode de l'époque, on tuait le temps à discuter la philosophie de Hegel.

Passionnés pour toutes les nouveautés de l'Occident, les Russes s'engouent indifféremment des rubans, des costumes, des acteurs, des opérettes, des philosophes étrangers. A Moscou, le système de Hegel faisait fureur. Un certain Stankewitsch, homme riche et de grand loisir, propageait entre ses amis les doctrines du philosophe allemand. Nuit et jour, raconte le célèbre radical russe Herzen, le contemporain, l'ami de Bakounine, paragraphe par paragraphe on discutait les œuvres de Hegel. Il n'était ouvrage si médiocre, brochure si insignifiante parue en Allemagne sur ce sujet, que l'on ne se procurât à grands frais; ils circulaient de main en main, jusqu'à ce que les pages, usées, déchirées, maculées, fussent devenues illisibles. Des amis, jusqu'alors inséparables, se brouillaient sur la question de l'*essence de l'esprit absolu*. Stankewitsch reconnut bientôt les *facultés spéculatives* de Michel Bakounine; ce dernier était même considéré comme la plus haute capacité philosophique de tout son cercle; encouragé par ses succès, il se rendit à Berlin en 1841 afin de demander aux professeurs de cette ville une initiation plus complète à l'hégélianisme, et pour ainsi dire le dernier mot de l'énigme.

Nous comprenons difficilement aujourd'hui l'enthousiasme qu'excitait en Europe cette philosophie dix ans après la mort de son auteur. La phraséologie de Hegel est à peine intelligible, et ce fut là peut-être une des causes de son succès. En marchant à tâtons à travers ces obscures clartés, ces ténèbres visibles, chacun y trouvait ce qui lui plaisait. Où les uns découvraient l'athéisme, les autres rencontraient la foi. Décrié par ceux-ci, traité de philosophe officiel, d'adulateur servile de l'Église et de l'État prussien, le professeur de Berlin passait aux yeux de ceux-là pour le plus hardi novateur.

Toute une école révolutionnaire est sortie de la philosophie de Hegel [1], et l'on se demande parfois si le maître, prévoyant le parti que de jeunes insensés seraient tentés de tirer de sa doctrine, n'a pas volontairement rendu le style de ses écrits aussi monotone, ingrat et rebutant que pouvait l'être son débit lorsque, debout dans sa chaire, il fouillait, froissait ses notes, toussait, crachait, se répétait; de lumière, de chaleur ou d'éloquence, pas un vestige. On se mit à déchiffrer ce style cryptographique comme un texte sacré ou un livre de haute science, l'*algèbre de la révolution*. L'imagination enflammée des disciples entrevoyait des formules magiques destinées à régénérer le monde [2]. Par delà les nuages assemblés, le brouillard terne et gris de ces abstractions du *positif* et du *négatif*, de l'*en soi*, du *pour soi* et de l'*en pour soi*, de l'*identité des contradictoires*, ils apercevaient un ciel noir et vide, la tradition des siècles chrétiens toute en ruines, un Dieu gisant à terre, et, régnant sur l'univers, une jeune reine chaque jour plus pompeuse et plus triomphante, l'*Idée Absolue*. Celle-ci, comme la Belle au bois dormant, avait longtemps sommeillé dans la nature avant de s'éveiller, vierge encore, au sein de l'humanité, de s'aimer et de se connaître en tout disciple de Hegel. En possession de l'*Idée Absolue*, l'homme est roi, l'homme

1. *Les sophistes allemands et les nihilistes russes*, par Funck Brentano. Paris, Plon, 1887.

2. « La doctrine hégélienne de l'évolution historique fit naître la théorie, si importante dans la suite, du panslavisme, de l'avenir grandiose réservé au peuple russe affranchi, d'une suprématie européenne de la race slave. » (*Der russische Nihilismus*, von Karl Oldenberg, p. 17. Leipzig, 1888).

est Dieu, le seul Dieu vivant et légitime ; c'est le divin bipède. Feurbach en déduisait cette conséquence : « Il ne faut pas dire comme autrefois : *Que la volonté de Dieu soit faite* ; il faut dire : *Que la volonté de l'homme soit faite.* » Ce que Bakounine traduisait ainsi : « Que ma volonté s'accomplisse. »

Ivre de cette pensée qu'il était un nouveau Titan, un Prométhée, Bakounine résolut de recommencer la création, de mettre en ruine le monde corrompu, de le précipiter une seconde fois dans le chaos, pour en faire surgir un paradis terrestre, un monde d'éternelle allégresse où chacun aurait sa part au banquet, sa place au soleil. — A la fin d'un article-manifeste qu'il publiait dans les *Annales françaises-allemandes*, et qu'il signait d'un nom français pour se donner plus de prestige (la France révolutionnaire étant en odeur de sainteté près des néo-hégéliens), après mille considérations écrites en un pathos digne de Hegel, il s'écriait : *La joie de détruire est en même temps la joie de créer.* Nier tout ce qui existe dans l'ordre des idées traditionnelles, l'anéantir dans l'ordre des faits, et sur ce néant fonder l'espoir d'un monde meilleur, sans aucun plan de reconstruction de l'avenir, telle est la doctrine.

Le nihilisme russe n'est donc pas, comme semblerait l'indiquer le mot, une aspiration au néant, pour le néant, mais une aspiration à la jouissance, aux biens de la terre. Il n'a rien de commun avec le nihilisme pessimiste et résigné de l'Inde ; c'est un nihilisme avide, optimiste et révolté, qui s'insurge contre les misères humaines, en rend l'État, la tradition responsables, déclare la société telle qu'elle existe une caverne d'iniquités, prétend tout mettre sens dessus dessous, et se flatte de réaliser, par cette méthode simple et rapide, le salut des individus et des peuples. Cette aspiration à la destruction totale n'est, au fond, qu'un désir de bonheur, caractère essentiel du socialisme contemporain, et c'est par là que les théories de Bakounine s'y rattachent. Voici maintenant en quoi elles s'en distinguent.

Il est curieux de voir se refléter dans les variétés du socialisme européen le caractère de chaque nation. Le socialiste anglais est en général pratique, utilitaire; augmentation de salaire, diminution des heures de travail, ses vœux ne vont guère au delà. En France, on a vu à l'œuvre certains personnages sous la Commune : faire l'important, se goberger, se pavaner sous des uniformes chamarrés de galons, donner des ordres, distribuer des places, boire du champagne à la santé du peuple, et caracoler dans le sang : c'est ainsi qu'ils entendent la révolution. Au contraire, en Allemagne, le socialisme révolutionnaire prend des allures lourdes et pédantes; il écrit de gros traités; il est logicien : ces enragés phlegmatiques, ces docteurs en révolution sont « poussés non par l'utilité comme les Anglais, ou la vanité comme les Français, mais par l'*Idée* [1] ». Chez le Slave enfin l'idée devient le rêve, l'utopie monstrueuse, la vision intense et grandiose du bouleversement universel, de la création qui s'effondre, de l'incendie qui dévore la civilisation vermoulue, la réduit en cendres, et sur cette cendre féconde voit naître l'âge d'or : Vive le chaos et l'extermination! vive la mort! place à l'avenir!

Bakounine ne pouvait s'en tenir au rêve; il ne pouvait, nous dit Herzen, s'enterrer et se complaire dans le quiétisme philosophique des professeurs de Berlin; il ne voyait d'autre moyen de résoudre l'antinomie

1. H. Heine.

entre la pensée et le fait, que la lutte et l'action. En même temps que Hegel, il avait étudié Proudhon, père reconnu de l'anarchisme; il était devenu philosophe révolutionnaire. Hegel qui, après Héraclite, proclama le droit de la force, a bien sa part de complicité dans cette alliance de la philosophie et de la politique militante, si toutefois on admet la thèse sur la responsabilité philosophique que M. Bourget a exposée avec éclat dans son roman du *Disciple* [1]. Montaigne dit du fanatisme religieux, si voisin du fanatisme politique : « C'est mettre ses conjectures à trop haut prix que de s'en servir à brûler les gens. » Mais un homme qui se considère comme le représentant de l'*Absolu* n'y regarde pas de si près. Au seizième siècle, à Rome, Bakounine aurait pu être inquisiteur du Saint-Office; sous la Terreur, jacobin spiritualiste comme Robespierre; vers 1845, il fut anarchiste hégélien. Son nihilisme est le fruit de l'imagination slave ; la philosophie allemande et le socialisme français l'ont tenu sur les fonts baptismaux.

Après cet enfantement d'un système sorti tout armé d'un cerveau trop débile, le crâne de Bakounine resta fêlé. Les doctrines de Hegel et de Proudhon firent sur son esprit l'effet des romans de chevalerie sur le pauvre don Quichotte. Mais le chevalier de la Triste Figure est un fou de bonté, de générosité, de candeur, de délicatesse. Le Slave n'était rien de tout cela. Il n'avait de commun avec le héros de Cervantès

1. Mais alors il faudrait rendre pareillement la religion responsable du levain de superstition et de fanatisme que l'évangile, à côté de la mansuétude, a déposé dans les âmes; et pareillement aussi la science responsable de l'esprit intolérant et persécuteur que l'on cherche à couvrir de son nom. Ni la philosophie, ni la religion, ni la science ne suffisent à éteindre dans le cœur de l'homme les passions mauvaises.

que sa taille de peuplier, sa santé robuste [1]. Un esprit délié, plein de pénétration et de finesse, s'alliait en lui à une imagination fantasque, à une passion sauvage, à une énergie folle qui touchaient à la démence. Grand dialecticien, autrement dit ergoteur, entêté dans ses idées, tournant en dérision les opinions d'autrui, il était prêt à briser comme verre ce qu'il méprisait, c'est-à-dire tout [2].

L'Allemagne n'avait plus rien à lui apprendre. Il se rendit vers 1843 à Paris, alors en pleine effervescence socialiste, malgré l'ordre apparent, à l'époque où le *Journal des Débats* publiait en feuilletons les *Mystères de Paris*, où George Sand écrivait la *Comtesse de Rudolstadt*, où on lisait l'*Icarie* de Cabet, où l'on discutait Louis Blanc. Accueilli par les principaux chefs socialistes, le descendant des anciens boïards devint « le citoyen Bakounine », et il se préparait à mettre en actions toutes les belles formules qu'il avait cru lire dans Hegel, à se constituer en Europe architecte de ruines.

1. M. Mathey, qui a connu Bakounine à Lugano, à la fin de sa vie, alourdi et épaissi, le peint en ces termes : « C'était une sorte de géant, puissant et lourd,.... coiffé d'un chapeau de feutre mou et gris que je ne lui ai jamais vu ni soulever ni quitter...

« La tête énorme, couverte d'une forêt de cheveux longs et en désordre, jamais peignés, et la barbe embroussaillant le bas du visage et une partie des joues couronnaient bien l'ensemble du monument. Il couchait tout habillé, tout botté, tout coiffé sur une planche que soutenaient deux tréteaux bas et que recouvrait un matelas...

« Sa femme, madame Antonia, une Polonaise, avait tous les goûts, toutes les allures, toutes les habitudes de la femme du monde. » En Sibérie le père de madame Antonia avait fait évader Bakounine et s'était enfui avec lui.

2. Un des plus grands esprits, Leibniz, disait au contraire : « *Je ne méprise presque rien.* »

II. — BAKOUNINE ANARCHISTE.

Avant de raconter ses exploits d'agitateur furieux, est-il besoin d'insister sur cette éducation d'un révolutionnaire? Nous venons de voir se forger anneau par anneau la chaîne de ses impressions et de ses pensées : à l'École d'artillerie, l'exaltation politique, puis le sentiment amer, ineffaçable de la première injustice subie, lorsqu'on l'envoie loin de Pétersbourg; là, le désœuvrement, l'ennui d'une existence monotone et sans issue; enfin, à Moscou et en Allemagne, l'étude de Hegel et de Proudhon, où il découvre la justification de ses déboires, de ses haines et de ses chimères. On le suit de chute en chute, de l'ignorance dans la métaphysique, de la métaphysique dans l'absolu, de l'absolu dans le radicalisme, du radicalisme dans l'anarchisme et l'incohérence.

La révolution de 1848 vint offrir un champ d'essai à ces doctrines exaltées, à cette activité dévorante; Bakounine songea d'abord à la Russie, il rêvait une république slave fédérative, il était panslaviste, et comme tel, antigermanique. Mais il ne réussit pas à soulever la Bohême; et lorsqu'éclata l'insurrection de Dresde, en 1849, il abandonnait le panslavisme pour le pangermanisme, sa passion étant de pêcher en eau trouble, de courir vers tout endroit où il y avait quelque chose à détruire, quelque désordre à organiser. Par son énergie physique et morale, il s'imposa bien vite aux chefs insurgés, et du 6 au 9 mai, il fut l'âme de la défense de Dresde révoltée contre les troupes prussiennes et saxonnes. Ce fut lui qui donna l'ordre de préparer l'incendie des édifices publics, et au besoin de faire sauter les maisons. Tel était son commentaire de la philosophie de Hegel et de la souveraineté de la force. Arrêté à Chemnitz le 10 mai, il ne perdait rien de sa fière assurance, et l'officier prussien chargé de l'escorte du prisonnier s'est toujours rappelé de quel air impassible ce grand diable de Russe lui disait qu'en politique le succès seul décide entre le crime et l'action d'éclat.

Il fut condamné à mort; on commua sa peine en prison perpétuelle. La Russie l'avait réclamé, et finalement, on l'envoyait en Sibérie, non comme forçat, mais comme exilé [1]. Après dix années il réussit à s'échapper par le Japon et l'Amérique, non sans laisser en chemin quelque lambeau de sa réputation d'intégrité : du moins les circonstances de sa fuite ont-elles été interprétées dans un sens défavorable à son caractère.

Bakounine rejoignit à Londres les réfugiés russes. Ici se place un épisode qui le fera mieux connaître.

En même temps que Herzen, Kelssief, Ogaref, vivait à Londres un moine de la secte des *rascolniks* ou *vieux croyants*, le Père Pafnouty. Ses supérieurs de Moscou l'avaient chargé d'entrer en relations avec les radicaux russes, afin de mieux défendre la secte opprimée par l'Église officielle et le gouvernement de Saint-Pétersbourg. Pour les révolutionnaires c'était là une occasion unique d'associer à leur cause, qui manquait surtout de soldats, ces sept millions de petites gens que les moines dirigent à leur gré, comme une armée de marionnettes suspendues à des ficelles. En cette grave et délicate conjoncture, le diplomate de

1. Le comte Mourawief, gouverneur de la Sibérie, cousin de Bakounine, le traitait avec égards, et c'est pendant une mission qu'on lui avait confiée qu'il put s'enfuir.

la bande, Wassily Kelssief, fut chargé de négocier avec le moine soupçonneux et défiant. On n'épargnait rien pour lui plaire, on imprimait dans la *Cloche* ses brochures religieuses, on flattait ses préjugés; nul ne fumait devant lui (les vieux croyants professent l'horreur sacrée du tabac), on s'abstenait de mets défendus, bref, les radicaux faisaient les bons apôtres, et l'affaire allait à leur gré; mais on avait compté sans Michel Bakounine. Ses propos insolents, ses railleries, son affectation à fredonner des chants liturgiques sur un rythme de chansonnettes, cela suffit pour mettre le moine en fuite. De retour à Moscou, le Père Pafnouty, levant les bras au ciel, s'écria que les justes ne pouvaient s'associer aux athées de Londres sans risquer de perdre leur âme. Cette folle conduite priva les émigrés du bénéfice de leur diplomatie; et ils restèrent, comme devant, réduits dans la mère patrie à leur petit état-major sans troupes, de cadets, d'étudiants, d'agitateurs de profession.

C'est le rôle de Bakounine de compromettre par ses fureurs les causes qu'il embrasse. Son influence sur la *Cloche* que rédigeait Herzen à Londres ne fut pas moins néfaste. Herzen, malgré sa nature si humaine, reconnaissait lui-même qu'il n'était pas homme à résister à la longue à l'influence de son ami. Bakounine transforma ce journal radical, mais qui demandait de justes réformes, en une feuille purement révolutionnaire, et le discrédita.

Dans les Congrès révolutionnaires de Suisse et de Hollande, il semait partout la discorde, rompait en visière à Karl Marx et à tous les « intrigants allemands ». Les théories de Bakounine diffèrent en effet essentiellement des théories du socialisme international, en ce qu'elles ne tendent qu'à la destruction, à l'anarchie pure, sans aucun plan d'amélioration, de réorganisation sociale. Il semble qu'il ait pris comme programme la plaisanterie adressée en 1848 au gouvernement provisoire, lorsqu'il montrait plus d'ardeur à démolir qu'à construire; un homme d'esprit proposa le décret suivant : « Article unique : Rien n'existe plus. Personne n'est chargé de l'exécution du présent décret. Signé : *Néant.* » Tout est pourri, donc il importe de tout anéantir : science, civilisation, propriété, mariage, religion, moralité, justice, État, Église, bourse, banque, police, codes, tribunaux, académies, universités, Bakounine compose avec tous ces ingrédients une immense salade russe dont il ne fait qu'une bouchée [1]. De l'ancienne société, que reste-t-il? pas un germe, rien, *nihil*,

> Une confusion, une masse sans forme,
> Un désordre, un chaos, une cohue énorme.

De ces ruines surgira, en vertu de la génération spontanée, une organisation nouvelle. « Une fois délivrés de la crainte de Dieu, du respect enfantin pour la fiction du droit », affranchis de tout lien de famille, de tout devoir et de toute contrainte, les hommes, dans une société sans forme déterminée, amorphe, grâce à l'individualisme absolu, à la liberté totale, se trouveront spontanément heureux [2]. Plus de tyrannie, plus de misère, plus de larmes. « *Que votre propre bonheur soit votre seule loi* [3]. » — Vainement on chercherait une idée sous ces paradoxes merveilleux : il n'y a que la joie enfantine de tout casser, briser, saccager, l'ins-

1. Discours de Bakounine prononcé à Genève en 1868.
2. Bakounine voit que le socialisme de Marx rendrait l'individu esclave de la société; mais l'individualisme absolu qu'il préconise impliquerait le retour à l'état sauvage le plus primitif.
3. Discours de Genève.

tinct de détruire pour détruire, et le frénétique amour du mal, soi-disant pour réaliser le bien [1].

La Société des nihilistes oubakouninistes se préparait à exécuter ce patatras universel. Elle se composait de trente membres, parmi lesquels Mme Bakounine, une Anglaise, un ancien agent de police français et d'autres énergumènes. Les néophytes s'engageaient par statuts à « *avoir le diable au corps* », à ne posséder d'autre patrie que la révolution universelle, et à considérer comme réactionnaire tout mouvement qui n'aurait pas pour but unique et immédiat le triomphe de leurs principes. Bakounine exposait en ces termes, dans une brochure, les devoirs du révolutionnaire, les règles de l'Ordre : « Sévère envers lui-même, le révolutionnaire doit l'être aussi envers les autres. Tous les sentiments de sympathie, toutes les impressions amollissantes de parenté, d'amitié, de reconnaissance, doivent être étouffés en lui par l'unique et froide passion de l'œuvre révolutionnaire. Il n'existe pour lui qu'une jouissance, qu'une consolation, qu'une récompense, qu'une joie, le succès de la révolution. Nuit et jour il ne doit avoir qu'une seule pensée, qu'un seul but, la destruction impitoyable. Tandis qu'il poursuit ce but,

1. « Ces imaginations qu'on dirait d'un fou furieux, ne sont cependant pas sans précédents dans l'histoire de la pensée humaine... La croyance palingénésique que ce monde, foncièrement mauvais, doit périr dans les flammes, pour faire place à de « nouveaux cieux et à une nouvelle terre » se trouve dans toutes les religions antiques... Telle était aussi l'idée du christianisme primitif. » On chante encore dans les églises cette prédiction pleine de sombres menaces :

Dies iræ, dies illa
Solvet saeclum in favilla.

Voir Laveleye, *le Socialisme contemporain*, p. 225.

sans cesse et froidement, il doit être aussi prêt à mourir qu'à tuer de ses propres mains quiconque l'empêche de l'atteindre. »

Membre de la *Ligue internationale de la paix et de la liberté*, établie à Genève, Bakounine y produisit, en 1869, une sécession sous le nom d'*Alliance internationale de la démocratie socialiste*. Il fonde des groupes autonomistes contre les autoritaires marxistes, et oppose le fédéralisme à leur centralisation. Il ne pénétra dans l'*Internationale* de Marx que pour la miner et la désorganiser dans le midi de l'Europe avec sa *Fédération jurassienne*, qui comptait de nombreux partisans en Italie, en France, en Espagne. Exclu avec les anarchistes du congrès de La Haye, il causa la dissolution de l'Internationale.

Durant les dernières années de sa vie Bakounine s'est occupé de la Russie et de la France. Bien qu'il eût perdu toute popularité près des patriotes russes, lors de la dernière insurrection de Pologne, en soutenant jusqu'au bout la cause polonaise, aux dépens mêmes de l'intégrité de l'empire, bien qu'il eût été gravement compromis par l'assassin Netschajef, son fondé de pouvoirs en Russie, un escroc, il n'en était pas moins reconnu comme le chef du parti nihiliste; il inondait le pays de ses brochures, prêchait le régicide, la soumission aveugle aux ordres des comités secrets, exaltait le brigandage : « Le brigand russe, disait-il, est le véritable et unique révolutionnaire sans phrases et sans théories. » Il recommande à la jeunesse russe de fermer les livres, de déserter les écoles et d'aller vivre dans les bois le mousquet au poing. Il disait encore aux jeunes gens : « Détournez-vous d'une science qui, dans sa forme actuelle, n'est bonne qu'à vous lier et à vous énerver. *Allez parmi le peuple*, et affranchissez vos frères d'une servitude criminelle. » On sait avec quelle ferveur ce conseil a été suivi par les jeunes apôtres du nihilisme.

La guerre entre la France et l'Allemagne réveilla les vieilles colères antigermaniques de ce turbulent Slave. Il appela sous les armes en notre faveur « les prolétaires de tous les pays ». Les prolétaires firent la sourde oreille. Bakounine estimait que la France ne pouvait être sauvée que par une grande révolution sociale; il proposait les mesures suivantes : 1° destituer tous les fonctionnaires sans exception; 2° condamner au bagne tous les bonapartistes; 3° organiser des bandes révolutionnaires afin d'en imposer aux paysans; 4° emprisonner tous les curés, tous les propriétaires; 5° créer, pour la distribution de leurs biens, des comités de paysans convertis à la république. Par ces moyens, on se concilierait les campagnes, et l'on saurait inspirer partout l'enthousiasme de la Révolution. Le programme d'action, qu'il exposait dans sa *Lettre à un Français*, a été exécuté à la lettre par la Commune [1]. Lors du mouvement communaliste de Lyon, Bakounine accourut dans cette ville, où Richard et Cluseret l'accueillirent à bras ouverts. Il assistait à l'assaut donné par les insurgés à l'Hôtel de Ville. Mais après la

1. « La capitale insurgée se constitue en commune. La fédération des barricades se maintient en permanence. Le conseil communal est formé de délégués, un par barricade ou par quartier, députés responsables et toujours révocables. Le conseil choisit dans son sein des comités exécutifs séparés pour chaque branche de l'administration révolutionnaire de la commune. La capitale déclare que, tout gouvernement central étant aboli, elle renonce à gouverner les provinces. Elle invitera les autres communes urbaines et rurales à se réorganiser révolutionnairement et à envoyer, dans un endroit désigné, des délégués avec mandat impératif et révocable, pour constituer la fédération des communes autonomes, et organiser la force révolutionnaire nécessaire pour triompher de la réaction. » (Laveleye, *le Socialisme contemporain*, p. 231.)

défaite de ses amis on le pria de repasser la frontière.

En 1872, il transportait sa tente à Zurich, au milieu des étudiants russes qui fréquentaient l'université, et faisait parmi eux une propagande socialiste, en compagnie de Pierre Lawrof, ancien colonel d'artillerie, qui avait pris part à la Commune. Révolutionnaire non de cœur, mais de tête, Lawrof se rapprochait des socialistes allemands et de leur tactique de propagande : il ne pouvait s'entendre avec Bakounine, et leurs partisans étaient séparés en deux camps [1].

Michel Bakounine finit assez tristement. Ses bandes échouaient à Carthagène lors des importantes insurrections de 1873; Mazzini l'excommuniait au nom du spiritualisme; Karl Marx, au nom du socialisme orthodoxe. Il passa en Suisse les dernières années de sa vie, entouré de quelques fidèles, et mourut à Berne, en 1876.

1. D'après R. Meyer, l'agitation de Bakounine en Suisse n'était pas dirigée contre la Russie, mais contre l'Europe occidentale au profit de la Russie. Karl Marx accusait Bakounine d'être plus qu'un émissaire du panslavisme, un agent direct du gouvernement russe, occupé à semer au profit des Moscovites l'anarchie en Occident. Bakounine, avait déclaré lui-même qu'il marcherait à la suite de Romanof, s'il consentait à être non l'empereur de Pétersbourg, mais le tsar des paysans. C'est le gouvernement russe, disait-on, qui après 48 avait sauvé la tête de Bakounine, puis favorisé son évasion de Sibérie. La villa qu'il occupait vers la fin de sa vie, près de Locarno, semblait à ses amis bien luxueuse pour un si farouche partisan de l'égalité. (Winterer, *le Socialisme contemporain.* Paris, 1878.) — D'autre part, M. Mathey nous le présente perdu de dettes, puisant dans la bourse de ses amis comme dans la sienne propre... Il y a en tout ceci bien des invraisemblances, des obscurités et des contradictions, soit chez le personnage lui-même, soit dans ses biographes; et l'on a peine à imaginer que la police de Pétersbourg ait payé Bakounine pour dresser toute une école de nihilistes et leur prêcher le régicide.

III. — LE NIHILISME RUSSE [1].

Il reste à préciser la place et l'importance qu'occupe Bakounine dans le mouvement nihiliste contemporain, et à étudier à vol d'oiseau la nature même et l'évolution du nihilisme.

Rapproché des courants socialistes et anarchistes contemporains, dans l'Europe de l'Ouest, le nihilisme présente un caractère tout différent. Comme partout ailleurs, l'initiative est venue de la classe cultivée; mais, en Russie, la doctrine n'a pas dépassé sa sphère originelle.

Qu'on se représente la constitution de l'Empire russe, sphinx à face humaine, au corps bestial. Trois ou quatre grandes villes, d'une civilisation raffinée, font illusion, mais derrière cette mince façade de monuments et de palais, d'habitudes et d'institutions policées, s'étend à perte de vue l'immense empire rural, que gouverne une bureaucratie césarienne. Il n'y a pas de classes dirigeantes, il n'y a qu'un État dirigeant : la noblesse reste une caste ouverte, la bourgeoisie est sans influence, le prolétariat des villes existe à peine; le développement de l'industrie, particulièrement de la grande industrie, avec toutes ses conséquences politiques et économiques, ne fait que commencer; l'instruction primaire obligatoire, cet autre puissant levier du socialisme, n'est qu'au début de son activité révolutionnaire.

Le nihilisme ne représente donc pas la guerre des classes, mais la lutte à outrance contre l'autocratie

1. *Der russische Nihilismus*, von Karl Oldenberg. Leipzig, 1888. L'ouvrage le plus complet sur le nihilisme, jusqu'en 1883, est celui du professeur A. Thun : *Geschichte der revolutionären Bewegungen in Russland*. Leipzig.

absolutiste. Il ne forme pas un parti, mais une secte; c'est un état-major de conspirateurs sans armée. A défaut de vie publique et de libertés politiques, au milieu de l'inertie des masses, ses adeptes n'ont d'autre refuge que les sociétés secrètes.

L'esprit nihiliste a précédé l'action nihiliste; la pensée destructive a préparé le couteau, le revolver et la bombe de dynamite.

Le nihilisme découle d'un état pathologique de « l'âme russe ». Tant d'herbes folles croissent pêle-mêle dans ses champs à peine remués, tant de sectes étranges, extravagantes y pullulent, *trembleurs, eunuques, flagellants, buveurs de lait....* indices morbides de l'imagination populaire. La contagion nihiliste est un autre symptôme du même mal : elle sévit surtout sur les classes lettrées, elle est le fruit de l'activité intellectuelle; les gymnases, les écoles de cadets, les universités en restent les uniques foyers. La culture occidentale, la science prématurée ont énivré ces jeunes cerveaux, comme l'*eau de feu* que les sauvages goûtent pour la première fois. Nulle part nos théories abstraites, unies à des passions slaves, n'ont produit des effets plus dévastateurs.

Ainsi qu'en France, au siècle dernier, les idées nouvelles ont amené en Russie le divorce entre les classes éclairées, on pourrait dire illuminées, et les institutions sociales. Idolâtre de la philosophie et de la science, le jeune Russe est devenu contempteur de l'autorité et des dogmes nationaux : novateur forcené, il est allé de suite et du premier bond aux négations dernières. Il met son amour-propre à se montrer « le plus avancé en civilisation ». Nous l'avons vu, au temps de Bakounine, se jeter avec avidité sur l'hégélianisme et en tirer aussitôt un programme incendiaire. Hegel une fois démodé, la vogue est venue aux sciences naturelles, à Darwin, à Hæckel, à ceux-là surtout qui ont tiré de la science une conception matérialiste de la vie et du monde, à Moleschott, à Büchner. Ce que le nihiliste cherche chez ces nouveaux Pères de l'Église c'est la négation pure, tant il est étranger au véritable esprit de la science, qui consiste bien moins à nier qu'à comprendre, à expliquer tout phénomène, et jusqu'aux « superstitions », par des causes naturelles et nécessaires. Athéiste, démocrate, socialiste, au-dessus de tous les préjugés humains, le nihiliste accouple les hypothèses scientifiques et les devises révolutionnaires, *force et matière, liberté, égalité, fraternité* [1], formules contradictoires avec lesquelles il répond à tout; d'un revers de manche il fait table rase, il efface trois mille ans de vie civilisée : « Prenez la terre et le ciel, disait un de ces jeunes doctrinaires de la négation, prenez la vie et la mort, l'âme et Dieu, et crachez dessus, voilà le nihilisme [2]. »

1. « N'avez-vous pas lu, disait Bakounine, ces mots mystérieux et effrayants : *liberté, égalité, fraternité* sur le frontispice du temple élevé par la Révolution française; et ne voyez-vous pas, ne sentez-vous pas que ces mots signifient l'annihilation totale du monde politique et social tel qu'il existe? »

2. M. Anatole Leroy-Beaulieu, à qui nous empruntons cette citation, note encore ce titre attrayant et sympathique d'un journal nihiliste, publié à Heidelberg : « *A tout venant je crache.* » Voir ses études si approfondies sur *l'Empire des tsars*, en particulier le chapitre sur le nihilisme.

Le nom générique de *nihilisme* a été inventé par Tourguénef. Dès le commencement du siècle, Joseph de Maistre dans ses *Lettres sur l'éducation publique en Russie*, adressées en 1810 au ministre Rasoumowsky, prévoyait qu'une étude intempestive de la science ferait des jeunes Russes des *riénistes*, qu'elle tendrait à remplir la Russie « d'une multitude de demi-savants pires cent fois que l'ignorance même, d'esprits faux et orgueilleux, dégoûtés de leur pays, critiques éternels du gouvernement ». — « Tout le monde aura l'orgueil de la science sans en avoir la substance. Tout le monde sera entêté, inquiet, raisonneur, mécontent, examinateur, indocile, comme si l'on savait

Tourguénef, dans son roman de *Pères et Enfants* a peint l'état d'esprit matérialiste et positiviste de cette première génération dans le type de l'étudiant Basarof. Un autre personnage, Mme Kouschkine, exprime le dilettantisme des sciences naturelles qui régnait dans tout ce monde, lorsqu'elle laisse tomber de sa lèvre dédaigneuse ce jugement sur George Sand : « Elle n'a aucune idée ni de l'éducation, ni de la physiologie, de rien. Je crois qu'elle n'a jamais entendu parler de l'embryologie, et comment peut-on aujourd'hui se passer de cette science? » Le culte de la vérité, du réel, va de pair, chez ces logiciens, avec le mépris du beau dans l'art, dans la poésie. « J'aime mieux un morceau de fromage que tout Pouchkine », écrit le poète nihiliste Nekrassof[1]. — Les convenances extérieures, les formes de politesse traditionnelles, les démonstrations sentimentales, qu'est-ce que tout cela? Hypocrisie et mensonge. — Ce raffinement de grossièreté et de cynisme trouve son expression dans une littérature réaliste, d'une sincérité, d'une hardiesse menaçantes et méprisantes, qui étale crûment au grand jour les maladies, les plaies sociales dans toutes les couches de la société, et dont les Russes ont été les premiers inventeurs. L'œuvre la plus caractéristique de cette école, le roman de Tchernyschewsky : *Que faire?* écrit en 1862, du fond de l'exil sibérien, n'est pas, comme l'œuvre de Tourguénef, un miroir où se reflète l'esprit nihiliste sous une forme ironique et

réellement quelque chose. » (*Correspondance de J. de Maistre*, vol. II, p. 287, 290.) — C'est parce qu'il y a des esprits inquiets et mécontents que le monde change. Joseph de Maistre oublie que l'inquiétude et le mécontentement ont fondé le Christianisme.

1. Auteur lui-même de pièces pleines d'originalité, d'une tristesse poignante née de la souffrance même.

légèrement caricaturale, c'est une arme de combat, en quelque sorte l'évangile du nihilisme. Tout adepte l'avait autrefois entre les mains, et il a contribué au moins autant que les brochures de Bakounine à répandre les idées de la secte. Rien de plus caractéristique que cet ouvrage où l'auteur entreprend de supprimer toute grâce esthétique, toute délicatesse littéraire, pour laisser parler la réalité seule. Les sciences naturelles brillent du plus vif éclat dans ce roman d'un naturalisme révolutionnaire, et l'un des principaux personnages, simple étudiant, a écrit un traité de physiologie « *auquel même le grand Claude Bernard de Paris a fait des allusions respectueuses* ». L'héroïne est forte en médecine. En revanche, l'histoire, la littérature, l'économie politique y sont traitées avec un dédain suprême, les Essais de Macaulay, qualifiés de *vieux chiffons*, Stuart Mill, Adam Smith, également conspués. Nuls préjugés d'esprit, nulle superstition de sentiments [1]. Un jeune homme, amoureux de la femme de son ami, propose sans plus de détours à ce dernier de fonder un ménage à trois : « La jalousie n'est-elle pas un sentiment faux, contre nature, abominable, un simple phénomène de l'ordre de choses actuel, d'après lequel je ne devrais permettre à personne de porter mon linge et de fumer ma pipe [2] ? »

1. L'imagination du romancier nihiliste qui proclame la sottise du remords, n'a du reste dépassé en rien la réalité. On a vu plus tard, dans le procès de Netschajef qui dura plus de dix-huit mois, jusqu'en 1877, et où 183 nihilistes furent impliqués, une jeune fille recevoir du comité l'ordre de devenir la maîtresse d'un riche propriétaire, de le tuer et de le voler dans l'intérêt de la cause; un enfant auquel on persuade de tuer son père, de piller ses tiroirs et de remettre l'argent au comité.

2. *Nineteenth Century* (janvier 1880) : *Russian Nihilism*, by Fritz Cunliffe Owen.

Ces négations s'emparent, comme l'idée religieuse, de tout l'homme, elles le portent à mettre en harmonie sa pensée et sa conduite, elles le poussent à la destruction. Le but n'est pourtant point purement négatif, les nihilistes ne considèrent pas le chaos universel comme le dernier terme de tous leurs efforts, ce qui a été le paradoxe de Bakounine. S'ils nient ce qui existe, s'ils combattent les préjugés, s'ils cherchent à anéantir les institutions, c'est qu'elles entravent le progrès humain, qu'elles maintiennent la majorité des hommes dans la servitude et la souffrance : il s'agit de les délivrer, de consacrer sa vie au peuple, aux pauvres, aux opprimés, avec une complète abnégation de soi-même, avec « cette folie de renoncement qu'en vérité nous serons bientôt tentés de prendre comme un trait du caractère russe[1] », mieux doué peut-être que celui des autres peuples pour le bien comme pour le mal. Le nihilisme aboutit ainsi au mysticisme, surtout parmi les femmes qui vont apporter tant de dévouement à la secte. Le scepticisme absolu s'adresse à l'ancien monde, on se tourne vers l'avenir avec l'enthousiasme de la foi.

L'aspiration est grandiose, mais les moyens [2] de la réaliser flottent incertains dans les esprits. « *Que faire?* » ce titre du roman de Tchernyschewsky retentit comme un cri anxieux de ces impatients [3]. Le peuple

1. F. Brunetière, *Un roman nihiliste : Que faire?* (*Revue des Deux Mondes* du 15 octobre 1876.)

2. Combien sont timides au début les remèdes proposés! Tchernyschewsky revendique des sociétés de production et de consommation sur le modèle de celles que Schulze-Delitsch avait organisées en Allemagne, et que Lassalle répudiait comme un palliatif dérisoire.

3. *Que devons-nous donc faire?* tel est aussi le titre d'un livre de Tolstoï : « La réponse à cette question a été donnée par Jean-Baptiste, il y a près de deux mille ans. Lorsque le peuple lui

n'est pas mûr; la première tâche est donc de l'instruire, de lui apporter la bonne parole, d'exercer le zèle de l'apostolat.

A la période de formation de la doctrine de 1858 à 1867, succède de 1868 à 1877 celle de la propagande agraire.

Les néophytes étaient peu nombreux au début, mais différentes circonstances favorisèrent le recrutement de la secte. Elle comprenait deux éléments : les purs fanatiques, dont plusieurs appartenaient à la plus haute aristocratie, qui sacrifiaient à leurs convictions fortune, famille, avenir, vraie fleur de la jeunesse idéaliste, silencieusement approuvée par une grande partie de la société, tant qu'ils répudièrent le dogme sanguinaire de l'assassinat politique [1]; un second élément qui se mêlait à celui-là était formé de l'écume de la plèbe universitaire. — A partir de l'avènement d'Alexandre II, en 1855, la fréquentation des gymnases et des universités avait rapidement doublé. Or en Russie la jeunesse instruite a peu d'issues, le clergé végète misérablement, l'armée est réservée à la noblesse, les emplois du gouvernement sont restreints; de plus, le fréquent changement des programmes d'examens empêche nombre de jeunes gens et de jeunes filles de terminer leurs études académiques. Ce « prolétariat

demandait : *Que devons-nous faire?* il répondait : *Que celui qui a deux vêtements en donne un à celui qui n'en a pas, et que celui qui a de quoi se nourrir fasse de même.* » On va chercher bien loin, ajoute Tolstoï, une réponse qui est dans l'évangile : point d'autre remède à tous les maux de la société que de revenir au christianisme primitif. — Tolstoï prêche la charité et le pardon, répudie toute violence et toutes représailles, et son nihilisme chrétien se distingue par là profondément du nihilisme révolutionnaire.

1. L'assassinat politique ne devient fréquent qu'à partir de 1870.

de bacheliers[1] », qui ne voient s'ouvrir devant eux aucune carrière honorable et lucrative, ces mécontents sans emploi, jetés par centaines à chaque session sur le pavé, ces méconnus, ces déclassés embarrassés de leurs idées et de leurs personnes, qui n'ont rien à perdre et tout à gagner à un bouleversement général, ne cessent d'alimenter le foyer nihiliste[2].

Il s'accroissait d'autre part grâce aux grandes réformes libérales accomplies par Alexandre II qui semblent n'avoir profité qu'à l'esprit révolutionnaire. En s'appropriant, pour le réaliser, l'ancien programme de Herzen, le programme du radicalisme modéré, abolition du servage, des peines corporelles, libertés locales, extension des écoles, publicité des débats judiciaires, jury en matière criminelle, etc., le gouvernement croyait enlever au nihilisme une partie de son terrain. Ces réformes, toutefois, conçues selon la justice et selon le droit, mais accomplies comme un coup de théâtre, comme une généreuse inspiration du prince, devaient être, par la force des choses, plus nuisibles qu'utiles à l'éducation politique du pays; elles ont fait naître des espérances, des impatiences et ont eu pour dernier effet de favoriser le recrutement de la ligue secrète. Soudainement affranchi par certains côtés, on s'est senti plus lié par d'autres. On avait les bras libres,

1. C'est ainsi que le prince de Bismarck a caractérisé les nihilistes.

2. Dans le grand procès des nihilistes en 1877, sur 198 accusés, 82 appartenaient à la noblesse, 33 au clergé, 23 à la bourgeoisie, 8 à l'armée, 19 étaient fonctionnaires, 17 paysans. (Winterer, *Trois années de l'histoire du socialisme contemporain*. Paris, 1882.) — Il n'est pas rare de rencontrer parmi les nihilistes des fils de popes, qui ne sont plus obligés de devenir popes eux-mêmes, mais qui ne peuvent compléter leurs études à l'Université. Il leur est seulement permis de prétendre aux grades inférieurs de l'administration.

les pieds restaient enchaînés. Le nouveau système s'ajustait mal à l'ancien; les pires ennemis de ces réformes étaient chargés de leur exécution; on éprouvait d'autant plus la gêne insupportable des deux grandes entraves que le pouvoir relâche ou resserre à son gré : l'arbitraire de la police, l'omnipotence de la bureaucratie.

Enfin les rapides progrès du socialisme occidental, de 1863 à 1871, l'agitation de Lassalle en Allemagne, l'Internationale de Marx, la Commune qui fit surgir en Russie toute une littérature socialiste, achevaient d'exalter les têtes, de stimuler le zèle révolutionnaire.

La secte avait maintenant pour chef un énergumène. Depuis la mort de Herzen, à la veille de la guerre franco-allemande, les socialistes russes saluaient en Bakounine le représentant favori de leurs idées et de leurs efforts. Le vieil insurgé fanatisait à Zurich un auditoire d'étudiants et d'étudiantes aux cheveux courts, aux lunettes bleues, au chapeau rond, uniforme classique de la jeune fille émancipée, qui juraient sur l'anarchie comme sur un dogme indiscuté. Obligés de rentrer en Russie, sur un ordre du gouvernement, tous ces jeunes disciples de Zurich et de Heidelberg répandaient le catéchisme de Bakounine. Un de ses articles essentiels était « d'aller parmi le peuple ». On s'y préparait par des *sociétés de lecture* où l'on passait des nuits entières à discuter des théories [1] à perte d'haleine, tout en buvant du thé et en fumant d'éternelles cigarettes; on pratiquait entre frères la sincérité absolue, la confiance réciproque; chacun s'engageait à n'obéir qu'à la voix de la raison, à se

1. Ratiociner dans le vide a toujours été l'élément vivace du nihilisme. On a vu que Bakounine excellait à cet exercice de néo-scolastique.

dévouer à la science, à se sacrifier à l'humanité. Jeunes gens et jeunes filles concluaient parfois entre eux des mariages apparents pour se soustraire à la puissance paternelle et appartenir entièrement à la secte. Puis on se vêtait d'habits grossiers, on se barbouillait les mains et le visage, et, un sac rempli de brochures incendiaires sur les épaules, on allait vivre avec les ouvriers et les paysans. Les uns apprenaient un métier, les autres se faisaient maîtres d'école, médecins de campagne, les femmes vaccinaient, tenaient de petites boutiques d'épicerie.

C'est encore Tourguénef qu'il faut consulter pour comprendre ces jeunes gens, le besoin d'action désintéressée qui les dévore, leur inquiétude confuse, leur attente indécise, leurs chimères généreuses... et le sentiment amer de leur impuissance finale. Le pauvre poète Nedjanof de *Terres Vierges* exprime cette phase des grandes espérances déçues. Malgré ses misères, le paysan russe n'était pas le révolutionnaire pour lequel le tenait Bakounine; on s'était flatté de le persuader d'autant plus aisément qu'en Russie la base d'organisation de la commune rurale est une espèce de communisme agraire[1]. En vain les deux mille apôtres nihilistes tentèrent de soulever ces quarante millions de moujiks, pauvres hères, courbés par quatre siècles de servage sur la terre nourricière dans l'immense plaine dormante, pour qui le bonheur consiste à s'attabler devant la pinte d'eau-de-vie dans les auberges de village, et qui n'entendaient rien à la philosophie de Hegel, aux théo-

1. « Nous autres Russes, dit un personnage de Tourguénef, nous espérons qu'il arrivera toujours quelque chose ou quelqu'un pour nous guérir tout d'un coup. Qui sera le magicien? Est-ce le darwinisme? est-ce la commune rurale? est-ce une guerre étrangère?... Peu importe, bienfaiteur, arrache-nous notre dent gâtée. »

ries de Büchner, ni même au « baragouin » des apologues expressément composés à leur usage[1] : ils prirent les nihilistes pour des sorciers et des sorcières, et ils continuèrent à garder au fond du cœur un respect religieux pour le tsar, « le petit père de Pétersbourg ».

Après quelques échauffourées insignifiantes, quelques soulèvements microscopiques, des tumultes, des incendies, l'agitation agraire avortait. Traqués par la police, soumis aux lois contre les sociétés interdites, édictées en 1873 et en 1874, les plus fervents nihilistes qui purent échapper aux prisons de la Sibérie, abandonnèrent les campagnes et songèrent à terroriser les grandes villes, afin d'obliger le gouvernement à des concessions. Le courant terroriste l'emporte dans le parti à partir de 1878, et atteint sa plus grande force en 1881 par l'assassinat d'Alexandre II.

Les circonstances au début semblaient propices. Un mouvement libéral d'une singulière intensité se produisait après la guerre contre la Turquie. La guerre avait mis aux prises les slavophiles de Moscou qui en étaient les instigateurs, et la bureaucratie de Pétersbourg. Les premiers critiquaient, dans leurs journaux, avec une extrême vivacité, la lenteur, la conduite imprévoyante des opérations dirigées par les princes de la famille impériale auxquels avaient été donnés les grands commandements. La sanglante défaite de Plewna, les déceptions du traité de Berlin, achevèrent d'émouvoir, d'exaspérer l'opinion publique. — Ces querelles, qui divisaient le camp conservateur, le mécontentement universel, la désaffection, la méfiance, la gêne financière, fortifiaient les libéraux et les nihilistes : leur solidarité se manifestait lors des grands procès intentés à la secte en 1876 et 1877, où com-

1. En 1868, 95 pour 100 des recrues ne savaient pas lire.

parurent en une fois 193 principaux inculpés et 3800 personnes impliquées dans les poursuites. La cour d'assises servait de tribune retentissante : les accusés se posaient en accusateurs. Des séances tumultueuses fixaient sur eux l'attention du pays. Les rigueurs de la police, les suicides dans les prisons achevaient de leur rendre l'opinion favorable.

Les sympathies des classes libérales s'accentuèrent encore, lors de la tentative d'assassinat dirigée par une jeune fille de vingt-cinq ans contre le général Trepof (avril 1878). L'héroïne de ce drame, Vera Sassoulitsch, nous est dépeinte comme une nature mélancolique, en proie à « cette tristesse russe, la plus triste des tristesses humaines, qui a l'immensité et le silence des steppes » ; semblable à la Marianne Nikentievna de *Terres Vierges*, Vera Sassoulitsch ne souffrait que de la douleur et de l'oppression des autres ; la vie ne signifiait pour elle que devoir et sacrifice. Traînée de prison en prison bien qu'elle fût peu mêlée au mouvement nihiliste, elle était enfin libre, lorsqu'elle apprend que le général Trepof vient de faire battre de verges un étudiant prisonnier qu'elle ne connaît pas : elle se décide à frapper le chef de la police de Pétersbourg, non pour attirer sur elle l'attention, car elle haïssait la louange, mais pour le punir de sa cruauté. Le jury l'acquitta au milieu de démonstrations enthousiastes. Des dames de la haute société acclamèrent « la grande citoyenne ». Nouvelle Charlotte Corday, elle venait de rendre populaire l'assassinat politique [1].

Alors commence entre le gouvernement et les nihilistes le duel à mort du géant aux cent bras et du nain masqué. Révoltes d'étudiants, incendies, conspirations,

1. Valbert, *Vera Sassoulitsch*. (*Revue des Deux Mondes* du 1er mai 1878.)

attentats sur attentats, suivis d'exécutions capitales, font de l'histoire de cette période un roman sombre, qui laisse bien loin derrière lui toutes les inventions des feuilletonistes les plus fertiles en complots ténébreux, en surprises et en horreurs.

Cette lutte sans trêve et sans merci contre l'absolutisme exigeait une organisation puissante, une concentration absolue. L'influence de Bakounine, son système anarchiste, l'action indépendante par petits groupes isolés des propagandistes du parti *Terre et Liberté* disparurent. Le nouveau chef Michaïlof discipline, centralise le parti à outrance, sous l'autorité d'un comité exécutif qui rend des sentences de vie et de mort. Le journal clandestin la *Narodnaja Wolja* (*Volonté du peuple*) fut, à partir de 1879, le nerf du mouvement révolutionnaire. Le parti réorganisé adopte un programme positif, une tactique. Il ne s'agit plus de détruire l'État, mais de s'en emparer pour organiser un nouvel ordre de justice et de liberté où le peuple serait affranchi de l'arbitraire et du despotisme, où il deviendrait maître de ses destinées. Puisqu'on ne pouvait secouer la torpeur, vaincre les préjugés des paysans, il fallait conclure une sorte d'alliance avec le libéralisme, s'efforcer de gagner les fonctionnaires, les officiers, qui au moment décisif laisseraient la répression désarmée. Le système des attentats en masse ne donnait aucun résultat. Mieux valait frapper l'organisme de l'État autocratique à l'endroit le plus vulnérable, à la tête, tuer le tsar. L'Empereur à terre, tous les mécontents, tous les déclassés de la capitale se soulèvent; Pétersbourg tombe entre les mains du parti, et grâce à la centralisation absolutiste, la nation entière est entraînée. La Russie se réveille libre : il a suffi d'abattre un homme pour briser les chaînes de tout un empire.

Les candidats à un si haut exploit ne manquèrent

point; le comité n'avait parmi eux que l'embarras de choisir [1], malgré la potence qui se profilait sur l'horizon. Ils accomplissaient un devoir sacré. Leur raisonnement est celui des casuistes du XVIe siècle qui autorisent le régicide. Le but justifie les moyens. Ils ne désirent que le bien de leurs semblables, et pour le réaliser ils sont prêts à supprimer l'obstacle, le tyran. L'action est bonne si le but est légitime, si on ne peut l'atteindre autrement que par le meurtre, si le mal causé est moindre que le mal qu'on veut empêcher. Parce qu'ils croient trouver ces conditions réunies, les terroristes, avant et après le crime, n'éprouvent aucun remords de conscience. Ils ont fait à la sainte cause le sacrifice total de l'individu, si fréquent dans leur monde. Quelques-uns, il est vrai, étaient atteints de maladies incurables, ou dans la misère; d'autres poussés par le charme aventureux, le frisson du risque suprême. Natures troubles, telles que les a si bien dépeintes Dostojewski, en proie au vertige intellectuel, à la fièvre morale, ils se précipitent dans un abîme de crimes ou de sacrifices : nul mieux que le romancier russe n'a compris cette puissance d'attraction de l'abîme [2]. Un trait qui leur est commun, c'est la jeunesse : il n'y a que la jeunesse pour suivre éperdument, jusqu'à la mort, ces grands et généreux fantômes d'idéal, de justice, de liberté, de bien public. De tous les condamnés envoyés au gibet ou dans les mines de Sibérie, jusqu'en 1880, peu atteignent ou dépassent la 25e année. Ce sont parfois des rhétoriciens qui semblent jouer, poignard en main, à la Révolution. Michaïlof,

1. Pour le dernier attentat 47 candidats se proposèrent, 6 furent élus; une répétition générale eut lieu, avant le drame, sous la direction du chimiste Kibaltschitsch, qui avait préparé les bombes.

2. M. de Vogüé, *le Roman russe*. — Brandes, *Dostojewski*, Deutsche litterarische Volkshefte.

pour les brochures et les articles sanguinaires, exige un bon style, net et concis, ainsi que la propreté, voire même l'élégance de la toilette. Dans cette galerie de meurtriers [1], virtuoses du crime préparé et accompli comme une œuvre d'art, toutes les classes sont représentées et tous les caractères, épicuriens et ascètes, hommes du monde et fils de rustres. Le gentilhomme Lisogoub sacrifie pour le parti toute sa fortune, 150 000 roubles; un de ses amis disait de lui : « Le jour où il a marché au supplice a été peut-être le premier moment heureux de sa vie. » — Ossinsky, un des plus ardents terroristes, nature chevaleresque, aux manières exquises, séduit toutes les femmes. — Solowjef a commencé par la foi dévote des pèlerinages pour aboutir au nihilisme, il s'est fait serrurier parmi le peuple, puis professeur dans une école de province : en 1876, il épouse une jeune nihiliste, et le jour même du mariage mystique, ils partent chacun de leur côté, évangéliser l'est et l'ouest : la veille de son attentat contre le tsar, Solowjef pour se donner du cœur va passer la nuit dans un mauvais lieu. — Fils d'un pope de village, Nicolas Kibaltschitsch est l'homme le plus phlegmatique, le moins querelleur qu'on puisse imaginer; il n'a qu'une passion, la chimie : conseiller technique du parti pour les explosifs, il prépare la bombe qui tuera Alexandre II. — Scheljabof a gardé de son enfance deux souvenirs ineffaçables, celui d'un oncle serf bâtonné, et d'une parente violée : plein d'énergie, de force d'âme, merveilleusement doué, il était avec cela beau comme un chef de brigands d'opéra-comique : son nom est inséparable de Sophie Peroswkaja, douce jeune femme d'un charme insi-

1. On ne connaîtrait exactement le parti nihiliste que si l'on possédait environ deux mille biographies.

nuant qui n'aima que lui au monde. Cette petite-fille d'un ancien ministre, nièce d'un général, était allée autrefois parmi le peuple, vaccinant les enfants, institutrice, puis chirurgienne : elle veillait au creusement de la mine destinée à faire sauter le train impérial, prête à réduire en cendres la cahute où se cachaient les conjurés, s'ils venaient à être découverts. Ce fut elle encore qui guettait la voiture de l'empereur, le 1er mars 1881, et qui la signala en agitant son voile.

Les nouveaux attentats contre le tsar, qu'on n'avait plus vu se produire depuis 1866, excitèrent au plus haut point l'indignation du public, et causèrent une rupture immédiate entre libéraux et terroristes. L'attentat de Solowjef fut suivi d'une répression impitoyable : en avril et mai 1879 il y eut, dit-on, 20 000 suspects arrêtés et déportés. Après l'explosion du palais de Pétersbourg, en février 1880, le gouvernement changeait de politique. Le général Loris Melikof, connu pour son libéralisme, était appelé au pouvoir. Cette mesure improvisée ne désarmait point les terroristes : ce n'était là, disaient-ils, qu'un faux visage [1]. Alexandre II venait de signer l'édit de convocation d'une assemblée de notables pour délibérer sur la situation de l'Empire, acte qui équivalait à l'octroi d'une sorte de charte constitutionnelle, lorsque fut enfin exécutée la condamnation à mort que le comité terroriste avait solennellement prononcée contre lui.

Bien loin de soulever la capitale, la nouvelle de la mort du tsar [2] n'excita que des démonstrations de deuil :

1. Voir sur Loris Melikof le chapitre de M. de Vogüé dans ses *Spectacles contemporains*.

2. Dans cette tragique histoire de Russie, Alexandre II est le premier tsar qui soit tombé victime non des conspirations de palais, mais des menées révolutionnaires, le premier qui ait été assassiné dans la rue.

on voyait en lui un martyr. Rien ne bougea, ni les villes, ni les campagnes. Les nihilistes étaient cruellement désabusés; les rigueurs de la répression, les craintes du gouvernement leur avaient donné le sentiment d'une force qu'ils ne possédaient pas en réalité; n'ayant pas réussi à entraîner le peuple, ils s'étaient flattés que la Révolution pût être l'œuvre de quelques hommes, tandis que pour l'accomplir il faut le concours de classes entières. Ils ne se rendaient pas compte que l'autocratie traditionnelle elle-même est une *délégation indirecte de la souveraineté populaire*, une expression tacite de la volonté générale, que les peuples se font un gouvernement à leur image, et que le tsar est un plus fidèle représentant de la Russie à son état actuel, que ne pourrait l'être une république parlementaire ou radicale. Il ne dépend pas de quelques conspirateurs déterminés de changer la destinée des peuples. Les révolutions ne s'accomplissent que si elles sont conformes à l'instinct national.

Dix jours après l'assassinat d'Alexandre II, le comité exécutif adressait une proclamation au nouveau tsar; il le sommait, avec déférence, de faire un appel au peuple pour reviser les formes de la vie sociale, et promettait de se soumettre sans conditions à une assemblée librement élue. — Le jeune souverain, qui avait approuvé l'oukase de convocation des notables, avant la mort de son père, répondait indirectement à cet ultimatum, en disant à son peuple que Dieu lui ordonnait de tenir les rênes du gouvernement d'une main ferme. Le ministre libéral se retirait volontairement; il était remplacé par un panslaviste, le général Ignatief. Toute velléité de réforme politique fut désormais écartée. La fausse culture païenne de l'Occident était considérée comme la seule cause de ces malheurs publics : il n'y avait donc de salut pour l'État que dans le retour aux traditions nationales et religieuses représentées par le pieux Pobedonoszef, ancien précepteur d'Alexandre III, par Aksakof, le nestor du panslavisme moscovite, et par Katkof, le journaliste de Moscou. Il s'agissait de restaurer le trône et l'autel, de fortifier l'unité de l'Empire. C'est à une réaction, non à une révolution, que devait aboutir cette religion de la souffrance humaine, de la vengeance et du sang versé, connue sous le nom de nihilisme. Bien loin d'accélérer un mouvement vers la liberté, elle n'a fait que l'entraver[1].

En même temps qu'il rétablissait un régime sévèrement conservateur, Alexandre III inaugurait une politique sociale populaire, dont les premiers résultats furent des réformes favorables aux paysans, et une loi protectrice du travail dans les fabriques. Un nouveau parti, ou plutôt certains groupes formés des adeptes du socialisme d'État, se montrent disposés à tendre la main à l'absolutisme, dans la croyance que le gouvernement pourrait transformer la Russie en une sorte d'Empire social, sous l'autorité d'un tsar socialiste, rêve analogue à celui que Guillaume II prétend réaliser en Allemagne.

Les terroristes n'ont pas désarmé, ils continuent sous le nouveau régime leurs menées souterraines, leurs conjurations, leurs attentats. Les précautions

1. On a émis ce paradoxe que le nihilisme a eu pour la Russie cet effet bienfaisant de retarder des réformes prématurées, l'avènement d'un régime parlementaire, système de gouvernement qui ne fonctionne d'une manière à peu près régulière qu'en Angleterre, grâce à une éducation politique séculaire de toutes les couches de la nation, mais qui a livré d'autres pays à l'avidité, à la tyrannie, aux querelles et aux intrigues des politiciens, et qui, dans l'état actuel de la Russie, ne remédierait aux abus d'une administration sans contrôle, que pour aboutir à un désordre, à une confusion sans fin.

qu'Alexandre III, prisonnier par moments dans ses palais, est obligé de prendre pour sa sûreté personnelle, prouvent que tout danger n'a pas disparu. On entend parler de loin en loin de complots plus ou moins importants découverts dans les cercles d'officiers, de tumultes universitaires, d'arrestations soudaines, mais rien ne transpire au delà : les débats devant le jury, les exécutions publiques, tout ce qui autrefois excitait, passionnait le public, est maintenant aboli ; tout se passe dans le plus profond secret des casemates de la citadelle de Pierre-Paul, et le silence du tombeau ou de la Sibérie en garde le mystère [1]. Le parti terroriste n'a cependant pas retrouvé une période de succès comme celle qui a duré de 1878 à 1881. Les rangs de la *Narodnaja Wolja* se sont éclaircis dans le combat. Privé de l'appui des libéraux, le nihilisme est incapable de constituer un parti politique influent. Le recrutement en est devenu plus laborieux [2]. Le gouvernement s'efforce d'apaiser l'esprit révolutionnaire de la nouvelle génération, de restreindre le nombre des déclassés, en limitant l'admission des jeunes gens dans les gymnases. Plus faibles en nombre, les sectaires le sont aussi en

1. *Russland unter Alexander III*, von H. v. Samson Himmelstjerna. Leipzig, 1891.

2. Grâce au zèle des émigrés, les nihilistes recueillent quelques fonds, 16 000 roubles en 1885, plus encore en 1886. Le creusement de la mine destinée à faire sauter le train impérial avait coûté 40 000 roubles.

L'émigration nihiliste, formée depuis 30 ans et évaluée à 200 membres, a transporté son quartier général de Genève à Londres et à Paris, à la suite de mesures prises par la police fédérale. Les uns s'adonnent à l'activité littéraire, écrivent des brochures ; en général, ce ne sont pas ceux-là qui dirigent : les autres poursuivent des études scientifiques. Presque tous mènent une vie des plus précaires et n'ont d'autres ressources que de donner des leçons.

qualité. Ils n'ont plus pour eux l'opinion des hautes classes, qui, de 1860 à 1870, leur apportèrent un contingent si précieux d'idéalistes fanatiques qu'on ne retrouve plus aujourd'hui. Les dénonciations entre adeptes ont amené une extrême défiance. Les membres les plus distingués et les plus actifs sont des juifs, surtout de jeunes juives[1] qui n'ont que trop de représailles à exercer pour la persécution barbare infligée à leur race.

Enfin, depuis 1881, les nihilistes de l'ancien parti de *Terre et Liberté* sont séparés en deux camps. Les terroristes de la *Narodnaja Wolja* restent fidèles au principe du coup d'État, mais ils ont changé de méthode. Après la défaite, ils éprouvaient une aversion naturelle pour le système de centralisation qui avait duré de 1876 à 1885. Depuis les six dernières années toute trace du comité exécutif a disparu, et un nouveau printemps d'anarchisme a refleuri dans des cénacles séparés et très restreints de jeunes gens prêts à toute entreprise. Ils opposent à l'État unitaire, l'État fédératif, composé des petites communes indépendantes, autonomes, librement constituées[2]. C'étaient là les idées de Bakounine, bien qu'il passe aujourd'hui pour suranné, et qu'on ne nomme le premier apôtre de l'anarchisme, le sanglier hégélien, qu'avec un haussement d'épaules; c'était l'idée de la Commune parisienne en 1871; ce sont les idées que représentent encore aujourd'hui des hommes de la valeur scientifique et de la probité personnelle du prince Krapotkine et d'Élisée Reclus[3].

1. Une juive, Hessi Helfmann, se trouvait parmi les meurtriers du tsar.

2. Bakounine fondait ses espérances sur l'élément socialiste de la commune russe.

3. *Paroles d'un révolté*, par Pierre Krapotkine, avec une préface d'Élisée Reclus. Paris, Marpon. — Le prince Krapotkine,

La propagande socialiste n'est que secondaire pour les terroristes[1]; elle est essentielle pour une autre fraction du nihilisme qui s'est approprié le programme du grand adversaire de Bakounine, Karl Marx. D'après les partisans de Marx, « *la révolution ne se fait pas, elle devient* ». Ils renoncent à l'agitation parmi les paysans russes, parce que ceux-ci n'ont pas atteint le degré d'évolution requis[2]; ils ne s'adressent qu'aux ouvriers de fabrique, et se rattachent, par le lien de l'émigration, au mouvement ouvrier européen. La doctrine internationale les distingue encore des terroristes, qui ont pris maintenant un reflet panslaviste. Leurs principaux chefs sont Axelrod et Plechanof, collaborateur de la Revue socialiste allemande la *Neue Zeit*, l'ex-colonel Lawrof, qui, au congrès marxiste de Paris, en 1889, a rendu compte du mouvement révolutionnaire russe. Ils tentent d'organiser en Russie, autant que le permettent les circonstances, une réduction en miniature du socialisme autoritaire des pays industriels tels que l'Allemagne[3], de susciter la lutte du prolétariat contre le système capitaliste.

Les nihilistes sans distinction, comme le parti socialiste révolutionnaire dans toute l'Europe, attendent

frère de l'ancien gouverneur de Charkof, assassiné par les nihilistes, lui-même ancien chambellan de l'impératrice, avait été un zélateur de la propagande agraire. Il s'évada de prison à Pétersbourg. Il a été impliqué en France dans le procès des anarchistes de Lyon en 1883, et condamné.

1. D'autres groupes encore voudraient s'allier aux libéraux, afin d'accomplir des changements politiques.

2. D'après Plechanof, le *mir*, la commune agraire, bien loin d'offrir le modèle d'une institution socialiste, est un des fondements de l'absolutisme russe, et favorise l'exploitation des paysans par la bourgeoisie de la province.

3. *Die revolutionären Strömungen in Russland*, von Semen Petrof, dans le journal *Vorwaerts*, nos 103 et 233. — 1891.

leur succès d'une grande guerre européenne, qu'ils considèrent comme certaine, et qui sera suivie vers la fin du siècle d'une révolution fatale [1]. Partout le peuple arrivera à la domination. La question désormais posée ne sera plus : « Comment partager les territoires? » mais bien : « Comment organiser la société [2]? »

1. *Paroles d'un révolté*, p. 1. Le prince Krapotkine rappelle que c'est aussi la conviction de l'historien allemand Gervinus, que le siècle se terminera par une grande révolution.

Sans exagérer outre mesure le danger socialiste, on ne saurait méconnaître qu'une grande guerre européenne rendrait ce danger plus pressant : « Il serait à craindre qu'au lendemain de la guerre une fureur sanguinaire, comme celle qui s'est manifestée en 1871, lorsqu'a éclaté la Commune, ne s'emparât des foules entraînées et habituées à verser le sang; l'ordre actuel et les dynasties pourraient y sombrer. Les socialistes disent : une société où une telle boucherie de peuples est possible mérite de disparaître, et certes cet argument est plus puissant que tout le catéchisme socialiste. Que ceux qui rompront la paix y réfléchissent. » (Th. Barth, *Die Nation*, 19 septembre 1891.)

2. G. Monod.

FIN

TABLE DES MATIÈRES

INTRODUCTION

CHAPITRE PREMIER

ORIGINES ET DÉVELOPPEMENT DU PARTI SOCIALISTE

CHAPITRE II

L'ESPRIT ET LA DOCTRINE

CHAPITRE III

L'ORGANISATION ET LE PROGRAMME

CHAPITRE IV

TROIS MOIS CHEZ LES OUVRIERS DE FABRIQUE

BIOGRAPHIES

KARL MARX

Coulommiers. — Imp. Paul BRODARD.

Juillet 1891.

ANCIENNE LIBRAIRIE GERMER BAILLIÈRE ET Cie

FÉLIX ALCAN, ÉDITEUR

108, Boulevard Saint-Germain, 108, PARIS

EXTRAIT DU CATALOGUE

SCIENCES — MÉDECINE — HISTOIRE — PHILOSOPHIE

I. — BIBLIOTHÈQUE SCIENTIFIQUE INTERNATIONALE

PUBLIÉE SOUS LA DIRECTION DE **M. ÉM. ALGLAVE**

Volumes in-8 en élégant cartonnage anglais. — Prix : 6 fr.

73 VOLUMES PARUS

1. J. TYNDALL. **Les glaciers et les transformations de l'eau,** 5e éd., illustré.
2. W. BAGEHOT. **Lois scientifiques du développement des nations,** 5e édition.
3. J. MAREY. **La machine animale,** locomotion terrestre et aérienne, 5e édition, illustré.
4. A. BAIN. **L'esprit et le corps considérés au point de vue de leurs relations,** 5e édition.
5. PETTIGREW. **La locomotion chez les animaux,** 2e éd., ill.
6. HERBERT SPENCER. **Introd. à la science sociale,** 10e édit.
7. OSCAR SCHMIDT. **Descendance et darwinisme,** 6e édition.
8. H. MAUDSLEY. **Le crime et la folie,** 6e édition.
9. VAN BENEDEN. **Les commensaux et les parasites dans le règne animal,** 3e édition, illustré.
10. BALFOUR STEWART. **La conservation de l'énergie,** suivi d'une étude sur LA NATURE DE LA FORCE, par *P. de Saint-Robert*, 5e édition, illustré.
11. DRAPER. **Les conflits de la science et de la religion,** 8e éd.
12. LÉON DUMONT. **Théorie scientifique de la sensibilité,** 4e éd.
13. SCHUTZENBERGER. **Les fermentations,** 5e édition, illustré.
14. WHITNEY. **La vie du langage,** 3e édition.
15. COOKE et BERKELEY. **Les champignons,** 4e éd., illustré.
16. BERNSTEIN. **Les sens,** 4e édition, illustré.
17. BERTHELOT. **La synthèse chimique,** 6e édition.
18. VOGEL. **La photographie et la chimie de la lumière,** 5e éd.
19. LUYS. **Le cerveau et ses fonctions,** 6e édition, illustré.
20. W. STANLEY JEVONS. **La monnaie et le mécanisme de l'échange,** 5e édition.

21. FUCHS. **Les volcans et les tremblements de terre**, 5ᵉ éd.
22. GÉNÉRAL BRIALMONT. **La défense des États et les camps retranchés**, 3ᵉ édition, avec fig. et 2 pl. hors texte.
23. A. DE QUATREFAGES. **L'espèce humaine**, 10ᵉ édition.
24. BLASERNA et HELMHOLTZ. **Le son et la musique**, 4ᵉ éd.
25. ROSENTHAL. **Les muscles et les nerfs**, 3ᵉ édition, illustré.
26. BRUCKE et HELMHOLTZ. **Principes scientifiques des beaux-arts**, 3ᵉ édition, illustré.
27. WURTZ. **La théorie atomique**, avec préface de M. Ch. Friedel, 6ᵉ édition.
28-29. SECCHI (Le Père). **Les étoiles**, 2ᵉ édition, illustré.
30. N. JOLY. **L'homme avant les métaux**, 4ᵉ édit., illustré.
31. A. BAIN. **La science de l'éducation**, 7ᵉ édition.
32-33. THURSTON et HIRSCH. **Hist. de la machine à vapeur**. 3ᵉ éd.
34. R. HARTMANN. **Les peuples de l'Afrique**, 2ᵉ édit., illustré.
35. HERBERT SPENCER. **Les bases de la morale évolutionniste**, 4ᵉ édition.
36. Th.-H. HUXLEY. **L'écrevisse**, introduction à l'étude de la zoologie, illustré.
37. DE ROBERTY. **La sociologie**, 2ᵉ édition.
38. O.-N. ROOD. **Théorie scientifique des couleurs et leurs applications à l'art et à l'industrie**, avec fig. et pl. hors texte.
39. DE SAPORTA et MARION. **L'évolution du règne végétal.** *Les cryptogames*, illustré.
40-41. CHARLTON-BASTIAN. **Le système nerveux et la pensée.** 2ᵉ édition. 2 vol. illustrés.
42. JAMES SULLY. **Les illusions des sens et de l'esprit**, 2ᵉ éd., ill.
43. A. DE CANDOLLE. **Origine des plantes cultivées**, 3ᵉ édit.
44. YOUNG. **Le Soleil**, illustré.
45-46. J. LUBBOCK. **Les Fourmis, les Abeilles et les Guêpes.** 2 vol. illustrés.
47. Ed. PERRIER. **La philos. zoologique avant Darwin**, 2ᵉ éd.
48. STALLO. **La matière et la physique moderne**, 2ᵉ éd.
49. MANTEGAZZA. **La physionomie et l'expression des sentiments**, 2ᵉ édit., illustré.
50. DE MEYER. **Les organes de la parole**, illustré.
51. DE LANESSAN. **Introduction à la botanique.** *Le sapin.* 2ᵉ édit., illustré.
52-53. DE SAPORTA et MARION. **L'évolution du règne végétal.** *Les phanérogames.* 2 volumes illustrés.
54. TROUESSART. **Les microbes, les ferments et les moisissures**, 2ᵉ éd., illustré.

55. HARTMANN. **Les singes anthropoïdes**, illustré.
56. SCHMIDT. **Les mammifères dans leurs rapports avec leurs ancêtres géologiques**, illustré.
57. BINET et FÉRÉ. **Le magnétisme animal**, 3e éd., illustré.
58-59. ROMANES. **L'intelligence des animaux**. 2 vol., 2e éd.
60. F. LAGRANGE. **Physiologie des exercices du corps**. 5e éd.
61. DREYFUS (Camille). **L'évolution des mondes et des sociétés**. 2e édition.
62. DAUBRÉE. **Les régions invisibles du globe et des espaces célestes**, illustré.
63-64. SIR JOHN LUBBOCK. **L'homme préhistorique**. 3e édition, 2 volumes illustrés.
65. RICHET (Ch.). **La chaleur animale**, illustré.
66. FALSAN. **La période glaciaire**, illustré.
67. BEAUNIS. **Les sensations internes**.
68. CARTAILHAC. **La France préhistorique**, illustré.
69. BERTHELOT. **La révolution chimique, Lavoisier**, illustré.
70. SIR JOHN LUBBOCK. **Les sens et l'instinct chez les animaux**, illustré.
71. STARCKE. **La famille primitive**.
72. ARLOING. **Les virus**, illustré.
73. TOPINARD. **L'homme dans la nature**, illustré.

II. — MÉDECINE ET SCIENCES.

A. — Pathologie médicale.

AXENFELD ET HUCHARD. **Traité des névroses**. 2e édition, augmentée de 700 pages, par HENRI HUCHARD, médecin des hôpitaux. 1 fort vol. in-8. 20 fr.

BARTELS. **Les maladies des reins**, traduit de l'allemand par le docteur EDELMANN; avec préface et notes de M. le professeur LÉPINE. 1 vol. in-8, avec fig. 15 fr.

BOUCHARDAT. **De la glycosurie ou diabète sucré**, son traitement hygiénique, 1883, 2e édition. 1 vol. grand in-8, suivi de notes et documents sur la nature et le traitement de la goutte, la gravelle urique, sur l'oligurie, le diabète insipide avec excès d'urée, l'hippurie, la pimélorrhée, etc. 15 fr.

BOUCHUT ET DESPRÉS. **Dictionnaire de médecine et de thérapeutique médicales et chirurgicales**, comprenant le résumé de la médecine et de la chirurgie, les indications thérapeutiques de chaque maladie, la médecine opératoire, les accouchements, l'oculistique, l'odontotechnie, les maladies d'oreilles, l'électrisation, la matière médicale, les eaux minérales, et un formulaire spécial pour chaque maladie. 5e édition, très augmentée. 1 vol. in-4, avec 950 fig. dans le texte et 3 cartes. Br. 25 fr.; cart. 27 fr. 50; relié. 29 fr.

CORNIL. **Leçons sur l'anatomie pathologique des métrites, des salpingites et des cancers de l'utérus.** 1 vol. in-8, avec 35 gravures dans le texte. 3 fr. 50

CORNIL ET BABES. **Les bactéries et leur rôle dans l'anatomie et l'histologie pathologiques des maladies infectieuses.** 2 vol. in-8, avec 350 fig. dans le texte en noir et en couleurs et 12 pl. hors texte, 3e éd. entièrement refondue, 1890. 40 fr.

DAMASCHINO. **Leçons sur les maladies des voies digestives.** 1 vol. in-8, 3e tirage, 1888. 14 fr.

DAVID. **Les microbes de la bouche.** 1 vol. in-8 avec gravures en noir et en couleurs dans le texte. 10 fr.

DÉJERINE-KLUMPKE (Mme). **Des polynévrites et des paralysies et atrophies saturnines.** 1 vol. in-8. 1889. 6 fr.

DESPRÉS. **Traité théorique et pratique de la syphilis**, ou infection purulente syphilitique. 1 vol. in-8. 7 fr.

DUCWORTH (Sir Dyn). **La goutte**, son traitement. Trad. de l'anglais par le Dr Rodet. 1 vol. gr. in-8 avec gr. dans le texte (*sous presse*).

DURAND-FARDEL. **Traité des eaux minérales** de la France et de l'étranger, et de leur emploi dans les maladies chroniques, 3e édition, 1883. 1 vol. in-8. 10 fr.

DURAND-FARDEL. **Traité pratique des maladies des vieillards**, 2e édition. 1 fort vol. gr. in-8. 14 fr.

FÉRÉ (Ch.). **Les épilepsies et les épileptiques.** 1 vol. gr. in-8 avec 12 planches hors texte et 67 grav. dans le texte. 1890. 20 fr.

FÉRÉ (Ch.). **Du traitement des aliénés dans les familles.** 1 vol. in-18. 1889. 2 fr. 50

FERRIER. **De la localisation des maladies cérébrales.** Traduit de l'anglais par H.-C. de Varigny, suivi d'un mémoire de MM. Charcot et Pitres sur les *Localisations motrices dans les hémisphères de l'écorce du cerveau.* 1 vol. in-8 avec 67 fig. dans le texte. 6 fr.

HÉRARD, CORNIL ET HANOT. **De la phtisie pulmonaire.** 1 vol. in-8, avec fig. dans le texte et pl. coloriées. 2e éd. 20 fr.

ICARD. **La femme pendant la période menstruelle.** Psychologie morbide et médecine légale. 1 vol. in-8. 6 fr.

KUNZE. **Manuel de médecine pratique**, traduit de l'allemand par M. Knoeri. 1 vol. in-18. 4 fr. 50

LANCEREAUX. **Traité historique et pratique de la syphilis.** 2e édition. 1 vol. gr. in-8, avec fig. et planches color. 17 fr.

MAUDSLEY. **Le crime et la folie.** 1 vol. in-8. 5e édit. 6 fr.

MAUDSLEY. **La pathologie de l'esprit.** 1 vol. in-8. 10 fr.

MURCHISON. **De la fièvre typhoïde**, avec notes et introduction du docteur H. Gueneau de Mussy. 1 vol. in-8, avec figures dans le texte et planches hors texte. 10 fr.

NIEMEYER. **Éléments de pathologie interne et de thérapeutique**, traduit de l'allemand, annoté par M. Cornil. 3e édit. franç., augmentée de notes nouvelles. 2 vol. gr. in-8. 14 fr.

ONIMUS ET LEGROS. **Traité d'électricité médicale.** 1 fort vol. in-8, avec 275 figures dans le texte. 2e édition. 17 fr.

RILLIET ET BARTHEZ. **Traité clinique et pratique des maladies des enfants.** 3e édit., refondue et augmentée, par BARTHEZ et A. SANNÉ. Tome I, 1 fort vol. gr. in-8. 1884. 16 fr.
Tome II, 1 fort vol. gr. in-8. 1887. 14 fr.
Tome III terminant l'ouvrage, 1 fort vol. gr. in-8. 25 fr.

SPRINGER. **La croissance.** Son rôle dans la pathologie infantile. 1 vol. in-8. 6 fr.

TAYLOR. **Traité de médecine légale**, traduit sur la 7e édition anglaise, par le Dr HENRI COUTAGNE. 1 vol. gr. in-8. 15 fr.

B. — Pathologie chirurgicale.

ANGER (Benjamin). **Traité iconographique des fractures et luxations**, précédé d'une introduction par M. le professeur Velpeau. 1 fort volume in-4, avec 100 planches hors texte, coloriées, contenant 254 figures, et 127 bois intercalés dans le texte. 2e tirage, 1886. Relié. 150 fr.

BILLROTH ET WINIWARTER. **Traité de pathologie et de clinique chirurgicales générales**, traduit de l'allemand, 2e édit. d'après la 10e édit. allemande. 1 fort vol. gr. in-8, avec 180 fig. dans le texte. 20 fr.

Congrès français de chirurgie. Mémoires et discussions, publiés par M. POZZI, secrétaire général.
1re session : 1885, 1 fort vol. gr. in-8, avec fig. 14 fr.
2e session : 1886, 1 fort vol. gr. in-8, avec fig. 14 fr.
3e session : 1888, 1 fort vol. gr. in-8, avec fig. 14 fr.
4e session : 1889, 1 fort vol. gr. in-8, avec fig. 16 fr.

DE ARLT. **Des blessures de l'œil,** considérées au point de vue pratique et médico-légal. 1 vol. in-18. 3 fr. 50

DELORME. **Traité de chirurgie de guerre.** 2 vol. gr. in-8°, avec fig. dans le texte. Tome I. 16 fr.
Tome II, terminant l'ouvrage (*sous presse*).

GALEZOWSKI. **Des cataractes et de leur traitement.** 1er fascicule, 1 vol. in-8. 3 fr. 50

JAMAIN ET TERRIER. **Manuel de petite chirurgie.** 6e édit., refondue. 1 vol. gr. in-18 de 1000 pages, avec 450 fig. 9 fr.

JAMAIN ET TERRIER. **Manuel de pathologie et de clinique chirurgicales.** 3e édition. Tome I, 1 fort vol. in-18. 8 fr.
Tome II, 1 vol. in-18. 8 fr.
Tome III, 1 vol. in-18. 8 fr.
Tome IV, 1er fascicule, 1 vol. in-18. 4 fr.

LE FORT. **La chirurgie militaire** et les Sociétés de secours en France et à l'étranger. 1 vol. gr. in-8, avec fig. 10 fr.

LIEBREICH. **Atlas d'ophtalmoscopie**, représentant l'état normal et les modifications pathologiques du fond de l'œil vues à l'ophtalmoscope. 3e édition, 1885, atlas in-f° de 12 planches, 59 figures en couleurs. 40 fr.

MAC CORMAC. **Manuel de chirurgie antiseptique**, traduit de l'anglais par M. le docteur LUTAUD. 1 fort vol. in-8. 6 fr.

MALGAIGNE ET LE FORT. **Manuel de médecine opératoire.** 9e édit. 2 vol. gr. in-18, avec nombreuses fig. dans le texte. 16 fr.

MAUNOURY et SALMON. **Manuel de l'art des accouchements**, à l'usage des élèves en médecine et des élèves sages-femmes. 3e édit. 1 vol. in-18, avec 115 grav. 7 fr.

NÉLATON. **Éléments de pathologie chirurgicale**, par A. NÉLATON, membre de l'Institut, professeur de clinique à la Faculté de médecine, etc. Ouvrage complet en 6 volumes.

Seconde édition, complètement remaniée, revue par les Drs JAMAIN, PÉAN, DESPRÉS, GILLETTE et HORTELOUP, chirurgiens des hôpitaux. 6 forts vol. gr. in-8, avec 795 figures dans le texte. 82 fr.

PAGET (sir James). **Leçons de clinique chirurgicale**, traduites de l'anglais par le docteur L.-H. PETIT, et précédées d'une introduction de M. le professeur VERNEUIL. 1 vol. grand in-8. 8 fr.

PÉAN. **Leçons de clinique chirurgicale, professées à l'hôpital Saint-Louis**, de 1876 à 1880. Tomes II à IV, 3 vol. in-8, avec fig. et pl. coloriées. Chaque vol. séparément. 20 fr.

Tomes V et VI, années 1881-82, 1883-84. 2 vol. in-8. Chac. 25 fr.

Le tome Ier est épuisé.

POZZI (G.). **Manuel de l'art des accouchements**. 1 vol. in-8 (*sous presse*).

RICHARD. **Pratique journalière de la chirurgie**. 1 vol. gr. in-8, avec 215 fig. dans le texte. 2e édit., augmentée de chapitres inédits de l'auteur, et revue par le Dr J. CRAUK. 16 fr.

ROTTENSTEIN. **Traité d'anesthésie chirurgicale**, contenant la description et les applications de la méthode anesthésique de PAUL BERT. 1 vol. in-8, avec figures. 10 fr.

SCHWEIGGER. **Leçons d'ophthalmoscopie**, avec 3 planches lith. et des figures dans le texte. In-8 de 144 pages. 3 fr. 50

SOELBERG-WELLS. **Traité pratique des maladies des yeux**. 1 fort vol. gr. in-8, avec figures. 15 fr.

TERRIER. **Éléments de pathologie chirurgicale générale.**

1er fascicule : *Lésions traumatiques et leurs complications*. 1 vol. in-8. 7 fr.

2e fascicule : *Complications des lésions traumatiques. Lésions inflammatoires*. 1 vol. in-8, 1886. 6 fr.

Le 3e et dernier fascicule paraîtra en 1891.

TRUC. **Du traitement chirurgical de la péritonite.** 1 vol. in-8. 4 fr.

VIRCHOW. **Pathologie des tumeurs**, cours professé à l'université de Berlin, traduit de l'allemand par le docteur ARONSSOHN.

Tome Ier, 1 vol. gr. in-8, avec 106 fig. 12 fr.
Tome II, 1 vol. gr. in-8, avec 74 fig. 12 fr.
Tome III, 1 vol. gr. in-8, avec 49 fig. 12 fr.
Tome IV (1 fascicule), 1 vol. gr. in-8, avec figures. 4 fr. 50

YVERT. **Traité pratique et clinique des blessures du globe de l'œil.** 1 vol. gr. in-8. 12 fr.

C. — Thérapeutique. Pharmacie. Hygiène.

BOUCHARDAT. **Nouveau formulaire magistral**, précédé d'une Notice sur les hôpitaux de Paris, de généralités sur l'art de formuler, suivi d'un Précis sur les eaux minérales naturelles et artificielles, d'un Mémorial thérapeutique, de notions sur l'emploi des contrepoisons et sur les secours à donner aux empoisonnés et aux asphyxiés. 1891, 29e édition, revue et corrigée. 1 vol. in-18, broché, 3 fr. 50 ; cartonné, 4 fr. ; relié. 4 fr. 50

BOUCHARDAT et VIGNARDOU. **Formulaire vétérinaire**, contenant le mode d'action, l'emploi et les doses des médicaments. 4e édit. 1 vol. in-18, br. 3 fr. 50, cart. 4 fr., relié. 4 fr. 50

BOUCHARDAT. **Manuel de matière médicale, de thérapeutique comparée et de pharmacie.** 5e édition. 2 vol. gr. in-18. 16 fr.

BOUCHARDAT. **De la glycosurie ou diabète sucré**, son traitement hygiénique. 1883, 2e édition. 1 vol. grand in-8, suivi de notes et documents sur la nature et le traitement de la goutte, la gravelle urique, sur l'oligurie, le diabète insipide avec excès d'urée, l'hippurie, la pimélorrhée, etc. 15 fr.

BOUCHARDAT. **Traité d'hygiène publique et privée**, basée sur l'étiologie. 1 fort vol. gr. in-8. 3e édition, 1887. 18 fr.

CORNIL et MARTIN. **Leçons élémentaires d'hygiène privée**, 1 vol. in-18, avec figures. (*Sous presse.*)

DURAND-FARDEL. **Les eaux minérales et les maladies chroniques.** 1 vol. in-18. 2e édition, 1885, 3 fr. 50 ; cart. 3 fr.

LEVILLAIN. **Hygiène des gens nerveux**, 1 vol. in-18, br. 3 fr. 50 ; en cart. anglais. 4 fr.

MACARIO (M.). **Manuel d'hydrothérapie suivi d'une instruction sur les bains de mer.** 1 vol. in-18, 4e édition, 1889, 2 fr. 50 ; cart. 3 fr.

WEBER. **Climatothérapie**, traduit de l'allemand par les docteurs Doyon et Spillmann. 1 vol. in-8, 1886. 6 fr.

D. — Anatomie. Physiologie. Histologie.

ALAVOINE. **Tableaux du système nerveux.** Deux grands tableaux, avec figures. 5 fr.

BAIN (Al.). **Les sens et l'intelligence**, traduit de l'anglais par M. Cazelles. 1 vol. in-8. 10 fr.

BASTIAN (Charlton). **Le cerveau, organe de la pensée**, chez l'homme et chez les animaux. 2 vol. in-8, avec 184 figures dans le texte. 1882. 12 fr.

F. LAGRANGE. **Physiologie des exercices du corps.** Couronné par l'Institut. 4e édit. 1 vol. in-8, cart. 6 fr.

F. LAGRANGE. **L'hygiène de l'exercice chez les enfants et les jeunes gens.** 1 vol. in-18, 2e éd. 3 fr. 50 ; cart. 4 fr.

LAGRANGE. **De l'exercice chez les adultes.** 1 vol. in-18, 1891. 3 fr. 50 ; cartonnage anglais. 4 fr.

LEVILLAIN. **L'hygiène des gens nerveux,** 1891. 1 vol. in-18, 3 fr. 50 ; cartonnage anglais. 4 fr.

BELZUNG. **Anatomie et physiologie animales.** 1 fort vol. in-8 avec 522 gravures dans le texte. 2e éd., revue. 6 fr., cart. 7 fr.

BÉRAUD (B.-J.). **Atlas complet d'anatomie chirurgicale topographique,** pouvant servir de complément à tous les ouvrages d'anatomie chirurgicale, composé de 109 planches représentant plus de 200 gravures dessinées d'après nature par M. Bion, et avec texte explicatif. 1 fort vol. in-4.

Prix : fig. noires, relié, 60 fr. — Fig. coloriées, relié, 120 fr. Toutes les pièces, disséquées dans l'amphithéâtre des hôpitaux, ont été reproduites d'après nature par M. Bion, et ensuite gravées sur acier par les meilleurs artistes.

BERNARD (Claude). **Leçons sur les propriétés des tissus vivants,** avec 94 fig. dans le texte. 1 vol. in-8. 8 fr.

BERNSTEIN. **Les sens.** 1 vol. in-8, avec fig. 3e édit., cart. 6 fr.

BURDON-SANDERSON, FOSTER et BRUNTON. **Manuel du laboratoire de physiologie,** traduit de l'anglais par M. Moquin-Tandon. 1 vol. in-8, avec 184 figures dans le texte, 1883. 14 fr.

FAU. **Anatomie des formes du corps humain,** à l'usage des peintres et des sculpteurs. 1 atlas in-folio de 25 planches. Prix : fig. noires, 15 fr. — Fig. coloriées. 30 fr.

CORNIL et RANVIER. **Manuel d'histologie pathologique.** 2e édition. 2 vol. in-8, avec nombreuses figures dans le texte. 30 fr.

FERRIER. **Les fonctions du cerveau.** 1 v. in-8, avec 68 fig. 10 fr.

DEBIERRE. **Traité élémentaire d'anatomie de l'homme.** Anatomie descriptive et dissection, avec notions d'organogénie et d'embryologie générales. Ouvrage complet en 2 volumes.

Tome I, *Manuel de l'amphithéâtre,* 1 vol. in-8 de 950 pages avec 450 figures en noir et en couleurs dans le texte. 1890. 20 fr.

Tome II et dernier : 1 vol. in-8 avec 515 figures en noir et en couleurs dans le texte. 20 fr.

LAGRANGE. **Physiologie des exercices du corps.** 5e édit., 1890. 1 vol. in-8 cart. 6 fr.

LEYDIG. **Traité d'histologie comparée de l'homme et des animaux.** 1 fort vol. in-8, avec 200 figures. 15 fr.

LONGET. **Traité de physiologie.** 3e édition, 3 vol. gr. in-8, avec figures. 36 fr.

MAREY. **Du mouvement dans les fonctions de la vie.** 1 vol. in-8, avec 200 figures dans le texte. 10 fr.

PREYER. **Éléments de physiologie générale.** Traduit de l'allemand par M. J. Soury. 1 vol. in-8. 5 fr.

PREYER. **Physiologie spéciale de l'embryon.** Traduit de

l'allemand par M. le Dr WIET. 1 vol. in-8 avec figures et 9 planches hors texte. 16 fr.

E. — Physique. Chimie. Histoire naturelle.

AGASSIZ. **De l'espèce et des classifications en zoologie.** 1 vol. in-8, cart. 5 fr.

BERTHELOT. **La synthèse chimique.** 1 vol. in-8 ; 6e édit., cart. 6 fr.

BERTHELOT. **La révolution chimique, Lavoisier.** 1 vol. in-8, cart. 6 fr.

COOKE ET BERKELEY. **Les champignons,** avec 110 figures dans le texte. 1 vol. in-8. 4e édition, cart. 6 fr.

DARWIN. **Les récifs de corail,** leur structure et leur distribution. 1 vol. in-8, avec 3 planches hors texte, traduit de l'anglais par M. Cosserat. 8 fr.

DAUBRÉE. **Les régions invisibles du globe et des espaces célestes.** 1 vol. in-8 avec gravures. Cart. 6 fr.

EVANS (John). **Les âges de la pierre.** 1 beau vol. gr. in-8, avec 467 figures dans le texte. 15 fr.

EVANS (John). **L'âge du bronze.** 1 fort vol. in-8, avec 540 figures dans le texte. 15 fr.

GRÉHANT. **Manuel de physique médicale.** 1 vol. in-18, avec 469 figures dans le texte. 7 fr.

GRIMAUX. **Chimie organique élémentaire.** 5e édit. 1 vol. in-18, avec figures. 5 fr.

GRIMAUX. **Chimie inorganique élémentaire.** 6e édit., 1891. 1 vol. in-18, avec figures. 5 fr.

HERBERT SPENCER. **Principes de biologie,** traduit de l'anglais par M. C. CAZELLES. 2 vol. in-8. 20 fr.

HUXLEY. **La physiographie,** introduction à l'étude de la nature. 1 vol. in-8 avec 128 figures dans le texte et 2 planches hors texte. 1882. 8 fr.

LUBBOCK. **Origines de la civilisation,** état primitif de l'homme et mœurs des sauvages modernes, traduit de l'anglais. 3e édition. 1 vol. in-8, avec fig. Broché, 15 fr. — Relié. 18 fr.

LUBBOCK. **L'homme préhistorique.** 2 vol. in-8 avec 228 gravures dans le texte, cart. 12 fr.

PISANI (F.). **Traité pratique d'analyse chimique qualitative et quantitative,** à l'usage des laboratoires de chimie. 1 vol. in-12. 3e édit., augmentée d'un traité d'*analyse au chalumeau.* 3 fr. 50

PISANI ET DIRVELL. **La chimie du laboratoire.** 1 vol. in-12. 4 fr.

QUATREFAGES (DE). **Charles Darwin et ses précurseurs français.** Étude sur le transformisme. 1 vol. in-8. 5 fr.

THÉVENIN (E.). **Dictionnaire abrégé des sciences physiques et naturelles,** revu par H. DE VARIGNY. 1 volume in-18 de 630 pages, cartonné à l'anglaise. . . . . 5 fr.

III. — BIBLIOTHÈQUE D'HISTOIRE CONTEMPORAINE

Volumes in-18 à 3 fr. 50. — Volumes in-8 à 5, 7 et 12 francs. Cartonnage toile, 50 c. en plus par vol. in-18, 1 fr. par vol. in-8.

EUROPE

Histoire de l'Europe pendant la Révolution française, par *H. de Sybel*. Traduit de l'allemand par Mlle Dosquet. 6 vol. in-8 . . 42 fr.

Histoire diplomatique de l'Europe, de 1815 a 1878, par *Debidour*. 2 vol. in-8, 1891. 18 fr.

FRANCE

Histoire de la Révolution française, par *Carlyle*. 3 vol. in-18. 10 50

La Révolution française, par *H. Carnot*. 1 vol. in-12. Nouv. édit.. 3 50

Histoire de la Restauration, par *de Rochau*. 1 vol. in-18. . . . 3 50

Histoire de dix ans, par *Louis Blanc*. 5 vol. in-8. . . . . 25 »

Histoire de huit ans (1840-1848), par *Elias Regnault*. 3 vol. in-8. 15 »

Histoire du second empire (1848-1870), par *Taxile Delord*. 6 volumes in-8 . . . . 42 fr.

La Guerre de 1870-1871, par *Boert*. 1 vol. in-18. . . . . 3 50

La France politique et sociale, par *Aug. Laugel*. 1 volume in-8. 5 fr.

Les colonies françaises, par *P. Gaffarel*. 1 vol. in-8, 4e éd. 5 fr.

L'expansion coloniale de la France, étude économique, politique et géographique sur les établissements français d'outre-mer, par *J.-L. de Lanessan*. 1 vol. in-8 avec 19 cartes hors texte. . . . . 12 fr.

La Tunisie, par *J.-L. de Lanessan*. 1 vol. in-8 avec une carte en couleurs. 5 fr.

L'Indo-Chine française, étude économique, politique et administrative sur *la Cochinchine, le Cambodge, l'Annam* et *le Tonkin* (médaille Dupleix de la Société de Géographie commerciale), par *J.-L. de Lanessan*, 1 vol. in-8, avec 5 cartes en couleurs. . . . . 15 fr.

L'Algérie, par *M. Wahl*. 1 vol. in-8. 2e édition. Ouvrage couronné par l'Institut. . . . . 5 fr.

L'empire d'Annam et les Annamites, par *J. Silvestre*. 1 vol. in-18 avec carte. 3 50

ANGLETERRE

Histoire gouvernementale de l'Angleterre, depuis 1770 jusqu'a 1830, par sir *G. Cornewal Lewis*. 1 vol. in-8, traduit de l'anglais . . . 7 fr.

Histoire contemporaine de l'Angleterre, depuis la mort de la reine Anne jusqu'à nos jours, par *H. Reynald*. 1 vol. in-18. 2e éd. . 3 50

Les quatre George, par *Thackeray*. 1 vol. in-18 . . . . 3 50

Lombart-street, le marché financier en Angleterre, par *W. Bagehot*. 1 vol. in-18 . . . . 3 50

Lord Palmerston et lord Russel, par *Aug. Laugel*. 1 vol. in-18. 3 50

Questions constitutionnelles (1873-1878), par *E.-W. Gladstone*, précédées d'une introduction par *Albert Gigot*. 1 vol. in-8. . . . . 5 fr.

ALLEMAGNE

Histoire de la Prusse, depuis la mort de Frédéric II jusqu'à la bataille de Sadowa, par *Eug. Véron*. 1 vol. in-18. 4e éd. 3 50

Histoire de l'Allemagne, depuis la bataille de Sadowa jusqu'à nos jours, par *Eug. Véron*. 1 vol. in-18, 2e éd. 3 50

L'Allemagne contemporaine, par *Ed. Bourloton*. 1 vol. in-18. . . 3 50

AUTRICHE-HONGRIE

Histoire de l'Autriche, depuis la mort de Marie-Thérèse jusqu'à nos jours, par *L. Asseline*. 1 vol. in-18. 2e éd. 3 50

Histoire des Hongrois et de leur littérature politique, de 1790 à 1815, par *Ed. Sayous*. 1 vol. in-18 . . . . 3 50

ESPAGNE

Histoire de l'Espagne, depuis la mort de Charles III jusqu'à nos jours, par *H. Reynald*. 1 vol. in-18 . . . . 3 50

RUSSIE

Histoire contemporaine de la Russie, par *M. Créhange*. 1 vol. in-18 . . . . 3 50

SUISSE

La Suisse contemporaine, par *H. Dixon*. 1 vol. in-18. . . . . . 3 50

Histoire du peuple suisse, par *Daendliker*, précédée d'une Introduction par *Jules Favre*. 1 vol. in-18. . . . . 5 fr.

AMÉRIQUE

Histoire de l'Amérique du Sud, par *Alf. Deberle*. 1 vol. in-18. 2e éd. 3 50

ITALIE

Histoire de l'Italie, depuis 1815 jusqu'à la mort de Victor-Emmanuel, par *E. Sorin*. 1 vol. in-18 . . . . 3 50

Jules Barni. Histoire des idées morales et politiques en France au xviiie siècle. 2 vol. in-18, chaque volume 3 50

— Les Moralistes français au xviiie siècle. 1 vol. in-18. . . . 3 50

Émile Beaussire. La guerre étrangère et la guerre civile. 1 vol. in-18 . . . . 3 50

E. de Laveleye. Le Socialisme contemporain. 1 vol. in-18. 4e éd. augm. 1890. . . . . 3 50

E. Despois. Le Vandalisme révolutionnaire. 1 vol. in-18. 2e éd. 3 50

M. Pellet. Variétés révolutionnaires, avec une Préface de *A. Ranc*. 3 vol. in-18, chaque vol. 3 50

Eug. Spuller. Figures disparues, portraits contemporains, littéraires et politiques. 2 vol. in-18, chaque vol. 3 50

Eug. Spuller. Histoire parlementaire de la deuxième République, 1 vol. in-18 . . . . 3 50

G. Guéroult. Le centenaire de 1789. Evolution politique, philosophique, artistique et scientifique de l'Europe depuis cent ans. 1 vol. in-18. . . . . 3 50

Clamageran. La France républicaine. 1 vol. in-18. . . . 3 50

IV. — BIBLIOTHÈQUE DE PHILOSOPHIE CONTEMPORAINE

VOLUMES IN-18.

Br., 2 fr. 50; cart. à l'angl., 3 fr.; reliés, 4 fr.

H. Taine.

L'Idéalisme anglais, étude sur Carlyle.

Philosophie de l'art dans les Pays-Bas. 2e édition.

Philosophie de l'art en Grèce. 2e édit.

Paul Janet.

Le Matérialisme contemp. 5e édit.

Philosophie de la Révolution française. 4e édit.

Le Saint-Simonisme.

Origines du socialisme contemporain, 4e éd.

La philosophie de Lamennais.

Alaux.

Philosophie de M. Cousin.

Ad. Franck.

Philosophie du droit pénal. 3e édit.

Des rapports de la religion et de l'État. 2e édit.

La philosophie mystique en France au XVIIIe siècle.

Beaussire.

Antécédents de l'hégélianisme dans la philosophie française.

Bost.

Le Protestantisme libéral.

Ed. Auber.

Philosophie de la médecine.

Charles de Rémusat.

Philosophie religieuse.

Charles Lévêque.

Le Spiritualisme dans l'art.

La Science de l'invisible.

Émile Saisset.

L'âme et la vie, suivi d'une étude sur l'Esthétique française.

Critique et histoire de la philosophie (frag. et disc.).

Auguste Laugel.

L'Optique et les Arts.

Les problèmes de la nature.

Les problèmes de la vie.

Les problèmes de l'âme.

Challemel-Lacour.

La philosophie individualiste.

Albert Lemoine.

Le Vitalisme et l'Animisme.

Milsand.

L'Esthétique anglaise.

Schœbel.

Philosophie de la raison pure.

Ath. Coquerel fils.

Premières transformations historiques du christianisme.

La Conscience et la Foi.

Histoire du Credo.

Jules Levallois.

Déisme et Christianisme.

Camille Selden.

La Musique en Allemagne.

Stuart Mill.

Auguste Comte et la philosophie positive. 4e édition.

L'Utilitarisme. 2e édition.

Mariano.

La Philosophie contemp. en Italie.

Saigey.

La Physique moderne. 2e tirage.

E. Faivre.

De la variabilité des espèces.

Ernest Bersot.

Libre philosophie.

W. de Fonvielle.

L'astronomie moderne.

E. Boutmy.

Philosophie de l'architecture en Grèce.

Herbert Spencer.

Classification des sciences. 4e édit.

L'individu contre l'Etat. 2e éd.

Gauckler.

Le Beau et son histoire.

Bértauld.

L'ordre social et l'ordre moral.
De la philosophie sociale.

Th. Ribot.

La philosophie de Schopenhauer, 4e édition.
Les maladies de la mémoire. 7e édit.
Les maladies de la volonté. 7e édit.
Les maladies de la personnalité. 3e éd.
La psychologie de l'attention.

Hartmann.

La Religion de l'avenir. 2e édition.
Le Darwinisme. 3e édition.

Schopenhauer.

Le libre arbitre. 5e édition.
Le fondement de la morale. 3e édit.
Pensées et fragments. 10e édition.

Liard.

Les Logiciens anglais contemporains. 3e édition.
Les définitions géométriques et les définitions empiriques. 2e édit.

Marion.

J. Locke, sa vie, son œuvre.

O. Schmidt.

Les sciences naturelles et la philosophie de l'Inconscient.

Barthélemy-Saint Hilaire.

De la métaphysique.
La philos., la religion et les sciences.

A. Espinas.

Philosophie expérim. en Italie.

Conta.

Fondements de la métaphysique.

John Lubbock.

Le bonheur de vivre.

Maus.

La justice pénale.

P. Siciliani.

Psychogénie moderne.

Leopardi.

Opuscules et Pensées.

A. Lévy.

Morceaux choisis des philosophes allemands.

Roisel.

De la substance.

Zeller.

Christian Baur et l'école de Tubingue.

Stricker.

Du langage et de la musique.

Coste.

Les conditions sociales du bonheur et de la force. 3e édition.

Binet.

La psychologie du raisonnement.

G. Ballet.

Le langage intérieur et l'aphasie. 2e édition.

Mosso.

La peur.

Tarde.

La criminalité comparée. 2e éd.

Paulhan.

Les phénomènes affectifs.

Ch. Richet.

Psychologie générale. 2e éd.

Delbœuf.

Matière brute et mat. vivante.

Ch. Féré.

Sensation et mouvement.
Dégénérescence et criminalité.

Vianna de Lima.

L'homme selon le transformisme.

L. Arréat.

La morale dans le drame, l'épopée et le roman. 2e édition.

De Roberty.

L'inconnaissable.

Bertrand.

La psychologie de l'effort.

Guyau.

La genèse de l'idée de temps.

Lombroso.

L'anthropologie criminelle. 2e éd.

Tissié.

Les rêves, physiologie, pathologie.

VOLUMES IN-8.

Br. à 5, 7 50 et 10 fr.; cart. angl., 1 fr. de plus par vol.; rel., 2 fr.

BARNI

La morale dans la démocratie. 2e édit. 5 fr.

AGASSIZ

De l'espèce et des classifications. 5 fr.

STUART MILL

La philosophie de Hamilton. 10 fr.
Mes mémoires. 5 fr.
Système de logique déductive et inductive. 3e édit. 2 vol. 20 fr.
Essais sur la Religion. 2e édit. 5 fr.

HERBERT SPENCER

Les premiers principes. 6e édit. 10 fr.
Principes de psychologie. 2 vol. 20 fr.
Principes de biologie. 2e éd. 2 vol. 20 fr.
Principes de sociologie. 4 vol. 36 fr. 25
Essais sur le progrès. 3e édit. 7 fr. 50
Essais de politique. 3e édit. 7 fr. 50
Essais scientifiques. 2e édit. 7 fr. 50
De l'éducation physique, intellectuelle et morale. 8e éd. 5 fr.
Introduction à la science sociale. 9e édit. 6 fr.
Les bases de la morale évolutionniste. 4e éd. 6 fr.

COLLINS

Résumé de la philosophie de Herbert Spencer. 10 fr.

AUGUSTE LAUGEL

Les problèmes. 7 fr. 50

EMILE SAIGEY

Les sciences au XVIIIe siècle. La physique de Voltaire. 5 fr.

PAUL JANET

Les causes finales. 2e édition. 10 fr.
Histoire de la science politique dans ses rapports avec la morale, 3e édit. augm., 2 vol. 20 fr.

TH. RIBOT

L'hérédité psychologique. 4e édition. 7 fr. 50
La psychologie anglaise contemporaine. 3e éd. 7 fr. 50
La psychologie allemande contemporaine. 2e éd. 7 fr. 50

ALF. FOUILLÉE

La liberté et le déterminisne. 2e édit. 7 fr. 50
Critique des systèmes de morale contemporains. 2e éd. 7 fr. 50
La morale, l'art et la religion d'après M. Guyau. 3 fr. 75
L'avenir de la métaphysique fondée sur l'expérience. 5 fr.
L'évolutionnisme des idées-forces. 7 fr. 50

BAIN (ALEX.)

La logique inductive et déductive. 2e édit. 20 fr.
Les sens et l'intelligence. 2e édit. 10 fr.
L'esprit et le corps. 4e édit. 6 fr.
La science de l'éducation. 6e édit. 6 fr.
Les émotions et la volonté. 10 fr.

MATTHEW ARNOLD

La crise religieuse. 7 fr. 50

BARDOUX

Les légistes, leur influence sur la société française. 5 fr.

ESPINAS (ALF.)

Des sociétés animales. 2e édit. 7 fr. 50

FLINT

La philosophie de l'histoire en France. 7 fr. 50
La philosophie de l'histoire en Allemagne. 7 fr. 50

LIARD

La science positive et la métaphysique. 2e édit. 7 fr. 50
Descartes. 5 fr.

GUYAU

La morale anglaise contemporaine. 2e éd. 7 fr. 50
Les problèmes de l'esthétique contemp. 2e éd. 5 fr.
Esquisse d'une morale sans obligation ni sanction. 5 fr.
L'irréligion de l'avenir. 2e éd. 7 fr. 50
L'art au point de vue sociologique. 7 fr. 50
Hérédité et éducation. Etude sociologique. 5 fr.

HUXLEY

Hume, sa vie, sa philosophie. 5 fr.

E. NAVILLE

La logique de l'hypothèse. 5 fr.
La physique moderne. 2e édit. 5 fr.

ET. VACHEROT

Essais de philosophie critique. 7 fr. 50
La religion. 7 fr. 50

MARION

La solidarité morale. 3e édit. 5 fr.

SCHOPENHAUER

Aphorismes sur la sagesse dans la vie. 4e édit. 5 fr.
La quadruple racine du principe de la raison suffisante. 5 fr.
Le monde comme volonté et représentation. 3 vol. 22 fr. 50

JAMES SULLY

Le pessimisme. 7 fr. 50

BUCHNER

Science et nature. 2e édition. 7 fr. 50

EGGER (V.)

La parole intérieure. 5 fr.

LOUIS FERRI

La psychologie de l'association, depuis Hobbes. 7 fr. 50

MAUDSLEY

La pathologie de l'esprit. 10 fr.

SÉAILLES

Essai sur le génie dans l'art. 5 fr.

CH. RICHET

L'homme et l'intelligence. 2e édit. 10 fr.

PREYER

Éléments de physiologie. 5 fr.
L'âme de l'enfant. 10 fr.

WUNDT

Éléments de psychologie physiologique. 2 vol., avec fig. 20 fr.

A. FRANCK

La philosophie du droit civil. 5 fr.

CLAY

L'alternative. Contribution à la psychologie. 2e éd. 10 fr.

BERNARD PEREZ

Les trois premières années de l'enfant. 4e édit. 5 fr.
L'enfant de trois à sept ans. 2e édit. 5 fr.
L'éducation morale dès le berceau. 2e édit. 5 fr.
L'art et la poésie chez l'enfant. 5 fr.

LOMBROSO

L'homme criminel. 10 fr.
Atlas pour accompagner *L'homme criminel.* 12 fr.
L'homme de génie, avec 11 pl. 10 fr.

SERGI

La psychologie physiologique, avec 40 fig. 7 fr. 50

LUDOV. CARRAU

La philosophie religieuse en Angleterre, depuis Locke. 5 fr.

PIDERIT

La mimique et la physiognomonie, avec 95 fig. 5 fr.

FONSEGRIVES

Le libre arbitre, sa théorie, son histoire. 10 fr.

ROBERTY (E. DE)

L'ancienne et la nouvelle philosophie. 7 fr. 50
La philosophie du siècle. 1891. 5 fr.

GAROFALO

La criminologie. 2e édition. 7 fr. 50

G. LYON

L'idéalisme en Angleterre au XVIIIe siècle. 7 fr. 50

SOURIAU

L'esthétique du mouvement. 5 fr.

PAULHAN (FR.)

L'activité mentale et les éléments de l'Esprit. 7 fr. 50

BARTHÉLEMY SAINT-HILAIRE

La philosophie dans ses rapports avec les sciences et la religion. 5 fr.

PIERRE JANET

L'automatisme psychologique. 7 fr. 50

BERGSON

Essai sur les données immédiates de la conscience. 3 fr. 75

E. DE LAVELEYE

De la propriété et de ses formes primitives. 4e édit. 10 fr.

RICARDOU

De l'idéal. 5 fr.

SOLLIER

Psychologie de l'idiot et de l'imbécile. 5 fr.

ROMANES

L'évolution mentale chez l'homme. 7 fr. 50

PILLON

L'année philosophique. 1890. 5 fr.

PICAVET

Les idéologues. 10 fr.

GURNAY, MYERS et PODMORE

Hallucinations télépathiques. 7 fr. 50

Coulommiers. — Imp. Paul BRODARD.